政府投资项目
建设工程合同管理研究

张国华　侯文婷 ◎ 著

北京工业大学出版社

图书在版编目（CIP）数据

政府投资项目建设工程合同管理研究 / 张国华，侯文婷
著 . — 北京：北京工业大学出版社，2018.12（2021.5 重印）

ISBN 978-7-5639-6551-9

Ⅰ.①政… Ⅱ.①张… ②侯… Ⅲ.①政府投资—基本建设项目—
建筑工程—经济合同—管理—研究 Ⅳ.① F284

中国版本图书馆 CIP 数据核字 (2019) 第 022875 号

政府投资项目建设工程合同管理研究

著　　者：张国华　　侯文婷
责任编辑：齐珍娇
封面设计：晟　熙
出版发行：北京工业大学出版社
　　　　　（北京市朝阳区平乐园 100 号　邮编：100124）
　　　　　010-67391722（传真）　bgdcbs@sina.com
出 版 人：郝　勇
经销单位：全国各地新华书店
承印单位：三河市明华印务有限公司
开　　本：787 毫米 ×1092 毫米　1/16
印　　张：10
字　　数：200 千字
版　　次：2018 年 12 月第 1 版
印　　次：2021 年 5 月第 2 次印刷
标准书号：ISBN 978-7-5639-6551-9
定　　价：48.00 元

前　言 Preface

　　一般来说，以政府为主导而进行投资的项目基本上是为百姓改善生活质量而建设的。政府投资项目的顺利进行和有效完成，有利于促进国民经济的发展，缓解由经济收入差异造成的社会矛盾，同时可以改善人民的生活，对于国家和社会的发展具有不可替代的作用。一个项目从立项一直到竣工验收、投入使用，其过程十分复杂，需要各方面相互协调，做好权利与义务的划分，同时也需要各部门之间的相互合作。项目的划分及其合作，需要规范各方的权利、义务以及责任，为了使得该工程更具有公信力，合同成为规范项目管理过程的载体。从项目的立项到项目竣工验收以及后续的使用，合同无处不在，因此，合同管理本身就是一个复杂的系统工程。一个项目能够顺利实施、按时完成，合同的制定是很重要的一个环节，从一定程度上来说，合同是对项目工程的质量、投资以及进度控制的规定。合同管理的规范化将大大提高项目管理的效率。

　　我国目前投资项目建设工程合同的管理体系在不断完善，合同的管理水平相较于以前有了很大的提升，但是合同管理过程中依然存在很多问题。在对政府投资项目以及工程合同管理现状进行分析的基础上，本书提出了合同管理过程中存在的问题，并对其中的"阴阳合同"、招投标不规范以及施工挂靠等问题存在的原因进行了分析，通过分析合同管理存在这些问题的原因，针对相应问题提出解决办法，帮助解决政府投资项目存在的问题，从技术上规范合同管理，避免在日后的合同管理中出现类似问题，提高政府投资项目合同管理的有效性和合理性。

　　随着法治观念不断深入人心，建设工程合同在工程项目中的地位愈加突出，但由于国内的法律和制度尚不健全、有关各方的合同意识淡薄、合同管理水平低，使得仅靠建设工程合同参与方的自觉践行难以有效确保建设工程项目所涉及的社会公共利益的实现。政府有必要通过对建设工程合同的监管引导来切实规范合同主体之间的合同行为，保障合同履约，促进市场健康有序发展。由于建设工程合同管理涉及面广、管理和协调难度大，涉及合同种类与数量繁多，加上管理中的体制、经济和技术等诸多因素，政府更应加强对建设工程合同管理的监管和引导。

著　者

2018 年 10 月

目 录 Contents

第一章 政府投资项目建设工程管理的理论概述

第一节 政府投资项目建设工程的概念和分类

一、政府投资项目建设工程的概念

政府投资项目建设工程的概念是在我国改革开放和现代化建设的实践过程中逐步形成的。通俗地说，政府投资项目建设工程就是使用"财政性基本建设资金"投资建设的工程项目。目前，政府投资项目建设工程的定义有很多，虽然政府部门、学术界对此在具体描述上有所不同，但它们所指的含义和界定的范围是基本一致的。有文件依据的定义有如下两种。

1. 财政性基本建设资金投资项目

财政部财基字〔1999〕37 号文提出的财政性基本建设资金投资项目。财政性基本建设资金投资项目是指经政府职能部门批准立项，由各类财政性基本建设资金投资或部分投资的项目。"财政性基本建设资金"是指财政预算内和财政预算外用于基本建设项目投资的资金，具体包括五个方面的内容：财政预算内基本建设资金；财政预算内其他各项支出中用于基本建设项目的资金；纳入财政预算管理专项基金中用于基本建设项目的资金；财政预算外资金中用于基本建设项目的资金；其他财政性基本建设资金。

2. 中央政府资金和地方政府资金项目

国家计委的"投融资改革方案（草稿）"中提出的中央政府资金和地方政府资金项目。中央政府投资资金主要包括中央财政预算内建设投资、纳入中央财政预算管理的各类专项建设资金、国债投资及借用国际金融组织和外国政府贷款等主权外债。地方政府投资资金主要包括地方财政预算内建设投资和纳入地方财政预算管理的各类建设资金。

政府投资项目建设工程是全社会固定资产投资的重要组成部分，特别是在目前以扩大内需为主的政策背景下，政府投资项目建设工程更扮演了举足轻重的作用。据统计，1999 年我国全社会固定资产投资完成额为 126 187 亿元，其中仅国家预算内资金就达 138 69 亿元。以重庆市为例，2000 年全年固定资产投资完成额为 6 497 040 万元，其中国家预算内资金达 645 500 万元，占 9.93%，主要内容包括政府办公楼、医院、学校等公

共建筑和城市道路、桥梁、高速公路、港口等基础设施项目。狭义的政府投资项目建设工程，是指政府财政性资金投资的非营利性的建设工程，如前述的政府办公楼、公立医院和学校、城市道路和桥梁等就是典型的政府投资项目建设工程。

随着投融资体制和国有企业改革的深入，政府投资项目建设工程的范围在逐步缩小，不仅国有企业投资的建设工程不再视为政府投资项目建设工程，而且一些过去主要依靠政府财政投资的非经营性建设项目已开始转变为经营性项目，如城市污水处理、学校教育等建设项目的投资，已有外商或私人资本开始涉足，按照成本效益原则实行商业化运作。

二、政府投资项目建设工程的分类

按照公共财政理论，市场经济条件下的政府职能作用逐步转移到提供公共产品和准公共产品、对私人产品进行必要的管制和一定程度的公共生产、对市场分配结果进行收入再分配、调控宏观经济以克服和减少经济波动四个方面。政府投资的目的，主要在于纠正市场经济条件下的市场失灵，弥补市场缺陷，以实现经济资源的优化配置。我国是发展中国家，经济基础和技术水平比较落后，地区经济发展极不平衡，就更需要政府加大对交通运输、邮电通信、农业、能源和原材料工业，以及落后地区的投资力度。改革开放以来，国家采取扩大地方和企业的投资决策权、实行资金有偿使用、建立投资责任制、引进市场机制等办法，对投资体制进行改革，初步形成了投资主体多元化、资金来源多渠道、投资决策分散化、投资方式多样化的新格局。政府投资项目建设工程的范围、力度也有了较大调整。在当前市场经济阶段，政府投资项目建设工程可以按照不同的划分标准，分为三种不同的种类。

1. 按管理权限划分

按照管理权限的不同，政府投资项目建设工程可以分为中央政府投资项目建设工程和地方政府投资项目建设工程。中央政府投资项目建设工程就是由中央政府投资资金的建设项目。

中央政府投资项目建设工程应按照项目性质、资金来源和建设规模，分别由国务院、中央项目投资主管部门或行业主管部门按建设程序进行审批。

地方政府投资项目建设工程就是由地方政府投资资金的建设项目，除国家有特殊规定外，均由地方政府相关主管部门按建设程序进行审批。

2. 按资金来源划分

按照资金来源的不同，政府投资项目建设工程可以分为财政性资金投资的政府投资项目建设工程、财政担保银行贷款投资的政府投资项目建设工程和国际援助投资的政府投资项目建设工程。

财政性资金投资的政府投资项目建设工程包括财政预算内、预算外基本建设资金的投资项目建设工程，包括使用纳入财政预算管理专项基金中的用于基本建设的投资项目建设工程（如国债专项投资项目等）。

财政担保银行贷款投资的政府投资项目建设工程是指由国家或地方财政承诺担保的银行贷款投资项目建设工程。

国际援助投资的政府投资项目建设工程，一般侧重于对受援国的基础设施和公共建设工程项目提供无偿援助或低息（无息）贷款，受援国政府是项目资金的接受者，并负责项目资金的运用。对于大型政府投资项目建设工程提供援助的国际组织主要有世界银行及其他区域性经济组织（如亚洲开发银行），另外友好国家的援助也是国际援助投资项目建设工程的重要资金来源。针对这三类不同投资资金来源的政府投资项目建设工程，要分别采用不同的管理办法。对财政性资金投资特别是国家预算内资金投资的政府投资项目建设工程应该采用更加严格规范的法律法规进行管理；对国际援助投资的政府投资项目建设工程则必须遵照我国与提供资金援助的外国政府的约定或国际金融组织通行的相关法规和合同文件的规定，如"FIDIC 施工合同条件""亚洲开发银行贷款采购指南"。

3. 按项目建设工程性质划分

按照项目建设工程性质的不同，政府投资项目建设工程可以分为经营性的政府投资项目建设工程和非经营性的政府投资项目建设工程。

经营性的政府投资项目建设工程是具有营利性质的政府投资项目建设工程。政府投资的水利、电力、铁路等工程基本都属于这类性质。

非经营性的政府投资项目建设工程一般是非营利性的，并主要追求社会效益最大化。学校、医院以及各行政、司法机关的办公楼以及一些工程都属于此类。

经营性的政府投资项目建设工程是具有营利性质的政府投资项目建设工程。对这类政府投资项目建设工程可以采用项目法人责任制进行管理，也可以委托大型项目投资公司负责管理，非经营性的政府投资项目建设工程一般是非营利性的，并主要追求社会效益最大化，大多数政府投资项目建设工程都是非经营性的公共工程，对这类建设工程项目不能靠利润来激励项目法人进行建设管理，如何组织实施好非经营性政府投资项目建设工程，是值得深入研究的问题。

第二节　政府投资项目建设工程管理的历史沿革及分析

一、政府投资项目建设工程的历史沿革

我国工程项目的投资主体格局大致可以划分为三个阶段。

1. 第一阶段

第一阶段是 20 世纪 50 年代初至 70 年代末，为单一的国家投资主体，相应的工程管理体制形成于"一五"计划时期，它对有效集中国家有限的财力、物力，实现 156 个大型骨干项目的建设，初步建立我国的工业化体系发挥了重要作用，提供了重要的制度保证。按照当时的政府投资项目建设工程的管理模式，在建设项目决策方面，决策权高度

集中在政府（主要是中央政府）手中，大大小小的项目及各道程序都要报有关行政部门——审批，不仅手续繁杂，而且难以保证决策的科学性。在建设资金渠道方面，基本上是国家财政预算内拨款的单一渠道，采取按部门和地区切块分配的方式，无偿使用，不仅造成争投资、争项目成风，而且极大地限制了建设资金的广泛筹措，使经济发展任务与资金总量之间的矛盾日益突出。在建设管理方面，基本上是单一的指令性计划方式和行政性的调控手段，不仅建设项目的决策，而且资金和物资的分配以及项目的设计、施工等生产经营活动都按国家指令性计划行事，按行政隶属关系、行政手段分配任务，完全排斥市场的作用。

2. 第二阶段

第二阶段是 20 世纪 70 年代末实行改革开放以来，此阶段我国逐步形成了多元化投资主体的格局。随着政府投资项目建设工程管理部门的变动与调整，政府投资项目建设工程的管理方式也加强了国家规定的基本建设程序的管理，即从可行性研究、项目决策到设计、施工直至竣工验收交付使用实施全过程的项目管理，取得了一些成效。但总体来说，这一阶段的管理模式以基建处或指挥部等的临时性、分散性和自营性为基本特征，其实质是小作坊的生产方式在建设领域的反映。

3. 第三阶段

第三阶段的标志是 1996 年国家计委颁布的《关于实行建设项目法人责任制的暂行规定》，该规定明确项目法人（业主）是项目建设的中心和主体，是项目投资的受益者，同时也是项目投资风险的承担者，负责策划投资方向、确定建设方案、筹集建设资金、开拓市场、进行生产经营、负债还本付息，以及资产保值、增值。这在一定程度上解决了政府投资项目建设工程在投资、产权与管理责任上不清晰的弊端，但在项目具体的管理操作上，因受传统管理模式的影响，也因国内工程咨询业发展晚、服务尚不够完善，项目法人或业主委员会仍多是采取临时筹备组附属的办公室实施项目工程管理的方式，管理的方式手段与过去的指挥部、筹建处、基建办几乎完全相同，管理水平仍未得到提高。在这种情况下，一则使专业的工程监理公司及其他工程咨询公司受制于专业水平较低的业主委员会工程管理班子，难以发挥应有作用；二则使项目管理出现不必要的局面而造成管理责任不清。

二、传统政府投资项目建设工程管理模式的弊端

在改革开放前，我国按照计划经济体制要求实行的各种工程管理方式，在一定阶段内对我国社会经济的发展及强化政府投资项目建设工程的管理都起到了一定的积极作用，但是随着我国社会、经济的飞速发展，计划经济条件下形成的政府投资项目建设工程管理模式的弊端也日趋明显，特别是指挥部、基建办等"临时性、自营性"的管理方式。指挥部、基建办等基建班子一般属临时筹组，存在人员专业水平偏低、工作不够规范等问题，基本上只有一次性教训形不成二次经验，从而造成社会资源反复甚至严重浪费。具体表现在以下几方面。

1. 前期论证不充分和决策失误

如某发电厂为二期工程配套修建的卸煤翻车机系统，国家投资 1049 万元，占该厂二期工程总投资的 12%，但建成 7 年，一直未能投入使用；某铁路电气化工程无线列车调度系统投资 623 万元，建成 4 年多，一直闲置不能使用，瘫痪在铁道线上；某研究所基建项目，累计完成投资 2.35 亿元，但损失浪费就达 4300 万元，占投资完成额的 18%；某发电厂兴建的以天然气作为燃料的发电机组，在该机组上项目时，天然气供应的保证未落实就盲目上马，后由于天然气供应严重不足，仅运行 7000 多个小时、发电 2 亿多度便停产，几年来，投资利息就达 6000 多万元，此外还要支付工资和维护保养等费用。

2. 设计质量和工程管理差

有的工程因设计不合理，建成后达不到使用要求，被迫停用，如某铁路通信工程，按设计的地形架设的铁塔天线漏泄电缆，隧洞口、隧洞内的中继器未能完全发挥作用，致使全段有 25%（约 45 千米）为盲区，不能通话。有的因设备选型及工程质量把关不严，造成损失，如某研究所工程仅供气系统设备质量问题就损失 700 万元，工程质量不合格损失额达 300 万元。

3. 缺乏统一的组织和协调

对工程出现的问题，有关单位不能及时会诊或积极配合采取有效措施解决问题，而是互相推诿。如某发电厂卸煤翻车机工程建成试车后，工厂认为可以投入运行，但有关协作单位认为生活设施等问题没有解决，不同意开通使用，导致国家耗资千万元的工程长期闲置无法运行，因长年日晒雨淋，有的设备已严重锈蚀，该厂的生产也受到影响。

三、目前政府投资项目建设工程管理模式的弊端

自 1996 年开始，国家通过立法推行了项目法人责任制，政府投资的建设工程项目一般均设立了业主委员会，这在一定程度上解决了政府投资项目在投资、产权与管理责任上不明确的弊端，但也存在一些问题。

1. 监督管理不到位

有关部门对政府投资项目建设工程的监督管理与对投资者自有资金投资的建设工程项目的监督管理有差别，具体问题是对政府投资项目建设工程监督管理不够而对投资者自有资金投资的项目监督管理过多。因为政府投资项目建设工程的出资人是国家而不是所设立的项目法人，现阶段政府投资项目建设工程的项目法人拥有与自有资金投资者相同的决策权，但前者没有能力也不会对损失承担赔付责任，而后者则要独自承担全部的损失。显而易见，政府投资项目建设工程的项目法人拥有的权力与义务是不对等的，权力远大于义务。所以政府部门只有当加强对政府投资项目建设工程的项目法人实施监督管理，才能确保国有资金的安全性与效益性。

2. 存在着大量安全、质量问题

建设工程项目的项目法人大都是外行业主，在管理上可能会导致大量安全、质量问

题。许多政府投资的工程，如学校、医院、自来水厂、污水处理厂等，都是由项目法人临时组建的项目班子进行管理的，与传统的指挥部、基建办的管理效果在本质上没有区别。由于工程建设项目的管理具有很强的专业性、技术性，特别是政府投资工程多是关系国计民生的重点工程，对工程的质量、工期、造价控制要求都很高，由临时组建的项目班子进行工程管理，其人员素质参差不齐，有许多人员不了解国家的有关法律法规和工程建设的标准规范，不熟悉法定建设程序，甚至缺乏起码的工程建设知识，而且，这些临时项目班子的负责人多由单位或地区的行政领导担任，在实践中出现了一些违反工程建设基本规律和客观科学规律的问题，由这些外行业主进行政府投资工程的管理，会导致工程建设过程中投资浪费、建设效果差，甚至产生大量质量、安全问题。

3. 建设工程项目的组织实施单位与使用单位分不清

目前，项目的法人就是今后的使用单位，使用单位充当项目法人即业主，致使投资失控，"三超"现象大量存在。由工程项目建成后的使用者担当工程项目的建设管理者，实行建、管、用合一，本意是解决责、权、利的统一问题。但是在政府投资工程中，所有者与使用者的利益实际上是分离的，由于政府承担了投资风险，使用者为了单位或个人的利益，就有可能放弃所有者或单位的利益，在工程建设中，擅自扩大规模，提高建设标准，甚至故意搞钓鱼工程。尤其是对于非经营性政府投资工程，其投资效果难以衡量，很难追究项目管理者的责任，造成了投资的大量浪费，更有甚者，不乏管理者利用职权，贪污腐败，扰乱了建设市场的正常运行。

4. 建设项目的投资管理、组织实施管理和建设监管同位一体

由于政府投资工程的业主是政府，作为行业或地方的主管机构和部门，可能既负责项目的组织实施，又行使建设市场监管的职责，这无异于运动员与裁判二任一身，其间规则制定的公正性和规则执行的透明性说不清道不明。对政府投资工程的业主即项目法人来说，会造成监管不力的局面，一些有关建设市场和建设管理的法律法规对政府投资工程缺乏约束力。业主可能不执行法定建设程序，造成政府投资工程的效果与质量难以控制，这种现象主要是由政府的行政管理职能和具体项目的实施管理职能没有分清造成的。

2003年，审计署抽查了全国526个政府投资的污水垃圾处理及供水供热供气建设工程项目，发现存在许多问题。

（1）未按期完成

从抽查的情况来看，526个项目中，有136个未按照国家发展改革委与有关省（区、市）政府签订的建设责任书或项目计划建成，占计划投资额的26.8%。这些项目进度严重滞后，未能引起足够的重视。

（2）部分已建成项目运营效果较差

在已建成的320个项目中，有32个基本未投入运营，有18个长期处于试运营或开开停停状态，另有69个运营项目未达到当年设计生产能力，其中，污水、垃圾处理和供水项目平均实际生产能力分别只占当年设计能力的59%、56%和33%，设备闲置问题比

较严重。

（3）部分污水、垃圾处理项目指标不达标

在已投入运营的污水、垃圾处理项目中，有14个指标未达标。其直接原因是，项目设计不合理，擅自减少建设内容，降低建设标准，使项目功能和质量受到较大影响。例如安徽省合肥市建委等有关部门在建设南淝河治理项目过程中，一方面大幅度增加沿河两岸景观改造等建设内容，其中绿化与景观用地多征了80万平方米，超概算达1.72亿元，概算外增加灯饰景观费用3327万元；另一方面又大幅削减污水管网、河道清淤等必要的建设内容，少建污水管道60千米和1座泵站，比概算减少投资1.25亿元。由于大幅削减管网建设，致使原设计中的雨水、污水分流无法实现，汛期时污水直接排入河道，加之上游河道未进行清淤，造成淤泥堆积，严重影响了南淝河水污染治理效果。又如山东省烟台市套子湾污水处理厂回用水处理工艺无法消除氯离子，生产的回用水氯离子严重超标，连绿化用水标准都难以达到。再如贵州省贵阳市高雁垃圾填埋场已投入使用近两年，渗透液处理指标一直未能达标。

（4）部分项目损失浪费严重

审计发现，有34个项目由于管理不善、设备不合格以及工程质量缺陷等原因，存在较为严重的损失浪费问题。如广西壮族自治区北海市白水塘垃圾处理项目在设备采购过程中把关不严，对代理商未进行资格审查，在签订合同时，多处违反国际通用惯例，付款方式、期限、索赔等条款明显不合理，给国家造成直接经济损失约1900万元，还使价值近9200万元的设备和厂房闲置。又如河南省郑州市供水工程因前期勘察设计失误、建设管理不善等原因造成各种损失2716万元。再如投资5.6亿元的牡丹江煤气工程因盲目建设、管理混乱、损失严重而停产。

综上所述，现行的政府投资项目建设工程管理机制未能完全适应我国现阶段市场经济体制的要求。由于在政府投资项目建设工程管理中，责、权、利划分不清楚，有关的监管体系也不够完善，造成政府投资工程的业主单位缺乏有效的监督，再加上非经营性政府投资工程的项目法人不用承担任何风险，形成了业主或项目法人行为不规范现象严重，并且已成为建筑市场秩序混乱的一个重要根源。我国建设领域发生的一些重要的贪污腐败案件，其中很大一部分都与政府投资项目建设工程有关。这与政府投资项目建设工程管理体制的不健全不无关系。因此，改革政府投资项目建设工程的管理模式，已经成为当前投融资体制改革的客观需要和迫切任务。按照建立政企分开的投融资体制的要求，今后政府一般不对竞争性项目直接投资，而转向社会公益性项目和部分基础设施项目，这种转变为政府投资项目建设工程建设提供了更多的发展机会和条件。同时，随着我国西部大开发的推进和城市现代化建设步伐的加快、城市经济的不断发展，未来几年内政府投资项目建设工程的规模和资金需求还会有所扩大。结合投融资体制改革和客观形势发展的要求，必须创新管理模式，从前期决策、概预算审查、施工管理、财务监督等全过程、全方面，进一步加强和完善政府投资项目建设工程的管理。

第三节　政府投资项目建设工程管理模式的发展现状

一、国外政府投资项目建设工程管理模式的发展现状

1.美国的政府投资建设工程管理模式

美国联邦政府投资项目建设工程涉及面较广，主要包括住宅及城市规划、农业设施、水利设施、军事及国防设施、交通等方面。负责实施联邦政府投资项目建设工程的部门有住宅与城市建设部、交通部、垦务局、美国工兵部队、总务管理局等。决策程序不尽相同，但一般均须经过同级财政部门和议会批准后方可得到财政拨款。美国对于政府投资项目建设工程的管理分为自行管理、部分自行管理和全部委托监理公司管理等三种主要形式。

自行管理。联邦政府投资或地方政府投资兴建工程，当政府投资的有关部门有较强的管理能力（有的还有设计能力）时，工程建设管理全由政府投资负责。自行管理又分为两种形式：政府投资管理者通过招标挑选总承包商，总承包商再招标或委托分包商；政府投资管理者通过招标挑选总承包商外，还直接挑选分包商。美国的制度规定，一个工程，至少由五家承包商承包建造，即总承包商（一般指土建部分）、电气、给排水、暖通、装饰等五个专业的承包商，以提高工程质量、减少工程投资、平衡市场供求。

部分自行管理。当工程建设规模较大或政府投资管理力量不足时，政府投资管理当局就会通过聘请部分监理工程师与政府投资管理人员共同管理工程。

全部委托监理公司管理。当政府投资有关部门没有相应的管理人员或工程规模太大时，工程建设往往全部委托给监理公司实施全面管理。委托监理公司管理工程建设的具体形式也分为两种：一种是委托监理公司挑选承包商；另一种是业主挑选承包商后再委托监理公司管理。

为加强项目实施阶段的管理，美国的政府投资项目建设工程采用招标投标、合同管理、信誉约束机制等，具体有以下特点。

（1）招标投标

美国的政府投资工程建设，不论工程的属性和承包方式如何，有几点是相同的：一是承包商只能通过投标竞争（包括公开招标投标和议标）取得工程任务，并遵守联邦政府投资采购法；二是工程建设都实行监理；三是政府投资工程建设与金融保险市场有着极其密切的关系。

（2）工程合同管理

美国政府投资项目建设工程的合同形式以固定价格合同为主，但同时也有多种其他类型的合同。政府投资项目建设工程的合同除了工程合同的常规内容外，还有一些规定政府投资特权的特殊条款，如美国规定政府投资方有权力在认为"符合政府投资利益"

的任何时候中止合同，同时在保护承包商合法利益方面也采取了相应的措施。

（3）信誉约束机制

与我国不同的是，美国对设计、施工、监理等承包单位不采用评定资质的办法，对工程建设质量，也不设专门的政府投资工程质量监督机构。对承包单位主要采用市场经济的办法进行管理，即风险约束和信誉制度。美国社会广泛存在着一种信誉约束机制。这里所说的信誉，是一个业务能力和信守合同的综合性概念。这种信誉制度是融入美国社会生活方方面面的一种意识。个人、团体、政府投资都以信誉来维系之间的关系，信誉也是个人、团体、政府投资组织得以生存的先决条件。在工程建设的全过程中，业主、承包商、监理之间以合同相维系，信誉贯穿始终。在美国，政府对承包商没有资质管理，也不进行评级和资格证书管理，这主要是因为在他们看来，资格本身是一种不确定的东西，关键是看你有无良好的业绩和信誉记录，否则，即使你是甲级或一级资质，也不会被业主接受。业主选择承包商的依据主要是业绩和信誉。有些业主不仅要考察承包商的信誉，而且还要考察承担该项目的项目经理的个人信誉，这是决定承包商中标的一个关键因素。信誉制度之所以如此重要，其背后是风险约束机制在发挥作用。现在，美国的许多行业竞争激烈，建筑业也是如此，每年都有上千家公司破产，如果不重视质量，不重视管理，就会招致破产，即便是大公司也不例外。对承包商而言，一旦失去信誉，就意味着失去市场，最终导致公司破产，个人亦会失去在社会和事业上的立足之本。

（4）审查监督机制

为了防止政府投资项目建设工程实施中的腐败行为，保证投资效果，美国有相应的监督机制。美国对联邦政府投资项目建设工程实施监督的主要部门是美国总会计师事务所下属的总审计署办公室，它有权力对行政机关的投资计划进行评估，可以接触所有政府投资文件，就政府投资机关的支出提出建议，而且可以对项目进行审计。除此之外，政府投资雇员、业主代表、承包商、设计人员、项目经理等在职业道德和敬业精神方面的内在约束和激励机制，有效地保证了工程建设的进度、质量，同时使费用得到有效控制。这种监督是内在的、全面的监督，有着更强的约束力。美国的经验表明，只有这种内在机制与外在监督结合，才能真正发挥监督机制的作用。仅仅靠外部机构的监督检查是有限的，也难以全面达到监督的目的。

（5）风险管理

美国的政府投资工程项目，无论是业主、工程师、承包商都与银行、保险公司有着非常密切的联系，如在工程承包领域，政府投资业主通常要求承包商在承包工程时办理各种保险，承包商也需要银行的各种贷款，在办理保险和银行贷款的过程中，保险公司和银行将会慎重地审查企业的承包能力、履约记录、营业记录和资信状况，据此决定是否给予承包商担保，通过这种方式约束承包商的承包能力与其实际能力相一致。

2. 英国政府投资项目建设工程的 PSA 及 DETWNQS 管理模式

英国的建筑工程项目分为两类：一类是私人工程项目；另一类是政府投资工程项目。私人工程项目，即非国家/非政府投资项目，主要包括工业、商业、学校、房屋、私人医院、

仓库、房屋协会等，这类工程主要以"私人工程合同形式"为依据。政府投资工程项目，主要分以下几种类型：中央政府投资项目，如国防项目（海、陆、空项目）；公共办公楼，如监狱、国会、税务办公室、社会保安、法院等建筑；公共基础设施（主要指土木工程项目），如道路、桥梁、铁路、隧道、港口等项目；公共服务建筑，如医院、学校等。这类项目主要采用由政府投资制定的"政府项目合同形式"。地方政府投资工程项目，主要分地县级和区级政府投资工程项目。项目的类型主要包括地方公共设施、区县政府投资楼及警察局、学校、医院、地方法院、图书馆、游泳池、健康中心、多功能建筑物等。

在英国，私人工程项目和政府投资工程项目的管理无太大区别。特别是近10年来，许多政府投资的项目都相继私有化。一般来说，政府投资主要是通过立法来规范建设行为的，并不对其实施过程进行具体的监督与管理。对于不同的项目类型，通常采用不同的合同条件，通过全面仔细的规范建设行为以达到建设活动的有序进行。目前英国总的趋势是政府投资工程项目的减少，许多政府投资工程项目都逐渐转成私人工程项目。

英国政府投资的建设主管部门主要是英国环境交通部。该部于1997年6月由英国原环境部与交通部合并而成。其他涉及政府投资的部门包括教育劳工部、国防部、财政部、外交部等，涉及政府投资项目建设工程的管理经历了以下历程：在最初，政府投资的建筑工程是由公共建筑部负责的，采用以工程清单为计算基础的工程合同管理。随后政府投资采用了PSA模式，即"财产服务代理（Property Service Agency）"。近20年来英国在政治方面发生的变化也给建筑业带来了影响。在近6年中，政府投资项目建设工程逐步采取建立经审查的承包商/咨询人员清单（即DETR/NQS体系）及设立合同处等方式实施管理，PSA逐渐转化为私人承包商和咨询单位。PSA以项目管理者的身份代表政府投资方对项目进行管理。

3. 日本"二战"后特殊法人制管理模式

"二战"后，日本政府投资获得了较为迅速的增长。从国民经济计算的角度来看，"二战"后日本的政府投资支出分为政府投资公共和政府投资消费两部分，而政府投资公共又可再细分为企业投资和公共事业投资。企业投资主要指对公社、公团、事业团、特殊公司的投资，约占政府投资的20%，而占80%的投资则为公共事业投资。公共事业投资主要包括9个方面的内容：治水治山费，道路整备费，港湾、渔港修建费，机场修建费，住宅修建费，下水道环境卫生等设施整备费。1945年至1990年期间，日本每年的政府投资公共投资额从297亿日元增至263万亿日元，45年间增长886倍，年均增长率达到7%。由此可见，战后日本的公共投资，不仅受到政府投资的高度重视，其增长速度也确实较快。

（1）政府投资项目建设工程的管理机构及特殊法人制管理模式的由来

国立交通省是日本宏观管理政府投资项目建设工程的机构，担负着政府投资项目建设工程的决策和计划的测定，下设的都市地域整备局、河川局、道路局、住宅局、铁道局等业务部门，负责这个政府投资项目建设工程的管理和监督、立项及资金的审查。

日本绝大部分政府投资项目建设工程都是采取企业化的经营管理。这些企业被称为

公企业（日语直译），是根据日本特别企业法成立的特殊法人，其目的在于通过政府投资干预涉及政府投资的建设项目，规避纯市场经济下"市场失效"现象的出现，同时通过企业化管理的项目模式，避免政府直接投资，有利于项目成本的核算和效率的提高。因此，日本东京大学植草益教授的说法就是满足政府投资及地方自治体（地方政府投资）所有或根据公法设立并接受公法规则、有偿服务、实行独立核算三个基本条件的企业。这种特殊的法人模式对加速日本建设，保证政府投资有效控制市场经济起到了很好的作用。

特殊法人因事业性质、特点、条件（包括社会、政治、经济、技术等）不同，形态也各不相同：公团通常直接从事基础项目的建设和管理，运作资金包括国家和民间资金，资金规模很大，是独立性很强的"公共事业"；事业团多数主要从事政策性服务和支持（包括资金支持）新技术开发等业务，以政府投资资金为主，其独立性比公团要弱，有新技术开发事业团、公害防止事业团、劳动福利事业团等；营团只有东京地铁营团（即东京高速度交通营团）一家，专事东京地铁的建设和管理，其企业性介于公团和特殊公司之间；特殊公司是股份公司形态的特殊法人，其中一些是上市公司。

（2）政府投资对特殊法人的管理

第一，依法管理。日本的特别法具体规定了政府投资的管理事项、方式及权限，涉及的方面包括：计划和业务；高层人事管理；财务会议制度；劳动条件；监督责任、权限和办法。总的来说，规定的行政管理事项，公团比公司多；同样是接受管理的事项，对公团比对公司管得深，如财务报告，公团需要认可或承认，而公司只需提出；同样是公司，关西国际空港和日本铁路公司的长期借款和发行债券要经政府投资认可，而对日本电信公司无此要求。

第二，重视计划和预算管理。政府投资的综合开发计划、社会资本及基础设施开发计划、全年计划等，对民间企业只有间接的预测性的指导作用，但对与预算、财政投融资关系密切的特殊法人却有直接的指导和约束作用。以东京高速度交通营团确定的20世纪90年代实施的地铁项目的过程为例：一是制定国家规划，经运输政策审议会审议，有关机构1985年向运输大臣提出至2000年的都市高速铁道网规划；二是编制东京都计划，东京都根据地方情况及运输省规划编制，向市民公告，与有关省、营团事前协商；三是决定计划，都市地方审议会根据各方面意见考虑运输政策审议会的规划和意见，决定都市地铁计划；四是确定项目，营团根据都市计划向运输省提出项目申请，经运输大臣征求运输审议会意见确认后实施；五是与项目预算资金有关的事项要通过运输省并得到大藏省的同意。

第三，政府投资有责任通过资本金、财政投融资、债务担保、补贴及特殊政策，提供特殊法人所需资金。但政府投资并未承诺当然对公团、营团、特殊公司的债务负连带责任。特殊公司是股份公司，政府投资当然只负有限责任。对东京高速度交通营团，法律明确规定，包括国家和地方政府投资在内的出资者只负有限责任。由于政府投资提供必要的条件，事实上没有出现过特殊法人不能按期还债的问题。

（3）项目实施

第一，招标投标。政府投资项目建设工程的招投标方式分为3种：一般竞争投标、指名竞争投标、随意契约。一般竞争投标是最常见的招标方式。在招投标中，采用"低价中标"原则，但对于异常低的投标，日本建立了类似我国质询制度的"低投标价格调查制度"，要求投标方做出合理的解释，以确认投标者有能力以投标价格承担工程，同时有效避免大量索赔的产生。根据建设业法和会计法规的规定，日本的政府投资项目建设工程必须签订合同书，在签订合同的同时，必须要有合同保证金。合同保证金是指当承包商不能履行合同时，为避免发包者的损失，在会计法规中规定了合同保证金的交付制度。

第二，监督机制。日本总理府设置了政府投资采购投诉检讨委员会，专门接受国家、政府投资机关的协议对象工程的投诉，以此方式对政府投资项目建设工程进行监督。

4. 新加坡政府投资项目建设工程的管理

新加坡的建设工程项目组织方式基本采用英国方式，即由业主、顾问工程师和承包商三方面组成。根据业主及顾问工程师来源的不同，新加坡的建设工程项目可以分为以下两种。

（1）公共房屋工程

新加坡的公共房屋工程由新加坡住房及发展委员会（HDB）作为业主负责组织实施。住房及发展委员会（HDB）共拥有8000多名员工，实力相当强大，因此其项目实施以往多采用自营模式，规划、设计、现场监督、管理工作均由其自己承担，通过招标选择经建筑工业发展委员会（CIDB）认可的政府投资公共工程承包商负责项目施工。自1991年开始，为促进公共房屋设计水平的提高，向住户提供更高质量的房屋，住房及发展委员会（HDB）在部分项目上邀请私人建筑师参与设计，同时将部分住房及发展委员会（HDB）拥有的土地向私营开发商招标，由其承担公共房屋项目建设。

（2）公共工程（除公共房屋外）

新加坡的公共工程主要由新加坡公共工程局（PWD）、陆路交通管理局（LTA）、电信管理局（TAS）、海事及港口管理局（MPAS）等部门根据工程性质分别作为业主负责组织实施的。这些工程的规划、设计工作大多由其业主部门自己承担，但工程项目的顾问工程师大多来自新加坡公共工程局（PWD），通过招标选择经建筑工业发展委员会（CIDB）认可的承包商负责对项目总包，同时业主单位有权直接选择分包商，称为指定分包商。

在实施项目管理方面，新加坡政府投资对公共工程招标的形式、投标者的资格及相应的评标原则都提出了详细的要求，并在加强政府投资项目建设工程的合同管理和风险管理方式方面有值得我们借鉴的地方。

一是公共工程招标形式。新加坡政府投资规定，公共工程的招标形式分为三种：公开招标、邀请招标和限制性招标。其中超过85%的公共工程采用的是公开招标形式。政府投资统一的招标规则规定：凡超过30 000新加坡元的公共工程，原则上均应采用公开

招标的形式；对不超过 30 000 新加坡元的公共工程可采用邀请招标的方式进行；对于特种工程、国防工程，或紧急情况下征得招标委员会的同意，方可采用限制性招标的方式。

二是对投标者资格的要求。新加坡政府投资统一的招标规则规定，凡参加政府投资公共建筑工程招标的承包商，必须在参加投标前，已在新加坡建筑工业发展委员会注册为可承担政府投资工程的承包商，并按照建筑工业发展委员会评定的资质等级参加相应等级的政府投资工程投标。

三是公共工程评标原则。新加坡政府投资统一的招标规则规定，对投标者的投标进行评价，并选择中标者的原则是：中标者的投标应是完全符合招标要求的；中标者的投标价格应是最低的；中标者的价格应是合理的。同时规定对于新加坡本地和东盟的、有在新加坡从事公共工程且良好记录的承包商可在评标时获得 2.5%（最多不超过 40 000 美元）的优惠。

四是政府投资公共工程合同管理。新加坡政府投资对公共工程合同的管理体现在政府投资制定了统一的公共工程合同条件，供各政府投资使用，以此来使工程建设各方熟悉合同条件，降低投标费用，提高合同管理效率。新加坡建筑工业发展委员会（CIDB）针对政府投资公共工程制定了统一的公共工程标准施工合同条件（COC），该合同条件由两部分内容组成，第一部分为通用合同条件，第二部分为根据工程具体情况制定的专用合同条件，以使其能为各个工程所通用。此外建筑工业发展委员会（CIDB）还制订了指定分包商标准合同条件（NSC），该合同条件与公共工程标准施工合同条件（COC）共同使用。

五是政府投资公共工程风险管理。工程项目的风险主要可以分为社会风险、经济风险及建设风险。由于新加坡政府投资公共工程主要用于基础设施建设及公共房屋建设，在进行了周密的可行性研究及项目方案制定并报政府投资各有关部门审查批准后，其社会风险及经济风险不大，对于工程项目的建设风险则依靠政府投资完善的招标投标管理、合同管理、质量管理及造价管理进行控制。

二、国内政府投资项目建设工程管理模式的发展现状

1. 深圳市建筑工务署

深圳市为了解决以往政府投资项目建设工程分散管理存在的弊端，发挥专业性建设管理机构的人才、专业及经验优势，提高工程项目管理水平，提出了对政府投资项目建设工程管理方式实行"相对集中，区别对待"的原则：对于长年有政府投资项目建设工程建设任务，且有相应建设管理能力或有特殊要求的专业部门，如规划国土、交通、水务、公安、教育等的政府投资项目建设工程可暂由其继续管理，其余政府投资的市政工程、"一次性业主"的房屋建筑工程、公益性工程可全部纳入建设行政主管部门集中统一管理，取消政府投资项目建设工程"一次性业主"的建设管理模式。

按照这种思路，深圳市于 2001 年在机构改革中成立了深圳市建筑工务署，代表市政府行使业主职能和项目管理职能，负责除规划国土、交通、水务、公安、教育五个系统

外的由政府投资的建设工程项目的组织协调和监督管理工作,具体职责是:参与编制市政府投资市政基础设施工程项目的中长期建设规划和年度计划;参与或主持市政府投资项目建设工程的前期工作;根据市计划部门下达的政府投资项目建设工程计划,组织施工图设计与审查,编制项目预算,并分别报有关部门审批;负责项目的施工报建、招标投标、委托监理、签订合同、质监登记、安监登记等施工准备工作;负责项目施工全过程的协调和监管;负责编制项目的结算、竣工决算并送审,组织有关单位进行工程竣工验收,办理产权登记和资产移交手续。

建筑工务署为建设局直属事业单位(不列入公务员管理范围),实行副局级待遇,计划内设包括办公室、综合计划处、建筑工程处、市政工程处和给排水工程处(由以前的市给排水指挥部并入)5个处室,核定事业编制65名(包括工勤人员8名),人员经费由深圳市财政全额核拨。

建筑工务署对政府其他职能部门正在建设的部分工程项目进行了接管。接管的项目主要有六个:一是会展中心,该项目原由深圳市贸易发展局负责,建筑面积25万平方米,计划总投资28亿元人民币,目前该项目运转正常;二是工人文化宫,该项目原由深圳市工会负责,建筑面积458万平方米,计划总投资401亿元人民币;三是大学城,该项目原由市筹建办负责,建设规模和计划总投资还未确定,一期准备建设38万平方米,政府计划财政投资18亿元人民币。随着建筑工务署工作的正常开展,其他一些职能部门负责的工程项目也将陆续移交过来。

2. 石家庄市行政事业单位项目建设管理中心

石家庄市于1996年组建"石家庄市行政事业单位项目建设管理中心",作为代表政府投资的法人主体和管理机构,凡是以财政资金为主的行政事业单位建设项目,都由项目建设管理中心按照项目法人责任制的办法,实行建设期间法人代理,负责从项目筹建到交付使用的全过程管理。项目管理中心有一套严密的工作制度,包括招标、评标两条线的招投标制度;两核一审的审计制度,审计范围包括设计概算、工程预算和决算;双重监理制度,分别由项目管理中心和监理公司进驻施工现场,有效地实行工程投资、质量、进度三控制。

3. 青岛市项目代建制

青岛市从1997年开始,市财政投资项目试行代建制。代建制的原则是将项目建设单位与项目使用单位分离,通过招标方式选择第三者(代建单位),按照计划批准的规模、标准和内容组织建设,竣工后交给使用单位。代建单位确定以后,由其根据建设方案,负责报批项目建议书、组织编制可行性研究报告、初步设计施工图。代建单位负责招标选择施工位,实行"一条龙"服务,按项目投资额的2%~3%计取代建管理费用。

4. 陕西省统建管理办公室

陕西省统建管理办公室,归陕西省省计委领导。统建办的任务是负责全省政府投资项目建设工程的统一建设与管理,把原属于各厅局(除水利、交通等行业外)的建设项目统一管理、建设,并撤销设在上述厅局的基建处。

5. 香港特别行政区投资项目建设工程的工务局管理模式

香港的建筑工程主要分为两大类，即政府投资工程和私人工程，其中政府投资工程约占 40%，私人工程约占 60%。香港特区政府投资针对不同性质的工程设立了相应的管理机构。其中政府投资工程主要由香港工务局和房屋委员会负责。地下铁路公司、九广铁路公司、新机场管理局也分别负责相应的政府投资工程。对于非工务局、房委会的政府投资工程，则由隶属于香港特区政府规划地政环境局的屋宇署负责管理。

香港房屋委员会为统筹公共房屋建设与管理的法定机构，全部委员由香港特别行政区长官任命，共由 32 名委员组成，其中 28 名来自非政府投资、4 名来自政府投资，委员的任期为二年。该委员会的主要职责是根据香港特区政府投资制订长期发展计划，对香港的公共房屋建设提出政策及计划。该委员会的委员大多来自香港社会的各阶层，以此保证该委员会的政策及计划能够符合大多数香港市民的要求。该委员会的行政部门为香港房屋署。

香港房屋署负责制定香港发展公共房屋及私人房屋的政策，与香港特区政府投资的财政局、规划地政环境局协调，以保证政府投资公共房屋建设的资金与土地，制定关于房屋方面的法律法规等。香港房屋署由公共房屋处、私人房屋处、项目管理处、房屋战略处、行政及资源管理处等五个部门及一个战略政策研究中心组成。

香港特区政府投资对公共工程实施阶段的项目管理重点在于加强合同管理和招投标管理，但在项目实施之前往往会进行较长阶段的项目可行性研究，虽然内地的项目可行性研究经过几年的实践也取得了一定成绩，但香港地区的经验仍然值得我们学习和借鉴。

（1）项目可行性研究

香港特区政府投资规定，政府投资工程由政府投资的政策中心负责提出项目建议，由负责实施项目的政府投资对项目建设进行可行性分析，可行性分析完成后报香港特区政府投资财政局进行审查，如未能通过，由政策中心重新拟定项目建议；如通过财政局审查，则应上报由财政司司长、公共事务部门首长等组成的小组进行审批，批准后即可进行下一步工作。在该部分工作中，要对项目的工期及费用做出明确的规定，以作为下一步工作的底线。

（2）合同管理

香港建设工程合约一般采用标准合约文本，其主要的标准合约有 3 类，即香港政府投资土木工程标准合同、香港政府投资建筑工程标准合同和香港测量师学会标准合同。在工程实施过程中，政府投资都要派出本部门的工程师或委托外聘的顾问工程师监管项目工程的进展、监督合约的执行。

（3）招投标管理

香港特区政府投资项目建设工程的招投标形式主要有：公开招标、选择性招标（适用于工务局对于参加投标的承建商的资金、专业设备、专门人才或专业合同处理能力有特别要求的情况）及单一、限制和预审形式投标（很少采用，一般适用于需要特别技术的工程）。香港特区政府投资项目建设工程一般通过每星期五出版的官方报刊发布招标通

告，实行公开招标，但投标者必须是列入工务局或房委会名册的承建商。承建商拿到标书后，要按照标书的要求和规定的期限，将报价及工程计划、施工进度表、施工方法等密封交回。投标期限通常是一个月。开标后半个月，要举行公开答辩（通常是报 1000 万元以下工程的定标，由设在政府投资主管部门的招投标委员会负责；1000 万元以上工程的定标，由设在香港政府投资财政局的中央标书批准委员会负责）。招投标一般采用最低价中标原则，尽管工务部门在招标公告中都要声明"不一定采纳索价最低的投标书或任何一份投标书"，但是，在一般情况下，都是最低价中标。

第四节 政府投资项目建设工程管理模式的对比分析

经过对英美等国家及国内各地区各市政府投资项目建设工程管理情况的初步分析，笔者拟针对各个国家及地区的管理模式进行对比分析，并从中得出启示。

一、阶段性

从以上几个发达国家来看，各国的政府投资政策都具有一定的阶段性，政府投资项目建设工程的发展是有相当规律的。以日本为例，日本在"二战"后采取特殊法人实施政府投资项目建设工程的建设和营运，一方面有效保证了国家对基础设施等工程投入的有效性，另一方面随着市场经济的不断发展而发展。"二战"后日本的政府投资可根据经济发展分为三个阶段：经济恢复时期的政府投资政策（1945—1959 年），高速发展时期的政府投资政策（1960—1973 年），稳定增长时期的政府投资政策（1974 年至今）。而特殊法人根据社会经济发展的不同阶段也发生了变化。在 1985—1987 年，即稳定增长时期，特殊法人可以变成普通法人，如日本航空公司过去是特殊公司，在此之后变成普通公司。而在高速发展时期，日本的政府投资项目建设工程管理始终采取的是特殊法人制管理模式，即与普通公司相比较，特殊法人接受管理的事项多、接受管理的程度深，更加重视计划和预算管理。

正确认识我国政府投资项目建设工程管理模式所处的发展阶段，对研究项目管理的模式具有重要意义。根据国家统计局资料，分析近 20 年来全社会固定资产投资的资金来源及构成，就会发现代表政府投资的国家预算内资金从 1982 年到现在，在绝对数上有大幅度增加，并且我国相关的法律法规还不健全、全社会的市场信用体系还没有建立起来，所以我国目前所处的阶段与日本高速发展时期是比较接近的。在这一阶段，政府投资项目建设工程的项目法人的权力与义务与普通法人不等同，前者的权力与后者接近，但前者所承担的义务却远小于后者。所以，我国政府投资项目建设工程的项目法人与日本一样都是特殊法人，我国政府对特殊法人即政府投资项目建设工程管理的监督应该加强。

二、专业化管理

国外政府投资建设项目管理的成功经验，都是利用专业人员对建设工程项目进行管理，但在专业化管理的具体方式上有差别。以新加坡为例，其住房及发展委员会（HDB）拥有 8000 多名员工，非常有实力，所以这部分项目采用自营管理的模式。但美国等其他发达国家，建设工程投资额大得多，不可能再组建更加庞大的管理机构，只能更多地依靠社会力量进行管理。

我国目前处在经济快速发展时期，政府投资额十分巨大，政府投资建设项目的管理方式也只能更多地依靠社会中介的专业管理和技术人才。发达国家政府投资的建设项目采取项目使用者与项目管理者分开、项目管理者与建设监管者分开的机制，避免了运动员与裁判同位一体的权责不分、监管不力的混乱情况，这一机制值得我国现阶段政府投资项目建设工程管理学习和借鉴。

第二章 政府投资项目建设工程合同管理的主要内容

第一节 勘察、设计合同管理

一、勘察、设计合同介绍

1. 概述

为了加强工程勘察、设计市场管理，规范市场行为，明确签订《建设工程勘察合同》《建设工程设计合同》（以下简称勘察设计合同）双方的技术经济责任，保护合同当事人的合法权益，以适应社会主义市场经济发展的需要，根据《中华人民共和国经济合同法》和《建设工程勘察设计合同条例》，原建设部和原国家工商行政管理局制定了《建设工程勘察设计合同管理办法》《建设工程勘察合同》和《建设工程设计合同》文本，要求从1996年10月1日起，在工程建设中组织试行。2000年，原建设部、原国家工商行政管理总局修订《建设工程勘察设计合同管理办法》，制定了《建设工程勘察合同（示范文本）》和《建设工程设计合同（示范文本）》，印发建设〔2000〕第50号文件要求：凡在我国境内的建设工程，对其进行勘察、设计的单位，应当按照《建设工程勘察设计合同管理办法》，接受建设行政主管部门和工商行政管理部门对建设工程项目勘察设计合同的管理与监督。

2. 合同的主体

《建设工程勘察设计合同管理办法》第四条规定：勘察设计合同的发包人（以下简称甲方）应当是法人或者自然人，承接方（以下简称乙方）必须具有法人资格。甲方是建设单位或项目管理部门，乙方是持有建设行政主管部门颁发的工程勘察设计资质证书、工程勘察设计收费资格证书和工商行政管理部门核发的企业法人营业执照的工程勘察设计单位。

3. 分类

为了保证建设工程项目的质量达到预期的投资目的，实施过程必须遵循项目建设的内在规律，即坚持先勘察、后设计、再施工的程序。《建设工程勘察设计管理条例》第四条规定：从事建设工程勘察、设计活动，应当坚持先勘察、后设计、再施工的原则。

按照《中华人民共和国合同法》第二百六十九条的规定，建设工程勘察设计合同属

于建设工程合同的范畴，分为建设工程勘察合同和建设工程设计合同两种。

建设工程勘察合同是指根据建设工程的要求，查明、分析、评价建设场地的地质地理环境特征和岩土工程条件，编制建设工程勘察文件的协议。建设工程设计合同是指根据建设工程的要求，对建设工程所需的技术、经济、资源、环境等条件进行综合分析、论证，编制建设工程设计文件的协议。

4. 合同形式

《建设工程勘察设计合同管理办法》第五条规定：签订勘察设计合同，应当采用书面形式，参照文本的条款，明确约定双方的权利义务。对文本条款以外的其他事项，当事人认为需要约定的，也应采用书面形式。对可能发生的问题，要约定解决办法和处理原则。

双方协商同意的合同修改文件、补充协议均为合同的组成部分。

5. 合同的订立

（1）建设工程勘察合同的订立

依据示范文本订立建设工程勘察合同时，双方通过协商，应根据工程项目的特点，在相应条款内明确以下方面的具体内容。

发包人应提供勘察依据的文件和资料：提供本工程批准文件（复印件），以及用地（附红线范围）、施工、勘察许可等批件（复印件）；提供工程勘察任务委托书、技术要求和工作范围的地形图、建筑总平面布置图；提供勘察工作范围已有的技术资料及工程所需的坐标与标高资料；提供勘察工作范围地下已有埋藏物的资料（如电力、电信电缆、各种管道、人防设施、洞室等）及具体位置分布图；其他必要的相关资料。

委托任务的工作范围：工程勘察任务（包括：自然条件观测；地形图测绘；资源探测；岩土工程勘察；地震安全性评价；工程水文地质勘察；环境评价；模型试验等）、技术要求、预计的勘察工作量、勘察成果资料提交的份数。

合同工期：合同约定的勘察工作开始和终止时间。

勘察费用：勘察费用的预算金额；勘察费用的支付程序和每次支付的百分比。

发包人应为勘察人提供的现场工作条件：根据项目的具体情况，双方可以在合同内约定由发包人负责保证勘察工作顺利开展应提供的条件（可能包括：落实土地征用、青苗树木赔偿；拆除地上地下障碍物；处理施工扰民及影响施工正常进行的有关问题；平整施工现场；修好通行道路、接通电源水源、挖好排水沟渠以及水上作业用船等）。

违约责任：承担违约责任的条件；违约金的计算方法等。

合同争议的最终解决方式、约定仲裁委员会的名称。

（2）建设工程设计合同的订立

依据示范文本订立民用建筑设计合同时，双方通过协商，应根据工程项目的特点，在相应条款内明确以下方面的具体内容。

发包人应提供设计依据的文件和资料：经批准的项目可行性研究报告或项目建议书；城市规划许可文件；工程勘察资料等。发包人应向设计人提交的有关资料和文件在合同内需约定资料和文件的名称、份数、提交的时间和有关事宜。

项目设计要求：工程的范围和规模；限额设计的要求；设计依据的标准；法律、法规规定应满足的其他条件。

委托任务的工作范围：设计范围（合同内应明确建设规模，详细列出工程分项的名称、层数和建筑面积；建筑物的合理使用年限设计要求）；委托的设计阶段和内容（可能包括方案设计、初步设计和施工图设计的全过程，也可以是其中的某几个阶段）；设计深度要求（设计标准可以高于国家规范的强制性规定，发包人不得要求设计人违反国家有关标准进行设计；方案设计文件应当满足编制初步设计文件和控制概算的需要，初步设计文件应当满足编制施工招标文件、主要设备材料订货和编制施工图设计文件的需要，施工图设计文件应当满足设备材料采购、非标准设备制作和施工的需要，并注明建设工程合理使用年限，具体内容要根据项目的特点在合同内约定）；设计人配合施工工作的要求，包括向发包人和施工承包人进行设计交底、处理有关设计问题、参加重要隐蔽工程部位验收和竣工验收等事项。

二、勘察、设计阶段的合同管理

当勘察、设计单位选定以后，建设单位需要和勘察、设计单位针对咨询服务费用及委托服务内容，在咨询合同中相应条款上进行协商谈判，待双方洽商一致后，签订建设工程勘察设计咨询合同。在该合同中，需要明确进度及成果交付的时间和数量。建设工程中项目管理需要通过采取一些有效措施使工程勘察、设计者如期保质保量完成委托内容各阶段的工作，并提交相应的成果文件。

建设工程项目最主要的风险是合同法律风险，做好建设工程合同中法律风险的防控，就意味着建设项目的投资利益得到了最大限度的保护。而勘察设计的合同管理也是项目管理的重点之一。由于建设工程的长期性、逻辑顺序性、综合性、复杂性等特性，使建设工程的合同管理往往体现在施工合同的管理上，而施工合同履行得好坏还要求在它之前的勘察、设计合同能够很好地履行，不能出现大的履行瑕疵。

勘察设计咨询合同管理往往存在诸多问题，例如，缺乏健全的合同管理机构、合同管理专业人才缺乏、管理人员法律意识淡薄、合同签订时条款不规范不清晰、合同审查监督和检查履行不到位。咨询合同管理与施工总承包合同管理有异曲同工之处，都需要贯穿合同签订的各个环节，要建立健全可操作性的合同管理制度，使合同管理有章可循，并使合同的各个条款都能落实到相应的责任部门或责任人。合同管理需要建立一套完整的合同管理体系，发挥合同管理的作用，才能有效控制合同风险。

合同管理系统可以由 6 部分组成：合同策划、合同分析与分解、建立合同数据档案、形成合同网络系统、合同监督、索赔管理。其中前三部分是合同监督的基础，合同监督又是索赔和反索赔的前提条件。它们之间的关系十分密切，缺少其中任何一部分，合同管理都将失去它的效果。

合同管理中的重点工作是合同条款的草拟、评审、履行和跟踪等。合同条款评审的重点是合同内容要准确、文字要严谨、合同条款要完整、合同责任义务要明确等，尤其

是在公开招标项目的合同条款的草拟上，为了使每个咨询投标单位都能明白以及接受相应的合同条款，对于此勘察设计阶段的咨询合同，需要聘请有相关经验的人员或专业素质高的代理机构来协助完成合同条款的草拟，将科学、合理的合同条款纳入其中，在招标前尽量多罗列出拟建工程的工程信息，以便后期合同履行时有条可依。合同管理工作是多学科的融合，不仅需要建筑专业知识，还需要有一定法务基础知识以及企业管理、工程造价等相关知识，因此，建设工程管理人员在工作中，应加强综合能力的培养，加强合同管理意识，为建设项目勘察、设计管理工作打好坚实基础，提高建设项目价值。

第二节　工程总承包项目合同管理

工程总承包模式已成为目前市场广泛采用的一种建设模式，是建设工程的常用模式之一，随着建筑工程市场日益走向专业化，建设工期短、技术和质量水平高的压力越来越大，业主必然通过工程总承包的模式来降低或转移投资和建设风险，因此，工程总承包是市场发展的必然趋势和业主的客观要求，在建筑工程项目开发中起到了关键作用。由于多方面因素影响，建设工程做好工程总承包项目合同管理工作，对工程项目的顺利实施起到至关重要的作用。为此，在工程总承包相关法律法规尚未健全的情况下，从合同管理方面制定针对性的对策，对项目顺利实施具有十分重要的现实意义，但此过程存在的诸多问题影响了建筑工程工程建设效益，设计单位要结合项目合同管理实际需求，提出切实可行的改革对策。

一、工程总承包项目合同

1. 工程总承包项目合同

据统计，2016 年，我国建筑市场成交金额超过 2.6 万亿元，成为支持社会经济发展的主要项目。另一方面，建筑工程市场规模不断扩大，建筑体系结构改造面临全新调整，建筑工程市场模式也在不断更新，这对建筑工程企业运营机制提出了更高的要求。未来，建筑总承包管理体制将成为重点，如何从总承包管理中创造机遇，这是现代建筑市场改造中不可缺少的内容。EPC 设计—采购—施工工程总承包合同是指业主将建设工程的勘察、设计、设备采购、运输、保险、土建、安装、调试及试运行等一并发包给一个具备总承包资质条件的承包人承担，承包人对承包工程的质量、安全、工期、造价全面负责，在最终达到满足业主要求后，整体移交业主商业运行的一种建设模式。

2. 基本框架

EPC 总承包模式与传统承包模式间的合同结构有差别，通过比较可以得知，EPC 总承包模式很好地减轻了业主的管理负担，以工程总承包的模式有效规避了平行发包模式下业主的专业水平不高、管理经验欠缺等问题。建筑总承包管理技术条件不足，对总承包管理缺乏科学的引导机制，限制了总承包管理数字化发展水平，这些都是限制行业改

造难度的关键。面对信息化发展趋势，建筑企业尚未构建科学的管理方式，对不同类型总承包项目失去了创新管理平台，这必然会影响到建筑工程的发展进程。建筑工程作为一种新的建筑工程市场化方式，很受人们的关注，在建筑工程市场逐渐扩大的情况下，有很大的发展前景。

二、工程总承包项目合同的常见问题

1. 技术支撑问题

设计单位技术条件不足，技术更新换代较慢，导致网络空间营运出现了诸多风险隐患，涉及法律、技术、售后等多个方面。作为一种新的建筑工程总承包项目合同方式，很受人们的关注，总承包项目合同市场逐渐扩大，有很大的发展前景。城市是总承包项目合同的重要地区，用户很多，有一定的市场潜力。因此，城市总承包项目合同市场要更好地发展，首先要知道城市总承包项目合同的现状，分析其存在的问题，解决问题，以达到促进城市总承包项目合同发展的效果。

2. 合同管理过程缺乏监督

总承包是建筑工程建设不可缺少的内容，按照总承包标准进行综合化控制，对行业风险控制起到了保障性作用。在现代项目管理改革的情况下，要全面落实企业风险管理机制，消除潜在性的风险控制隐患，这样才能寻求更加稳定的发展模式。当前，我国建筑行业改革趋势明显，总承包控制要求更加严格，必须做好相关调控工作。项目总承包是企业营运的主要工具，借助总承包可以实现项目改革一体化发展，对项目总承包采取针对性的控制方案，这样才能更好地完成项目控制风险。总承包单位与施工分包单位之间的责任、权利、义务虽然在合同中是明确的，但在合同实际执行过程中，总承包单位往往疏于对合同内容的监督，导致在施工分包方出现违反合同行为，甚至违法行为时，难以提供有效的追溯分包方责任的依据，从而带来工程质量、进度、安全等方面得不到有效控制的一系列问题。

3. 市场变动问题

合同管理分析是设计单位成本控制的理论，将其用于运营成本调控可实现资源的优化利用，可从成本费用、资金收支、财务预算等方面指导经营。尽管建筑总承包管理要求各地区执行人员精简方案，但建筑工程市场化改革水平依旧落后，企业必须认识到市场化转型决策的重要性，为信息技术发展提供科学的指导依据。城市作为国家经济建设的重点对象，必须要紧随时代潮流，挖掘建筑工程市场化转型潜在的价值意义，为市场化建设与发展做好充分的准备，这样才能实现经营模式转型与改进。信息科技是建筑工程市场化发展的根基，这样才能维持企业经营模式的优化发展，带动经营效益稳步增长。

4. 管理人才问题

企业员工市场化转型意识薄弱，导致内部经营机制缺位，总承包项目合同管理失去了方向。在对人才极度需求时代，企业对人力资源评估及需求更加重视，这些都会影响

到建筑行业的可持续发展。面对现有人才结构机制，总承包编写与规划需要从多个方面开展工作，才能更好地完成项目建设目标，为总承包管理与改造做好充分的准备工作。由于特殊的地理位置，城市发展建筑工程行业存在着一些劣势，例如，项目引进机制不健全、规模化产业结构不协调等，这些都是限制城市产业结构发展的主要因素。

三、工程总承包项目合同的管理对策

1. 工程总承包项目合同的成立与策划

在投标、承接 EPC 工程总承包项目前，首先需要对项目进行信息追踪、筛选，对业主资质、项目资金来源等进行认真调查、分析、了解，弄清项目立项、业主需求、资金给付等项目的基本情况。建筑企业要全面落实总承包运营机制，从多个方面采取针对性的控制方案，这样才能进一步规范市场化机制。我国建筑行业处于快速发展阶段，各类建筑工程项目投资额度不断扩大，形成了以建筑业为中心的产业体系。但是，由于总承包编制体系与需求调整，现有人才无法达到总承包管理标准，也限制了总承包内部条款实施与应用，这些都增加了项目管理与控制的难度。

2. 工程总承包项目合同的履行

现有建筑行业模式相对落后，产业规划与发展面临诸多困难，导致总承包管理体制达不到预期状态，从而影响到了整个产业的可持续发展。总承包管理机制与产业配套模式不符合，限制了各种类型的项目体系，这些都会影响城市建筑行业的改革与发展。项目实施过程中的合同管理与控制是 EPC 工程总承包项目合同管理的重要环节。EPC 工程总承包项目合同一旦签订，整个工程建设的总目标就已确定，这个目标经分解后落实到项目部、分包商和所有参与项目建设的人员身上，就构成了目标体系。

3. 工程总承包项目合同的担保

相同城市的总承包方案，对建筑质量标准及要求不一样，这些都限制了区域性的产业发展，不利于整个企业总承包编制与实施。再如，建筑工程发展必须要建立"共享式"的网络平台，促进企业与企业、用户与用户之间的信息资源融合，总承包项目无法建立科学的管理体制，限制了各类型总承包内容编写与调整，无法达到信息资源共享目标。在建筑工程项目风险管理中，不仅需要规避风险，以控制风险的发生和消除风险的损失，或者降低风险发生的概率和减少风险的损失，而且有时还需要面对风险。

4. 工程总承包项目合同的变更

工程变更指的是针对已经正式投入生产的产品所构成的零件进行变更。在工程项目实施过程中，按照合同约定的程序对部分或全部工程在材料、工艺、功能、构造、尺寸、技术指标、工程数量及施工方法等方面做出的改变。建筑工程总承包要从不同角度开展管理，按照分级管理思想实施工作，从多个角度进行总承包改造与分析，这样才能更好地完成项目工作。但是，对于建筑企业来说，总承包管理需要从项目规划、设计、施工、检验等多个方面开展工作，这样才能保证项目管理机制的协调性，维持整个项目稳定

运行。

5. 工程总承包项目合同的收尾

在目标市场定位与控制的引导下，项目管理机制要考虑风险系数，以不同类型的建筑体系为中心，采取相对应的控制方案，促进总承包条款编制与运行一体化。对于存在风险隐患的总承包项目，企业要考虑未来发展及战略调整要求，建立全面性的风险控制流程。合同签订过程中的评估重点：合同目标与实际完成情况的对比；投标报价与实际工程价款的对比；测定的成本目标与实际成本的对比；以后签订类似合同的重点关注方面。

第三节　建设监理合同管理

一、建设监理合同的前期管理

1. 合同洽谈

建设监理行业受市场经济的影响，在政府行政机构的引导下，已经具有比较完善的格式合同文本。新的建设工程施工合同示范文本，很大程度上参考了 FIDIC 文本格式，较以往合同文本有较大的改进。正是因为有了格式合同，多数企业更加注重价款及主要权利、义务的约定，而其他条款就按行业惯例、标准规范和项目实际进行修改完善，但对细节上的履行、变更，却没有给予足够重视，在实践中因履约标准、违约责任限定、争议解决条款等约定文字叙述不清晰而发生歧义和误解的问题屡有发生，易导致合同难以履行或引起争议，以及给结算带来不必要的纠纷，合同生效后很可能产生很大的法律风险。

2. 合同的审定

合同洽谈时双方或一方为了促使合同能够顺利签订，对自身的履行能力，往往估计过高，承诺的人、财、物、力都极力迎合对方要求，却忽视了自身的履行能力，合同签订后，给合同履行带来隐患，致使当事人事后需要以更多的精力来弥补和处理。因此合同的审定十分重要，合同管理部门应对发包方提出的要求，及时准确地掌握对方的相关信息，并根据企业的实际情况对合同的完全履行能力进行评估，给企业的管理者提供合同签订的有效依据。

3. 合同的管理方式

法律顾问部门作为企业合同的统一管理部门，对企业合同的签订和履行负有监督、检查和指导的职责。而企业法律顾问也仅对签订、变更以及索赔进行处理，而对合同是否全面履行无法关注，这种合同的管理模式，无法使企业对合同过程进行及时、有效的管理。企业自身设置的合同管理部门，是以管理文本合同为主的，不能对合同实际履行的全过程进行跟踪了解，若合同履行过程出现的问题，往往不能及时发现。这种管理方式仅能在产生纠纷后，在法律层面上减少损失。

4. 合同管理制度

现代企业合同管理的主要内容应包括合同的归口管理，合同资信调查、签订、审批、会签、审查、登记、备案，合同示范文本管理，合同专用章管理，合同履行与纠纷处理，合同定期统计与考核检查，合同管理人员培训，合同管理奖惩与挂钩考核等。通过建立企业合同管理制度，做到管理层次清楚、职责明确、程序规范，从而使合同的签订、履行、考核、纠纷处理都处于有效的控制状态。

然而，多数监理企业的合同管理，除现场监理对合同、信息进行不系统的动态管理以外，合同实际全职管理部门以静态管理为主，动态管理跟不上。每个合同都存在共性和个性，发现、收集、总结合同履行中的问题能够极大地帮助企业在今后的合同签订、履行过程防患于未然。

5. 合同履行过程的控制

监理合同的履行过程是依据监理合同的委托围绕施工合同展开的合同管理，是实现控制目标的重要手段。因此，从某种意义上说，监理就是对施工合同行为的监督管理，监理合同的履行同样是对施工合同监督管理的过程。监理履行监理合同的义务对施工合同的管理至关重要。

监理在合同实施过程中处于中心位置，承包人所有的工程活动必须得到工程师的认可。施工合同是当事人双方对施工过程将要发生的权利、义务、责任协商一致的结果。当事人双方最大的、最根本的利益是按照合同约定完成商品交换。严格履行合同就是维护了业主和承包人的利益，就是体现了执业的公正性。工程师不能超出合同的规定损害承包人的利益，应对承包人符合合同约定的主张实事求是地及时处理。

合同变更管理。由于施工中的不确定因素和设计文件中固有的错、撞、碰、漏，工程设计变更在所难免。监理对设计变更的管理首先要注意完善申报、审查程序。根据施工合同通用条款的规定，无论是发包人还是承包人提出的变更，均应在工程师审查同意后，再由发包人转交设计单位编制设计变更文件。提出的问题要有根据，符合规范。变更通知发出后，要及时在合同规定的时间内审核承包人提交的工程计量申报表。对变更项目进行计量，确定最后变更的工程量、单价、总价。

合同履行过程中索赔的提出与处理是合同管理的重要工作。妥善处理索赔事件是反映监理执业能力的重要标志。第一，要树立正确的索赔观念。承包人提出的合理索赔要求，是规避风险的最后措施。第二，要加强学习和实践，努力掌握索赔的原则、方法、技巧，用先进的管理方法代替传统的习惯做法。第三，要认真阅读合同文件，了解本合同履行风险，在索赔要求提出时，能够知道该要求与合同约定的差异，迅速判别索赔是否成立。第四，要注意搜集积累原始资料、凭证及验收记录。证据是索赔的关键，证据不足或者没有证据的索赔就不能受理。

合同争议管理。在施工合同履行过程中，当事人对工程进度、质量、造价等具体问题赋予了监理争议调解的职能。监理的职责是尽快化解分歧，在他们发生合同争议时，要了解分歧产生的具体原因，弄清是非曲直，做到心中有数、对症下药、及时调解，调

解结束后要形成文字，诸如会谈纪要、补充协议等，使合同的争议能够在最短的时间内，用最有效的方法得到解决，从而完成合同的全面履行职责。

二、建设监理合同的后期管理

对合同的监管，在合同产生的前期阶段，企业往往高度重视，一旦合同签订了，就会把合同束之高阁，甚至忘记了合同履行过程是实现权利义务的过程，因此企业合同管理的问题大多数产生在中期和后期的履行阶段。

实践中，合同履行监控不足，经常体现在以下几点：一是应变更的合同没有变更；二是对合同的履行情况没有进行跟踪，应当保留的履行记录（如验货记录、竣工验收记录等）没有保留，导致要维护自身权益时资料缺失，难以弥补，不能利用企业合同管理这个手段对项目的进度、质量等进行有效的控制。企业合同管理中，各种违约行为经常发生，如果没有及时索赔甚至诉诸法律，超过了诉讼时效，经济损失将难以挽回。

综上所述，总之，监理合同管理，必须以合同约定为依据，以业主满意为准则，以不损害承包人合同权益为前提，在授权的范围内代表业主行使监督检查权力，并根据合同条件的变化，实事求是、公平公正地处理合同事件，从而较好地实现三大目标控制。合同管理应该是全方位、全过程、动静相结合的，这样才能不断提高合同管理水平，给企业带来更好的经济效益。

第四节　材料、设备采购合同管理

在工程项目管理过程中，决策者的目光更多地聚焦于安全管理、工程进度、工程质量和投资控制等显性方面。对于工程物资采购过程，决策者更多地关注于采购的过程控制，往往忽视了采购合同的管理。如何有效地控制物资采购合同的法律风险，实现合同双方的预期目的，让合同给公司带来利益，避免因合同的不规范给公司带来不必要的损失，就不能忽视采购合同管理在项目管理中的作用。实践中，应加强对采购合同的管理。采购合同的主要条款包括标的、数量、质量、价格及支付方式、包装、装运、检验、保险、验收、违约责任、合同变更、不可抗力及争议解决等。在签订采购合同前，一定要本着"先小人，后君子"的原则，对采购合同中能够预见到的各种不利因素以条款的方式加以防范，规避采购合同中的各种风险，运用法律来保护公司的合法权益。

一、采购合同管理的内容

合同管理部门进行合同管理，主要有以下几方面内容：负责检查、监督和指导、审核公司的各类合同的签订、履行，参与每份采购合同的可行性研究，审批公司对外签订的重大采购合同；对公司合同专用章、法定代表人授权委托书和合同文本进行严格的管理和控制；掌握物资采购进度，督促供货商按合同规定期限交货；对合同的签订履行情况进行统计分析，为公司领导提供决策依据，定期召开会议，检查合同履行情况，及时

发现和解决合同签订和履行中存在的问题；培训合同管理人员，及时总结公司采购合同管理方面的经验，组织有关部门和工作人员学习合同法规；对合同纠纷进行处理，并做出决定，配合有关部门解决合同纠纷；建立采购合同管理台账，保管好采购合同签订履行中的各种传真文件、邮件、发货记录、运输记录、发货清单、产品检验报告、货款支付凭证等，已备发生合同纠纷时有据可查。

二、规避采购合同风险的有效手段

企业经营与合同密不可分，几乎每天都要签订各种合同，然而很多企业在合同签订中的风险防范意识和能力较低，合同管理制度也存在漏洞，发生合同纠纷的概率居高不下，出现纠纷后一旦涉及法律程序就陷入被动。这样的局面，完全可以通过在合同签订时通过合理、充分的风险评估和预防措施来避免。审查采购合同主体资格和合同的内容是规避采购合同风险的有效手段。

1. 审查采购合同主体资格

对方基本情况：对方当事人为法人单位的，审查公司法人营业执照，如采购标的物为特种设备的，还需要对方提供特种设备制造许可证等，通过网络查询、电话咨询等核实对方情况是否属实。

履约能力：对合同对方的经营状况、注册资本、地址、银行资信、资产负债等方面进行审核。

签约人资格：合同经法定代表人签字盖章后生效，因此，必须确定签约人是否具有法定代表人资格或者是否具有法定代表人的授权，其授权是否具有法定效力。

2. 审查采购合同的内容

明确标的物的正式名称、商标、规格型号、颜色、尺寸以及相应配套件等，避免因标的不明，产生不必要的纠纷；明确标的物的计算方法，当计算方法出现歧义，得出的合同数量可能有多个结果，双方理解不同也会引起纠纷，例如：合同中标的物的执行标准或技术要求约定不明，会导致双方发生争议，对于是否符合合同要求，还需要委托第三方进行相关检测；委托检验费承担不明，会出现互相推托的情况，导致纠纷发生；双方约定价格根据实际消耗数量结算的，而实际消耗数量难以衡量时容易发生纠纷；价款支付比例在分批发货后，其支付比例难以达成一致，会导致纠纷；双方关于装运的方式、装卸费用承担和风险负担等约定不明，容易导致纠纷发生。明确履行合同义务对应的违约责任及惩罚措施，明确罚金的具体计算方法，设定解除合同的权利，在出现合同纠纷时，根据违约责任约定妥善解决相关分歧，避免仲裁或诉讼带来时间和精力的浪费。另外，还要约定仲裁或诉讼的管辖法院，明确合同的执行期限等。

三、采购合同的监控

在采购合同履行过程中，为保证双方的利益得以实现，确保双方按合同约定顺利合作，监控方必须对采购合同的履行过程进行实时监控。采购合同监控主要分为合同执行

过程中监控、合同执行后的监控、合同的变更、合同纠纷的处理和索赔等。

合同执行过程中的监控主要包括监控供货商的原料准备过程、督促供货商按要求开展生产,保证货物准时供应。同时,监控方也要注意工程进度,避免出现库存积压,要告知对方可延缓的时间;货物到达现场还要根据合同的数量、质量等组织到货验收工作,做好入库记录;对于一些重要物资,要委派监理进行生产过程现场监督,保证货物生产质量。

合同执行后的监控包括按合同规定支付货款、货物到达现场后出现不合格品监控方要及时和供货商协调解决。监控方还可对合同执行过程中的供货商表现进行综合评估,决定是否继续合作。

合同的变更指供货商如受不可抗力因素的影响,无法按计划交货,双方有义务采取措施,将因不可抗力造成的损失降到最低。由于工程施工的不可预见性,施工变更常会导致物资的增加或减少,双方在合同中约定双方同意对供货物资增加或调减,并对合同金额进行增加或调减,此项变更作为合同的附件,与主合同具有同等效力。

合同纠纷的处理方式包括协商、调解、仲裁和诉讼,根据纠纷的大小来决定处理方式。合同索赔指合同一方当事人违反合同,另一方当事人有权提出索赔。索赔的内容包括货物的质量、数量、包装、延期交货以及违反合同的其他行为。提出索赔要求时,当事人需要提供充分的证据,包括法律依据、事实依据和符合法律规定的出证机构。索赔期限和索赔金额依据合同中的约定进行计算,对于证据不全或约定不清的,对方有权拒绝赔偿。

四、影响采购合同存档管理的因素及存档要求

采购合同是公司档案的重要组成部分,是公司进行经营活动的有效凭证,在维护公司合法权益方面有着重要作用,因此应当予以妥善保管。若管理合同的人员法律意识淡薄,忽视合同的法律效力,不及时存档,会导致不必要的纠纷发生。企业不重视合同存档工作,合同履行阶段出现质量问题、经济纠纷等时,将无法利用存档合同维护自身合法利益。合同存档管理制度不完善,合同更新不及时,合同存档管理信息化程度不高,易造成合同丢失、合同提取不便。

做好采购合同存档的要求:对合同存档的意义进行宣传,增强档案管理意识和法律意识;确保存档合同印章、字迹清楚,做好借出收回记录;对存档合同进行分类,方便查找;利用计算机、管理软件等对合同进行信息化管理。

第五节　施工合同管理

建设工程的具体实践是通过建设工程施工来实现的，随着工程项目的建设与装修，工程项目的实物逐渐清晰，这类建设工程的合同管理显得有形、实在、具体。建设工程施工类合同金额高、周期长、受自然环境、社会环境影响大，合同内容与自然人的接触多，这类建设工程合同管理方法具体、成熟。建设工程施工类合同管理的核心是工程质量、进度、造价及安全文明施工。

一、施工合同签订前的策划管理

由于建设工程造价高，建设工程施工合同签订前应按《中华人民共和国招标投标法》进行公开招标投标，通过招标投标来选择施工队伍。建设单位或其委托的招标代理单位在编制招标文件时就应将招标文件内容与施工合同内容结合起来考虑，招标文件中应策划好工程的质量目标、工期要求、安全文明施工要求、施工内容，明确合同风险范围，确定材料、设备的供应方式，提出竣工工程结算方式及合同价款支付等具体要求，为施工合同签订做好前期准备。这个阶段的合同管理对建设单位而言是最有利的，只要招标文件的内容符合《中华人民共和国建筑法》《中华人民共和国招标投标法》及地方建设工程行政管理办法，建设单位就应在尽可能地维护好自己的权利、充分考虑日后合同签订后合作中的不利因素的前提下，制定较好的应对措施，如在满足法律法规的前提下，结合自身的财务状况制定可行的、有利于财务成本的进度款支付方式，结合使用功能要求策划出施工用主材的采购方式及分包工程的内容。

二、施工合同签订过程的管理

施工合同签订尽量用规范的合同文体，合同内容协调一致，合同文字严谨，不要出现相互矛盾或前后不一致的表述；合同目标清晰，合同的管理目标的核心部分即工程质量、工期、安全文明施工目标明确，工程造价控制中的结算办法、工程签证等约定明确具体，工程进度款支付方式科学具体；合同条款完整，既要有明确的责任、义务、权利约定也要有违反合同约定的处理措施，既要有施工过程约定也要有竣工验收合格的质量保修约定，既要有工程实体管理的约定又要有工程资料管理的约定；施工合同内容的科学性合理性，合同内容既要体现合作双方的自愿平等原则又要符合国家的法律法规要求，合同内容既要约定的合同内的风险范围也要约定合同风险外的风险共担原则，合同内容既要有原则性又要有很强的可操作性。

三、施工过程中的合同管理

建设工程的施工过程，是按经审查合格的设计图纸进行施工的，施工合同中一般有对施工过程管理的约定，施工过程的合同管理就是建设单位按照施工合同的约定，对施

工单位按设计图施工进行管理的过程。在施工过程中，建设工程外形一天一个样，随着时间的推移，建设工程项目外观越来越具体，工程的质量、进度、安全文明施工控制节点越来越明确，施工合同管理也越来越具体，施工单位在施工合同约定的工期内，按设计图施工，经分部分项验收合格后，建设单位按合同约定支付工程进度款，建设单位、施工单位自觉履行合同约定的责任、义务，享受合同赋予的权利，使建设工程施工在合同中约定的质量目标、工期目标、安全生产文明施工目标能顺利达成。在施工过程中，施工合同管理的难点主要在以下几种情况：发生了工程变更；发生了合同约定外的风险；施工资料的真实性、全面性。这三种情况是施工过程中合同管理的重点，对此，施工合同管理的主要措施及建议如下。

一般的工程变更，当涉及的金额不大、施工不困难、对工程建设总的目标影响不大时，只要经施工现场的管理人员、监理、设计人员、建设单位施工现场代表共同论证，认为该变更是必要的、可行的，工程就可获得批准通过。当工程变更涉及的金额较大、给施工增加困难、对工程建设影响较大时，该变更将按工程建设前期论证的程序，组织相关咨询人员、专业技术人员进行论证，并报政府行政主管部门审批后方可通过。

当合同约定的风险范围外的风险因社会环境、自然环境、政策法规影响变化较大时，建设单位及施工单位需要在咨询单位、监理单位的共同参与下，结合招标文件、合同文件中对风险的约定原则，本着实事求是的精神，在政府行政文件的指导下及时、公平、公正地进行协商，达成一致意见后形成书面的合同补充文件，及时完善施工过程中合同管理中的新问题，确保工程建设目标的顺利进行。

设置专人对施工资料进行收集、整理，及时归档。施工资料主要有建设行政主管部门发布的管理性文件、建设单位与参建单位的往来函件、设计图纸及工程变更单、地质勘察技术资料、施工过程质量保证资料、施工管理性资料、施工合同及补充协议等，专职的资料管理人员应工作严谨、归档及时，必要时借用现代计算机管理平台对施工资料实现动态管理，运用数码技术对施工过程进行影像记录归档。

四、竣工验收时的合同管理

施工单位在合同约定的管理模式下，将合同约定的工作内容竣工后，向监理单位、建设单位提出验收申请，监理单位、建设单位审查合同内容已全部完成，具备验收条件时，由建设单位组织设计单位、地质勘察单位、咨询单位、监理单位、政府行政管理职能部门共同对竣工的工程项目进行质量验收，参与验收的专业人员按照国家对竣工工程验收的标准要求，通过查阅施工过程记录、查看建设工程外观、实测已完工程的分部分项检验值、现场检验试用材料设备等一系列的检验方法、手段，对竣工工程进行检验与验收，验收结果一般有三种，即合格、存在一些质量缺陷须整改复查后合格、不合格。这个验收主要是针对工程质量的验收，工程广义的验收还有节能验收、环境影响评价验收、规划验收、消防验收、无障碍设施验收、绿化验收、电梯验收（如有电梯时）、高压供电验收（如发生时）等。这些验收均要在施工合同约定的原则下进行，分清职责，验收时发

生的各项专业检测费用按合同约定的支付规定进行支付。工程竣工验收合格后，交付建设单位使用时，建设单位按合同约定支付工程进度款，并办理竣工工程结算手续。这一切都是常规的竣工验收合同管理，竣工验收时合同管理的难点主要有两种情况：到了合同约定工程竣工时间，由于施工单位的原因，工程竣工验收时，有质量缺陷或不合格导致不能使用，而建设单位又急需使用；到了合同约定的工程竣工时间，由于施工单位的原因，工程没有竣工，不能交付使用。

针对竣工验收时合同管理的难点，建设单位应采取的主要控制措施是：启用合同约定中对工期、质量违约的条款，按此条款要求及时地对施工单位发出书面通知，要求施工单位承担由此产生的一切后果，并接受合同约定的处罚；敦促施工单位、监理单位制定出应对措施、整改措施，尽快地完成合同约定的内容，积极对质量缺陷进行整改，满足合同约定的质量目标，将各方的损失降低到最低；必要时采取中止合同的措施，将未完成的工作委托给有资质、信誉好的第三方施工单位来完成，确保工程能尽快竣工合格投入使用，减少建设单位运行、生产、使用的工期压力。

五、竣工验收合格后的合同管理

工程竣工验收合格后，建设单位的施工合同管理分两个方面。

1. 竣工工程质量保修期合同管理

工程竣工验收合格后，按合同约定可以正常生产使用，在使用过程中，建设工程不可避免地会暴露出一些质量缺陷，影响工程的正常使用。这时按质量保修条款约定来管理，如果是施工单位的责任，施工单位责无旁贷地维护，根据对工程使用影响的程度来定维修时间，监理要对维修过程予以监督，维修完成后，经建设单位组织验收。当施工单位不配合，为了不影响正常生产使用，建设单位自行委托有资质、信誉良好的第三方施工单位来维修，维修费用从预留的质量保证金中支付。如果不是施工单位的责任，是建设单位使用不当造成的，可以委托原施工单位维修，但建设单位应将此作为工程变更增加，支付增加工程的工程款，此时如果建设单位因为原施工单位质量意识不强、维修部分的综合单价过高、原合作不愉快等原因，也可将此维修委托给第三方施工单位维修，但不得影响、破坏原工程的结构，否则以后有什么质量缺陷让原施工单位维修时就会产生维修费用纠纷。

2. 竣工工程验收后工程结算管理

建设单位、施工单位双方在施工合同约定下都能自觉地履行责任、义务，使得施工单位的施工内容圆满完成，建设工程竣工验收合格，建设单位可以正常投入生产使用。此时建设工程的质量、工期、安全文明施工目标都顺利实现，合作双方就可以对工程结算进行核对与审核了。施工单位提出完整的竣工资料及结算报告书报送建设单位，建设单位自己或委托有资质的中介单位对竣工结算报告书进行审核。结算审核的依据是施工合同及补充协议，如果施工合同签订、工程变更管理均是科学合理的，那么这个阶段合同管理的重点为以下几项。

（1）审核人员的素质

审核人员如果具有良好的工程造价管理知识、丰富的施工现场管理经验、高尚的职业道德意识，在审核过程中就能将工程量计算准确、综合单价测算科学、对合同及补充协议中相关结算条款理解深刻，同时不会被施工单位的各种经营手段所诱惑，这样的结算审核是公平、公正、科学、合理的。

（2）竣工资料的完整性、客观性

由于结算审核时，工程施工过程已经完成，审核人员只能从施工过程资料中查阅当时的施工情况，审核人员的审核结论是建立在竣工资料的完整性与客观性之上，同时审核人员应善于从大量的竣工资料中找出与客观实际不相符的地方，借用施工过程影像记录来还原施工过程，将施工单位高估冒算的地方剔除出来，将施工过程不满足合同要求的地方挑选出来，尽量找出挤干施工单位报送的结算报告书中的水分，使竣工工程的结算价真实、科学、合理。

（3）注意争取反索赔

索赔是指在合同履行过程中，对于并非自己的过错，而应由对方承担责任的情况造成的实际损失向对方提出经济补偿和（或）时间补偿的要求。工程建设过程中，建设单位由于地质条件的变化或为完善使用功能或由于内部管理需要等不可避免地对原工程设计内容进行变更与完善，同时由于建设管理市场环境的变化，行政主管部门会发布一些指导性的调整建筑市场人工、材料、机械台班的单价，施工单位在竣工结算时会据此对建设单位进行索赔。建设单位专业合同管理人员或委托的结算审核人员应对索赔依据、内容进行系统的分析、整理、对比、运用，根据合同约定及行政主管部门发布文件的精神进行索赔计算，科学、合理地确定索赔内容。同时根据施工过程管理资料的收集，结合施工合同约定和行政主管部门发布的文件精神，建设单位还可以对施工单位进行反索赔，如施工单位拖延工期、降低施工过程中的质量标准，有证明其偷工减料的资料，结算审核时可据此扣减其结算价，实现反索赔。

如果施工合同签订、工程变更管理存在一定的不规范性，竣工结算审核时就会发生扯皮、纠纷现象，那么这个阶段合同管理的重点是：收集好建设工程招投标文件、各项技术资料、施工合同及补充协议、施工过程资料、竣工验收资料、双方往来资料等；充分借助监理单位、跟踪审计造价咨询单位的协调，必要时准备起诉与应诉。

第三章 政府投资项目建设工程合同管理的现状分析

第一节 政府投资项目建设工程合同管理的相关理论

由于合同管理分类繁复、特点鲜明，因此本节将对项目合同的特点和分类进行详细阐述，尤其对项目合同的分类方法，以及每个类别中的建设合同的相关内容加以详细讨论。

一、政府投资工程的分类及特点

随着我国改革开放的步伐越来越大，政府投资的项目也越来越多，这些项目一般都是政府部门根据投资公司申报的项目进行批准的。由于各个城市的基础建设项目已经逐步完善，政府将会把更多的资金投入经营性项目中，比如城市的铁路建设、高速公路建设、娱乐设施等运营项目。

1. 政府投资工程的分类

目前，政府投资的工程项目大概有四大类：一是政府建设项目，如公安局、法院、监狱等；二是城市建设福利性项目，如城市图书馆、大型体育场、公园等；三是城市基础设施建设项目，如水电站、通信基站、高速公路、铁路建设等；四是城市公益项目，如城市广场、大型绿化带、城市路灯等。从以上四大类建设项目来看，第一类和最后一类均属于无利润的政府投资项目；第二类是以政府投资为基础的半营利半公益的投资项目；第三类则是政府完全投资的运营项目，其根本就是以造福社会为基础进行营利的项目。从所建项目的资金来源来看也可以将政府投资的工程项目分为四类建设项目，具体如下。

财政性投资项目。这部分项目主要是指政府财政运算之内的基本投资项目，在某些情况下，也会包括预算外资金投资的项目。

国债专项投资项目。此种项目是由国家政府以向整个国家发布国家债券的形式筹措建设资金进行的项目。其作为宏观调控经济的一种手段，其中绝大部分的资金都投入城市的基础设施建设之中。

财政担保银行贷款建设项目。这部分主要是由国家政府做财政担保而向银行贷款进

行的项目建设。这类项目绝大多数为非营利性项目，这类项目一般由政府的财政部门向社会筹集资金进行还本付息。由于此类项目绝大多数为公益性的，因此需要政府对该类工程项目进行严格考察和监督。

国际援助建设项目。这类项目一般是其他国家进行资金或是技术上的援助而建设的项目。我国每年都将向一些贫困的非洲国家提供这种国际援助建设项目，其中以城市基础设施建设项目为主。国际援助建设项目按照权限的高低来划分，可以分为国家政府项目和地方政府项目。前者是由中央政府进行投资所建设的项目，而地方政府项目是当地政府投资所建的工程项目。中央政府项目需要由国务院进行审批，并由中央政府设置专门管理部门对该项目进行全面监督和管理。地方政府项目均由当地政府进行审批，并由当地政府牵头组建专业的管理机构，该机构将对所建项目进行管理。按照所建设项目的经营性质可分为经营性和非经营性两种建设项目。经营性项目是由政府投资所建设的具有营利目的的项目，如铁路、水利水电站、动物园等项目。非经营性项目是政府以非营利目的而建设的工程项目，如图书馆、夜间路灯、树木等绿化设施之类的项目。

2. 政府投资工程的特点

由政府投资的大多数工程项目是向社会提供基础产品的工程项目，其中以非营利性质的公益项目为主，还有一些项目虽然营利，但却是一些投资回收期很长的城市基础建设项目。这些项目如果不以政府为主导来建设，将没有任何一个公司有能力进行单独承建。而在当前信息技术的迅猛发展下，政府也可能涉及一些技术复杂、难度高、高风险、高收益的技术项目。因此，我们可以将政府投资项目的特点总结如下。

（1）政府投资的工程主要为一些非营利的建设项目

这类建筑设施项目一般是国家经济发展的基本设施，是改善人民生活和环境的基础。所以，国家会优先将大量资金投入这些项目。这些项目大多难以营利或者投资营利周期过长，也正因如此，许多贫困国家基础设施较差，常常需要其他国家进行援助建设基础设施。

（2）政府投资的工程为一些超大型的项目

这类项目一般所需资金庞大，风险高，在社会产生巨大的影响。由于政府在国家的经济建设中肩负着巨大责任，一些风险巨大的工程需要由国家政府牵头，并联合一部分实力雄厚的企业来共同完成。由于所承担的风险巨大，这类项目不是单独一个企业可以完全担负起来的。这类项目的建设往往会引起社会的高度重视，对许多产业和部门都会造成巨大的影响，可以联动提升当前的社会经济并改善人民的生活质量。政府所要建设的这些超大项目一般都需要国内顶尖的科学技术，尤其是一些高精尖技术。一旦这种项目建设成功，将联动带动其他产业，带来巨大的附加经济效益，还将为大众带来巨大的生活便利。可一旦项目失败，也将为政府带来巨大的财政负担，尤其是一些破坏本地自然环境的项目，将严重威胁人类的生存环境。所以，政府要严格把控这类项目，谨慎科学地做出决策，为人类造福。

（3）政府投资所建设的工程需要更加严格的监管手段

政府作为国家的主权机关，其必须在公众中保持公正廉明的形象。因此，政府投资的项目一般要经过行政部门的几次审批方可最终确立建设方案，其比一般的工程建设项目要更加复杂和严格。从工程审批的手续办理，到资金的精细预算，处处都在政府严格的监控和管理之下。随着我国财政的逐步改革，未来几年，我国的财政将建立更加严格的措施和更加完善的制度。

（4）政府投资的工程应受到全社会的监督

政府投资的工程绝大多数使用的是国家的财政资金，但归根结底是纳税人的税款，这就涉及了全社会的公众利益。因此，政府应该注重自身形象，做好公关工作。政府应该设立专门的公关部门，将项目的设计方案、施工情况、财务状况等信息向公众进行公开。政府所负责的项目应该接受全社会的监督，得到公众的支持，这样才能保障项目的顺利完成。

二、建设工程合同管理的相关理论概述

合同主要是在商务活动中明确当事双方的民事关系的协议。依法成立的合同，受法律保护。建设工程项目中的合同主要是指政府投资的建设工程合同。

1. 建设工程合同管理的概念

根据《中华人民共和国合同法》的描述，合同是指"平等主体的自然人、法人、其他组织之间设立、变更、终止民事权利义务关系的协议"。当事双方一旦签署了合同，就是对合同内各个条款的认可。当事人应以合同内的条款为依据，明确自己所履行的责任，并应当承担起违约的后果。该合同文件所具有的法律效力代表了国家的法律效力。因此，当事人在签署建设工程合同时应该严肃认真地查验合同中的每项条款，并以平等、公平、自愿的原则谨慎签署。一般来说，建设工程合同的双方当事人为建设方和承包方。建设方指定建设方案，并授予承包方建设的权利。在承包方完成合同内的工程建设职责后，建设方也将依据工程建设合同支付建设钱款。建设工程合同可以说是建设工程项目合同的总称。建设工程合同包括施工合同、单价合同、采购合同等。当事双方在签订合同时，就对所建工程的完成时间、施工安全、工程质量等问题逐一明确。当工程合同正式签署后，双方当事人也将明确合同的责任和义务。发包方或是建设单位应以合同条款为基础，督促承包方来履行合同。因此，建设方和承包方都需要科学的评估施工量以及建设成本，以确保合同的目标顺利实现。

2. 建设工程合同管理的特点

建设工程合同一般均贯穿于整个施工过程的生命周期，是实现项目管理最重要的管理手段。该合同将明确当事双方所履行的职责和义务。一般而言，大型建设工程具有周期长、投资大的、风险高的特点。而其所签署的合同特点将更为鲜明，具体归结如下。

（1）专业性强，影响范围广

大型建筑工程是一个复杂庞大的系统工程。其中涉及了方方面面的工程技术标准和

施工工艺。施工合同需要具有丰富施工经验的人员和相关法律的专业人员进行相互配合来周密制定。其中任何一点疏漏都将对整个施工过程造成无可挽回的影响。

（2）风险性强，主体适合

大型建筑工程不能忽视风险因素。有些风险过高的施工项目需要以国家为主导，联合企业来共同承担。而在施工过程中，其遭受到的经济、政治等不确定性影响因素太多。因此，承包方必须具有相应的承包资质，方可承包项目。不同承包资质的团队承包不同风险的项目，建设方也应当对承包方的施工资质进行严格审查。

（3）系统性强，强调整体

大型建筑工程，往往涉及水电、设备供应、材料成本、施工人员等诸多需求。这些事项烦琐细碎，却又环环相扣。一个简单的错误往往会导致整个工程的建设失败，造成了无法挽回的损失。因此，施工合同应强调整体，以系统工程的角度去制定详细周密的施工合同计划。在施工的过程中，还应该结合实际情况对施工合同进行相应的调整，以确保工程的顺利完成。

（4）动态性强，全过程管理

建设工程合同的效力将从项目开始一直持续到项目结束，持续周期过长。在整个项目的施工过程中，有很多因素都是不确定的，比如相隔一年，一些建筑所需的原料成本就将有所变化。虽然价格浮动很小，但大量购买将引起巨大的成本落差。因此，合同管理必须坚持动态管理。合同的具体内容应根据不同的时期不同情况进行相应的动态调整。

3. 建设工程合同管理的主要内容

建设工程合同管理按照项目的不同时期分四个阶段进行管理，其中有合同订立前管理、订立合同管理、合同实施管理以及合同运营维护管理。

合同订立前管理。合同订立前的管理是合同起草撰写阶段的管理。合同一旦签订，就有法律效应。因此在拟写合同书时，要秉承认真、严肃、谨慎的态度，仔细拟定合同条款。要对合同的协议内容做好认真的准备，包括信息调查和决策、市场评估等工作。

订立合同管理。合同订立就代表双方当事人经过充分交换意见、协商一致，建立起一个稳定牢固的法律关系。因此，合同的订立阶段是一个严肃的法律行为，双方当事人应当足够重视。

合同实施管理。合同经双方当事人签署后，当事人需要认真履行合同中的各项条款。同时，依照合同的详细条款，当事人享有合同规定的权利和义务。合同管理人员应当对工程实施的各个阶段进行分析，保证工程依照合同的要求顺利交付给建设方。

合同运营维护管理。建设项目验收后，将正式进入运营维护期。这一阶段，项目可能会出现各种问题，当事人应当依照合同要求做好维护和运营工作。

4. 建设工程合同管理规范化的意义

规范化的适用范围是"技术、管理、科学和经济等人类的社会实践"。这里面的管理就包含了建筑工程合同管理的概念。规范化是人类管理活动经实践后的最终结果。其目的是使该活动更加具有科学性、有效性和合理性。建筑工程合同规范化的目的是"获得

最佳秩序和社会效益"，这也是规范化的原点和终结点。规范化的内容是制定一个标准、规范的流程。合同管理是建设项目中每个环节的详细规定，其中的每一个建设步骤都应依照合同细则去执行。一个科学有效的管理体系，可以大幅度改善企业的收益情况。如今的建筑行业市场的竞争越来越激烈，科学规范地进行合同管理，企业才能获得更大的生存空间，得到更多的经济效益。

5. 建设工程合同管理的相关法律体系

每个建设工程项目的参与方众多，涉及的合同主体主要有建设单位、代建单位、咨询单位、勘察设计施工单位、监理单位等，彼此之间利益关系复杂且工程项目建设时间长的特点决定了合同的重要地位以及合同管理水平。同时，合同也是财产流转和工程目标确定的主要依据，建立健全合同管理体系的问题尤为突出。国家有关部门为了推行建设领域的合同管理做了大量的工作，并在实践中不断完善相关合同管理的法律法规。《中华人民共和国民法通则》是调整平等主体的公民之间、法人之间、公民与法人之间的财产关系和人身关系的基本法律。《中华人民共和国合同法》是规范我国市场经济财产流转关系的基本法。《中华人民共和国招标投标法》是规范建筑市场竞争、保障建筑市场公开公平公正竞争的法律。《中华人民共和国建筑法》是规范建筑活动的基本法律，建设工程合同的订立和履行也是一种建筑活动，合同的内容也必须遵守建筑法的规定。另外与建设工程合同管理相关的法律还有《中华人民共和国担保法》《中华人民共和国保险法》《中华人民共和国劳动法》《中华人民共和国仲裁法》以及《中华人民共和国民事诉讼法》等。在市场经济中，财产的流转主要依靠合同。1999 年 10 月 1 日实施《中华人民共和国合同法》后，原建设部与原国家工商行政管理总局联合颁发了建设工程施工、勘察、设计、监理合同等示范文本。合同示范文本使市场趋于规范合理。

6. 建设工程合同管理的原则方法

遵守合同管理法律化原则和合同第一位原则。在大环境的影响下，市场逐渐在建设工程领域起指导作用，这样自由开放的竞争会使建筑市场产生诸多问题。为了解决这些问题，我们应该对合同依法进行管理，这样合同管理水平就得以提升，合同管理就能更好地发挥效用。代建工程项目不仅工期要求紧，而且项目参与方多，这种错综复杂的内部关系使得不确定性因素增多，而且政府政策以及人民群众的配合程度等外部环境对工程项目的影响较大。为了有效约束项目参与各方的行为，保证项目进度流畅，按时交付使用，必须要求当事人彼此签订合同，严格认真履行合同条款，遵守合同法律法规，坚持合同至上原则。

实行合同管理权责统一、相互制约的原则。建设工程讲究"三全"，即全过程、全要素、全员管理，合同管理的工作也应该在工程项目的全过程中进行管理、控制、监督。在设置管理机构时应杜绝权力集中，合同管理在对工程项目管理起作用的同时也受到其他部门的制约，形成了制衡的合同管理体系。如洽谈权以法务部为主，调查权以工程部为主，批准权按合同额大小分级执行，计划、工程、安全、财务共同参与合同的执行，纪检、审计、监察等部门联合进行监督和考核。分类管理建设工程合同建设项目涉及代建单位、设计

单位、咨询单位、施工单位、工程监理单位、采购加工、借贷租赁、劳务分包、财产保险等各类性质的合同，项目业主必须在与代建单位签订总合同的基础上按合同性质划分到责任部门统一管理，防止权责不清现象发生，如设计咨询、施工等合同归工程部门管理，设备采购、加工、运输等归供应部门管理，贷款、财产保险等归财务部门管理。

7. 建设工程项目合同管理的前提和基础

企业对外开展各类业务活动的基本前提就是签订合同，有位法学家曾经说过："财富的一般是合同"，这形象地说明了合同在一个工程中的重要性，故建设工程合同管理的前提和基础就是重视合同。建设工程合同是承包人进行工程建设、发包人支付价款的合同，有效的合同管理是促进参与工程建设各方全面履行合同约定的义务、确保建设目标（质量、投资、工期）的重要手段。因此，加强合同管理工作对于承包商以及业主都具有重要的意义。

8. 建设工程项目合同管理的价值

建设工程合同属于经济合同，是发包单位和承包单位为了完成其所商定的工程建设目标以及与工程建设目标相关的内容，明确双方相互权利、义务关系的协议，在建设施工中发挥着重要的作用，它是缔约双方明确法律关系和一切权利与义务关系的基础，是业主和承包商在实施合同中一切活动的主要依据。随着工程项目复杂程度的增加、采用分阶段设计方法的增多及施工设计的基本合同数量增多，合同管理已成为造价工程师全面控制造价所必须承担的另一项主要工作。

第二节 政府投资项目建设工程合同管理的现状及问题

一、建设工程合同管理的现状

在计划经济时代，社会百废待兴，建筑行业的兴起，为城市的基础设施建设提供了巨大的支持，其发展一直在推动着我国经济的增长，尤其在世界经济多元合作的背景下，外国资本不断涌入我国，参与到建筑行业市场的竞争中。但是，国内企业在与西方类似建筑企业的较量中，逐渐落入下风，其中的差距逐渐加大。这一方面是企业管理水平的差距，另一方面也是建筑行业合同管理水平的差距。从目前的情况来看，合同的体系、制度以及保障体制均有很多不足。我国的建设工程合同主要分为如下几类。

1. 工程总承包合同

该种合同是指建设单位将建设工程的权利全权委托给承包方。承包方要承担工程的设计、采购、施工等任务。在这种承包合同中，承包方将承担施工过程中的所有风险与问题。而建设单位依据合同内容向承包方支付承包款项。常见的工程总承包模式有 EPC（设计—采购—施工）、DB（Design and Build，设计—施工）等。

（1）设计—施工总承包（DB）合同关系

设计—施工总承包方式是指由单一承包商负责项目的设计与施工工作。该方式一般先选择一家设计公司对整个工程进行设计，设计深度以满足DB方式的招标为原则，整个设计工作量应为总工程量的四分之一。设计方案完成后，再由建设单位组织招标活动，选择承包方。

DB合同应当具有以下特点："单一责任制"，DB模式下DB承包商负责工程的设计和施工，当工程出现质量等问题时，责任更容易明确；工期缩短，设计和施工紧密结合，有利于控制进度，缩短整个工程的建设工期，使工程项目可以较早投入使用。

（2）"设计—采购—施工"总承包（EPC）合同关系

"设计—采购—施工"（EPC）总承包是一种新的总承包方式。EPC模式下，承包商负责一个完整工程的设计、施工、设备供应等工作。本合同工程和工作范围较大，而工程项目的实践和管理工作都由EPC承包商负责。该承包商可以在合同允许的条件下将工程范围内的部分设计、施工、供应工作分包出去。EPC总承包方式建设工程合同特点如下。

①总价固定。一般来说，EPC合同的总价是固定的。这样，建设单位基本不会承担风险，风险由承包方进行承担。单一的责任制也有利于工程建筑项目的顺利完成。

②建设成本降低。EPC模式在实践时，会进行方案设计优化。通过对整个项目的设计、采购进行规划，从而达到降低成本的目的。但是EPC模式虽然降低了建设成本，但其却有很高的风险费。

③工期缩短。在EPC合同模式下，由于建设权利完全集中于承包方手中，这样就使得建筑施工的权利高度集中。因此，承包方可以完全地统筹规划施工计划。高效统一的调度模式将大大加快施工时间。

④业主的管理责任单一。承包方将对整个建筑项目工程担负全部责任，业主仅仅起到监督的作用。单一责任制既保证了施工人员思想的上下统一，又有利于施工队伍的建设，大大节约了部门的施工成本。

2. 施工合同

施工合同是明确双方当事人的权利和义务的协议。在该合同中，建设单位将定期对施工工程进行监督和管理，以便对工程的质量、进度和安全进行全面控制。施工合同作为当事双方建设工程的核心部分，指导并约束了双方行为。施工合同一旦签订，承包方应按照合同内容去建设工程，控制工程质量，进行工程进度控制。建设单位将依照合同履行对工程监督和管理的职责，以及按时向承包方汇入项目钱款。施工合同不仅是对建设单位和承包方的约束，也是一个指导协议。

3. 材料、设备采购合同

建设工程一般周期长，项目庞大，所需的设备和原材料众多。设备的正常供应以及原材料的质量将直接影响到工程的施工进度和工程质量。材料、设备采购合同对材料的采购数量、价格都做了明确的规定，其中的物资材料足以满足建设工程项目的需求。

4. 咨询、服务合同

咨询服务合同是建筑项目中另一种必不可少的合同。一般而言，大型工程建设项目是一个复杂而又庞大的系统工程，在工程中涉及了许多技术以保证该工程的工程质量。但承包方的技术力量往往过于单薄，无法解决一些技术难题。这个时候，承包方将会聘请第三方单位提供技术支持。这些第三方企业往往是一些科研院所或是专业技术团队，其将为建设工程中所涉及的难题提供专业的技术解决方案。咨询、服务合同就是为此而签署的第三方技术支持协议。

5. 勘察、设计合同

在建设工程之前，一般要先对该建设工程进行设计。建设工程的设计方案是施工的前提与基础，但有的承包方只具有工程建设的资质，却不具备工程勘察和设计的资质。因此，在施工之前，承包方还需要聘请专业的第三方团队进行勘察和设计工作。工程的勘察和设计工作是一个建设工程项目的良好开端，也是日后的施工过程的基础。

6. 工程监理合同以及其他合同

工程监理合同主要是为建设工程项目中需要监理而签署的合同。监理工程师凭借其丰富的经验和建设工程技术对所建工程进行监督和管理。

还有一些合同，也是在建设工程项目中必不可少的一些合同，如融资合同、保险合同等。这类合同一般是根据不同的项目而签署的，并不是所有的合同都是必需的。在建设工程中，当事双方主要是指建设单位和承包方。还有一些大型建设工程项目需要监理作为监督管理的第三方。建设工程项目合同主要是指这三方的关系。承包方作为工程项目的施工方，其存在二次分包的情况，因此其关系也相对复杂。

总包招标阶段及合同洽谈阶段，监理一般不参与，待合同签订完成后参与合同执行管理。开工后的合同，监理可以参与合同签订等一系列管理工作。在合同招标阶段，监理没有义务去参与合同洽谈阶段的工作。在签订合同后，监理将参与合同的管理工作。监理人员在该阶段需要完成一系列工作，包括在工程实施阶段所签署的其他合同，如勘察设计合同、施工承包合同等。监理人员在处理合同纠纷时，应该保持中立的态度，要保证双方利益，才能确保合同的有效履行。而在监理合同关系中，监理工程师要根据自己的专业知识，对项目进行监督和控制，要确保项目的每一阶段的质量达标、工程质量达到安全标准，以及工程按期完成等工作。最后，监理人会参与项目验收和工程移交工作，并与当事双方签订工程保修责任书，待监理人收到报酬尾款，合同方才终止。

二、建设工程合同管理的问题

随着我国经济的不断发展，建筑行业在不断吸取国外先进的管理水平和施工技术，已经取得了长足的进步。尤其是随着我国的法律法规的不断健全、制度的不断完善，建设工程合同管理的水平也在不断发展。但其中仍旧存在一些问题，影响着日常的建设工程合同的管理工作。其主要问题如下。

1. 法律知识匮乏及合同意识薄弱

建设工程合同的参与主体是建设单位和承包方。双方经过公平、自愿、平等的协商后达成了工程建设协议。建设工程合同明确了双方应尽的责任和义务，以及违约后所承担的责任。但当事双方往往缺乏法律知识，仍旧按照经验和习惯行事，并没有依照合同来进行施工建设。以通常情况来看，建设单位会尽快将工程项目分发给承包方，承包方往往在不考虑成本、工期、技术的情况下便取得了工程的建设权，而当双方发生合同纠纷后，也不会依照合同来维护自身的利益。而这种滚雪球式的不良风气愈演愈烈。

2. 合同管理与工程招投标脱节

工程合同管理与招标管理之间是有密切联系的。但如今，很多主管部门把这两个工作分成两个业务，导致施工合同和项目招标这两个工作严重脱节。在实际操作中，施工合同管理与招标投标管理衔接不够紧密、相互分离，有的招（投）标单位把施工合同管理和招投标管理工作划分到不同的业务科室、职能部门，甚至由不同的领导分管；有的在工作安排上，把签订施工合同和工程招投标作为两个毫不相干的业务对待，使施工合同管理与工程招投标管理在实施过程中严重脱节。

3. 合同挂靠现象严重

合同挂靠现象已经成为当前合同管理中最严重的问题之一。一些风险高、难度大的建设工程项目需要承包方有一定的资质方可参与到投标过程中。但是一些承包方会借用其他企业的建设资质参与投标，并在投标过程中使用非法手段中标。

4. 转包、分包合同情况普遍存在

一些承包方在竞标的过程中，为了得到该项目，往往使用过低的价格中标。中标后，再以更低的价格转包给施工能力极差或者没有施工资格的工程队伍。这些队伍因为经验匮乏和技术缺少，导致工程进度受到严重影响，工程质量极差。这种豆腐渣工程一旦出现质量问题，往往会在社会中造成极其恶劣的影响。

5. 合同归档信息化落后

目前很多工程建设合同仍处于手工分散管理的状态。相关部门缺少对合同归档管理的明确规定，对合同的履行过程也缺少严格的监督控制。相关部门并没有意识到信息化管理合同的重要性，导致合同的信息化程度极低。

6. 招标投标不规范

当事双方违背招标程序，一些政府部门在项目公开招标时常常弄虚作假，将这些项目招标变为邀请招标。承包方为了应对这种情况，常常采取不正当手段进行围标或串标。

招标文件中存在不合理条款。在招标文件中，有很多条款并没有清晰的规定，还有些发包方以一些无理理由拒绝修改合同，这样签订的合同很多不是双方平等协商的结果，而是发包方单方面强制加给承包方的产物。

评标方法不科学。在承包方竞标的过程中，一些部分发包方只以价格为唯一标准，往往让最低价者中标。发包方没有一个合理的考核体系对承包方进行综合考察。长此以

往，必然会导致竞标的恶性循环。在低价竞标的过程中，承包方在以最低价格中标后，为了获取利润，必然会在实施工程的过程中压低造价。这种情况为工程的质量问题和安全问题埋下隐患。

第三节　政府投资项目建设工程合同管理存在问题的原因分析

一、"阴阳合同"问题

"阴阳合同"，顾名思义，就是分成"阴合同"和"阳合同"两份合同。其本身就是当事双方一种违法承建工程的操作手段。一般就是在招标活动结束后，建设方和承包方会依照国家的相关法律规定签署一份"阳合同"，该合同完全符合国家对相关合同的规范要求。但是当事双方往往会在"阳合同"的遮掩下，再签署一份违规的"阴合同"。在实际工程的建设过程中，"阴合同"才是双方真正履行职责的合同，而"阳合同"主要是为了应付国家相关部门的审查，是当事双方完全不需要遵守的合同。"阴合同"和"阳合同"中的项目条款往往大相径庭，涉及了利益的重新分配，这种情况不仅严重违背了国家的相关法律，也严重损害了建设单位的形象。而这种"阴合同"的泛滥，将给所建的工程带来巨大的安全隐患。这些工程在修建时就会出现各种安全问题，在验收时也往往达不到验收要求。

2009年，宁夏回族自治区达成了从宁夏境内取黄河水的合作意向，并形成了具体的合同协议。宁夏回族自治区水务投资公司、鄂尔多斯市水务投资公司以及宁东水务有限责任公司按照一定的股权比例出资组建了宁夏长城水务有限责任公司，负责引黄供水工程水源和净水工程的建设、运营和管理。宁夏长城水务有限责任公司与鄂尔多斯联友建筑有限公司就引黄工程上的水利建设大楼达成了协议。鄂尔多斯联友建筑有限公司在此过程中却与宁夏长城水务有限责任公司私自签订了一份"阴合同"。在这份"阴合同"中规定了建筑的实际费用，而"阳合同"则根据鄂尔多斯联友建筑有限公司需要抬高了价格，以向银行申请更多按揭贷款。

1. 建筑行业市场中施工企业处于弱势地位

"阴阳合同"的产生必然是有其原因的。其中最主要的原因还是建筑市场上的供需关系不平衡，承包单位处于弱势地位。

（1）建筑市场供需关系失衡

近年来，我国建筑市场异常火爆，在大量经济利益的驱使下，承包企业也如雨后春笋一般涌现出来。在建筑需求总量增长很小的同时，大量承包企业的出现，导致了严重的供需关系失衡。承包方的竞争愈演愈烈，投资方也在不断压低施工方的成本价格，甚至一些承包方主动采用低于市场成本的价格来承包工程。这种低于常规成本的工程合同，本身就是不允许的。又由于所有的合同均要在政府部门进行备案，因此当事双方先签署

一份"阳合同"掩人耳目，再另外签署一份"阴合同"作为施工的真正合同。

（2）建筑市场行政干预使得管理脱节

近年来，随着我国相关法律法规的不断完善，相关的政府部门也加大了建筑行业市场的监管力度。而这种监管方式却极大地损害了建设方和承包方的一部分经济利益。对于建设方而言，这种监管无疑会将项目周期拖得更长。而对于承包方而言，公平的竞标方式，甚至意味着取得不到承建工程的资格。因此，建设方和承包方对待招标活动往往是敷衍了事，私下却签订"阴合同"。而在施工过程中，政府部门仅仅对合同进行备案，并不会对整个施工过程进行监管，这就使得建设方和承包方有机可乘。建设方和承包方会向政府部门提供一份"阳合同"用于备份，而在施工过程中便依据"阴合同"进行施工。

2. 建筑行业合同法律关系具有双重性

建设工程施工合同作为我国合同中的一个种类，需要依照"合同法"的相关规定去制定合同文件。但由于建筑商品的特殊性，仅仅依靠双方当事人协商，还不能形成有效合同，还需要政府部门的监督管理。政府部门在进行公开招标时，其必须在规定的时间内向有关部门提交项目招标书。该标书经政府部门审核后，实行备案。这是政府部门对投标活动进行监督和控制的一种手段，一方面保护了当事双方的合法权益，另一方面规范了建筑市场的交易行为。承包方通过招标活动而签订的工程合同就有了民事法律关系与行政法律关系这一双重关系。工程合同明确了双发所履行的义务和责任，但与此同时，承包方的利益和社会公众利益则形成了一个矛盾体。在巨大的利益诱惑下，承包方会铤而走险，为了避开政府的监督和管理，就会出现"阴阳合同"的行为。

3. 其他问题的原因分析

随着我国从计划经济向市场经济的转变，市场渐渐出现了供需比例严重失衡的问题，再加上政府没有对建筑行业市场进行及时的规范，其中的合同机制也不健全。在巨大利益的诱惑下，承包方往往铤而走险去签订"阴阳合同"。而在整个建筑行业诚信度极低的环境下，以及政府监管手段不利的情况下，这种情况犹如滚雪球般愈演愈烈。一些不具有建筑资质的施工队伍通过有资质的建筑企业的违法分包和非法转包来承接项目，甚至一些施工企业对施工资质进行造假，使用假的施工资质参与到竞标活动中去。这一系列违法行为不仅扰乱了市场秩序，而且还导致建筑市场的竞争越来越激烈。发包人为了自身利益的最大化，常常向承包方提出压价、垫资等无理要求。这些都是"阴阳合同"问题产生的原因。虽然"阴阳合同"的表现多种多样，但可以总结为如下几种。

（1）因垫资而签订"阴阳合同"

垫资是指投资方在施工方施工时并不提供该项目的全部资金，其中大部分资金需要承包方自己进行垫付。我国早期严格禁止垫资行为，但由于国家政策的变化，建筑单位可从银行贷款的资金大幅度缩水，这直接导致了投资方的融资渠道受阻。因此，垫资在我国建筑领域渐渐流行起来。在我国，垫资并不违反法律。从我国现存的规章制度来看，并没有将禁止垫资行为上升到法律的高度。《中华人民共和国招标投标法》明确规定了招标文件中可以要求承包方上交一部分保证金，并且对金额的比例未做出明确要求。综上

可以看出，我国没有对垫资进行明令禁止。虽然我国很多的专家学者都表达了对垫资问题的抗议，我国政府也公开对垫资行为持否定态度，并且从目前政府的各个招标活动中可以看出，若是招标文件中有垫资款项，该招标文件一般很难通过行政部门的审核。而正因为发包方无法将垫资条款明确写入招标合同中，而发包方为了达到垫资目的，只能再另外签订一份新的合同。发包方和承包方在原有的合同外再另外签署新的垫资协议，这就是建设施工领域的"阴合同"。

（2）因压价而签订"阴阳合同"

《中华人民共和国招标投标法》明确规定了在招标活动结束前，招标人与投标人不得有包括价格、方案等实质性内容的接触活动。因此，在整个投标活动中，招标人牢牢占据主动，握有绝对的信息优势。招标人会利用自己的信息优势尽量将价格压到最低，但是同样，招标人对投标人的价格也难以预估和控制。招标人为了防止投标人之间提前进行沟通，往往先进行内部邀请参标，并和中标人先签署一份"阴合同"。在建筑市场供应远远低于需求的情况下，招标人更容易压低投标人的报价。"阴阳合同"也就由此产生。

（3）因压缩工期而签订"阴阳合同"

政府所投资的项目工程往往过于庞大，所需施工技术也极其复杂，对工程质量也有很高的要求，因此需要对建筑工期进行合理控制。不合理的工期安排将严重影响建筑工程的质量，施工人员的安全也无法得到有效保障。我国政府部门根据不同的社会经济条件制定了不同的工期定额标准。承包人在合同中会将以该标准设定工期。但从投资人的角度来看，较长的工期也往往意味着资金回收过慢，这与其自身的利益相违背。在当前的建筑市场中，许多承包方都会尽量压缩施工期，以期望尽快收回投资。正因如此，当事双方为了规避政府对工期规定的监督，往往就会非法达成"阴阳合同"。该合同的"阳合同"的工期为法律规定的标准工期，但在"阴合同"中，工期往往会比该合同短很多。此外，投资方往往会在"阴合同"中附加高额的超期违约金，一旦承包方无法如期完成工程项目，将会向投资方赔付高额的违约金。因此，很多承包方往往为了加快工期而忽视了工程的质量和安全。

（4）因转包、分包而签订"阴阳合同"

《中华人民共和国建筑法》明确规定了中标方不得将其所建工程转包给他人，更不得将该工程肢解以后以分包名义转给他人。因此，我国政府对待分包和转包的行为是明令禁止的，一经发现中标方进行了转包和分包这类非法活动，工作人员将依法追究中标方的刑事责任。但很多投资人为了高额的经济利润，将一个较大的工程项目进行肢解，再分包给施工价格更低的承包人，以此获得更大的利润。而我国法律已经明确规定，在普通的建设工程合同中决不允许出现这种分包的合同条款，因为一旦中标方再与其他承包方私下制定发包和分包的条款，这将大大增加国家行政部门对工程建设合同备案的难度。而且工程一旦出现问题，也给司法部门对追究建设工程的责任增加了很多困扰。发包人一方面为了追求更高的经济利益，另一方面为了逃脱法律的制裁，只能表面上签署合同的"阳合同"用于行政部门备案，又与其他承包人签署违法的转包、分包的"阴合同"。

（5）因暗中抬价而签订的"阴阳合同"

如今越来越多的企业实行经营权和所有权相分离的企业管理制度。企业的所有者仅仅是企业的投资人，而不是企业的经营者。企业的经营者一般是企业聘请的职业经理人。建筑行业的暗中抬价恰恰是经营权与所有权分离的后果。一般来说，企业的所有者不参与到企业的运营中，因此对企业的经营状况也不是十分了解。而经营者在掌握了企业的经营权后，在巨大利益的诱惑下，往往会利用职务之便，与投标人进行串通。在招标活动中，经营者可以利用自己的职权让指定的投标人中标，并与其签署一份与招标合同内容一致的"阳合同"，然后再私下与中标人签署一份远低于"阳合同"价格的"阴合同"。两份合同中巨大差价带来的利润将由运营者和中标者获得，二者合谋损害了所有者的利益。

二、招投标问题

我国的建设工程项目已经经历了三十多年的风风雨雨，相关的法律也在不断地修订和完善。虽然这些法律对于整顿建筑行业的市场秩序起到了一定作用，但是随着社会的变迁和发展，一些新的问题又显现出来。

唐曹高速公路是北方大港曹妃甸的快速通道和先导性工程，本工程主线全长64千米，把曹妃甸港区的海运、沿海高速、唐港高速、滨海大道、迁曹铁路的陆路运输网络紧密地连接在了一起。该工程在招标的过程中，出现了严重的招标违规现象。政府虽然公开发布了招标信息，招标负责人却提前招标了三家施工企业，最后只有这三家施工企业中标，其余企业均成了陪标者。

1. 投标方面的不规范现象

（1）围标与陪标现象严重

围标就是投标单位相互串通，其投标价格均是投标的最高限制价格。因此，无论最后哪个承包方中标，中标价格均会居高不下。围标行为已经严重扰乱了建筑市场的秩序，投资人往往会遭遇到巨大的经济损失。其主要表现在两个方面：一方面是一些没有建筑资质的施工企业挂靠到其他资质较高的企业参与竞标；另一方面是多个承包人互相串通，哄抬报价。在投标过程中，一些资质较低的施工单位借用其他施工企业的名义进行投标，并且不仅仅挂靠在一家企业名下。对于同一个项目工程，表面上参标的是不同的企业，但实质均是同一个承包方借用其他企业的名义进行投标。目前，我国法律对招标活动采取了限制企业数量的方式。当申请参与投标的企业过多时，一般采取资格审查择优选择的方式进行筛选。这种方式客观上给了围标、串标机会。因此，应该建议国家不限制投标企业的数量。参与投标的企业数量足够多时，才能有效规避围标、串标的行为。

（2）中标之后非法转包、分包

一些企业在中标后，往往将项目工程直接再分包给其他承包人，再从中抽取费用，还有一些资质不足的企业往往采取挂靠到具有高资质的企业下进行参标，中标后该企业向挂靠企业支付一些费用，甚至有的挂靠企业会进行二次转包，从中再抽取一部分费用。

经过这种建设费用的层层剥削，一个工程的竣工质量根本无法保证。

（3）中标之后不履行投标承诺

招标工作结束后，所有规则都将被中标者放置一边。中标者往往不会按照招标合同上的要求来进行工程建设，而是依据利润最大化的方式进行施工。这样，投标合同的约束性荡然无存。

2. 招投标运行机制方面的不规范问题

（1）现有法律体系有弹性空间

我国目前建设工程的法律依据为《中华人民共和国招标投标法》《中华人民共和国建筑法》以及其他地方法律。这些法规的规定虽然已经涵盖了招标投标过程中的各个方面，但是过于笼统，遇到具体问题往往使人感到无法可依，问题处理起来只能避重就轻。再加上相关部门虽然一直在加大监管力度，但始终是"雷声大，雨点小"，并没有形成一套合理的监管体系。目前建筑市场的竞争越来越激烈，所有的承包方都在利用法律法规上的微小弹性空间做文章。一旦法律法规出现漏洞，将对建筑市场造成巨大的影响。《中华人民共和国招标投标法》作为我国唯一的招标投标法律，应当确保整个招标工作的公正、公开、公平，并制定严格的法律章程，尽最大可能减少弹性空间。

（2）体制现状提供"操作"可能

我国目前的建筑项目以法人承担项目为主，并接受上级行政部门的监管的，但一些法人的工程专业素质较差，因此往往会聘请具有监理资质的监理员进行工程监督和管理，而近几年又流行"代建制"。如今建设市场的问题仍是不够公开和透明，这是我国计划经济体制的遗留问题。依照法律，我国的项目法人虽然在名义上是一个建设工程项目的项目法人，但其实只是政府的委托代理人，因此往往承担的法律义务很小。在工程施工和决策时，其也紧紧依靠道德来进行约束，但在较大的经济利益诱惑下，道德的约束力将形同虚设。

（3）诚信经营社会基础尚显薄弱

目前我国部分建筑产品的信誉不佳，因为其和普通产品不一样，建筑产品虽然也和大众息息相关，但其无法像普通产品那样可以由民众进行选取和监督。传统的产品如果质量不过关，售后服务不好，得不到大众的认可，就无法赢得市场。而建筑产品的采购权和监督权往往集中在行政部门的少数人手中。建筑产品的保密性往往也阻碍了普通大众对其的监督。另外，一个企业由于使用虚假信息投标而产生的对自身的消极影响远不如在国外那样严重。因此，投标方利用虚假信息进行投标的现象愈演愈烈。随着信息技术的不断发展，利用现有的技术水平进行投标人的信息化管理，完全可以对投标人的信息进行有效、全面的审核和监督。但由于区域等原因，统一的信息平台迟迟无法被推广并使用起来。

（4）监督管理难以到位

一是政府行政部门的人员紧张，监督管理力量不够，难以进行全面有效的监管；二是行政部门的人员将主要精力集中在工程质量上，对投标的整个过程把控不严；三是监

察部门出工不出力，形同虚设，监察部门的工作人员大多为临时人员，没有相应的投标活动监控经验，很难对整个投标过程进行全面的监督和管理，因此，监察部门并没有起到应有的监察作用；四是缺乏后续管理，承包方往往在中标后不会履行合同的内容进行施工。这些正是在招标后续的过程中监管缺失的问题，因此，监察部门应该加强对合同的后续工作的监管。

3. 施工合同挂靠问题

在施工过程中，企业挂靠的问题十分严重，其造成的影响也十分恶劣。一般挂靠的企业水平有限，团队建设不完善，施工能力低下，这其实更需要一个富有经验的团队进行监管。而被挂靠的企业在收取挂靠企业一定费用后，则任由挂靠企业以其名义进行工程建设，并没有对该建设工程进行有效的监督和管理。这样一个施工能力极低的施工团队是很难保证工程质量的，因此解决企业挂靠这一问题已经迫在眉睫。而对于招标人来说，其更是陷入两难的境地。在建设工程施工过程中，工程的工期与经济利益直接相关。建设工程如果不能按期完成往往会给招标人造成巨大的经济损失。如果在建设过程中临时更换建筑团队，不仅拖延了工期，而且白白浪费了使用司法手段所耗费的时间和精力，因此，招标人若是在建设施工过程中发现是挂靠企业在进行施工，往往也不会走司法程序，而是由其继续进行建造。而任由挂靠企业进行施工，也必定会引起一系列的经营问题，其影响将更加恶劣。

在一般建设工程的过程中，工程一旦出现问题，一般是招标方和中标方二者之间的问题，但因为挂靠经营则有了第三方的存在。挂靠人以被挂靠人的名义进行施工，如果出现经济纠纷，招标方会要求中标方承担责任，但事实是中标方在收取一定的费用后，整个工程是由挂靠企业进行工程建设的。按照挂靠企业和被挂靠企业之间的协定，工程出现问题，应当由挂靠企业来承担责任。这种复杂的债权关系也使得原本简单的债务关系变得十分复杂，不利于司法机关做出合理的法律判罚。

2005年，保定希望建筑有限公司承包了漕河渡槽段工程第四标段位。该工程于河北省保定市满城县境内，距保定市约30千米，距满城县城约10千米。本段工程起点为漕河渡槽出口渐变段末端（石渠段起点），终点为岗头隧洞出口渐变段末端。保定希望建筑有限公司在承包了该工程后，又私自将该工程分包给了另外两个建筑单位，这为日后的工程纠纷埋下了隐患。

第四章　政府投资项目建设工程合同管理实例分析——苏州市轨道交通三号线工程项目

第一节　工程项目合同文件

一、可行性研究

苏州市轨道交通三号线工程项目政府合同管理的第一步是可行性研究，其建设可行性研究是根据《苏州市城市轨道交通近期建设规划（2010—2015年）》规划蓝图进行的。可行性研究报告合理论证了其建设的必要性和合理性。其建设是为了保护古城风貌，优化城市空间布局，缓解中心城区交通压力，构建高效、便捷、安全、绿色的城市综合交通体系。可行性研究报告一方面合理规划了三号线全程路线和站点，将车辆系统、供电系统、通信系统、给排水系统等均做了合理可行性研究和初步设计。

从项目用地及资金来源方面出发，充分保障项目一旦进行能够顺利实施完成。另外进行社会稳定因素风险和环境因素评估，稳定因素评估结果为低风险级，环境评估符合国家关于环境保护的所有要求。

该可行性研究报告由苏州市发展改革委报请江苏省发展改革委批示，江苏省发展改革委于2013年10月批准建设，初步确定总建设工期为4年6个月，控制工程占地规模54.6565公顷，线路全长为46.275千米。工程总投资额估算为290.59亿元，其中资本金101.71亿元，由苏州市本级、吴中区、园区、高新区财政预算内财力、土地收益资金统筹安排；资本金以外的资金采用贷款融资方式解决。

二、合同协议书

经过规划、勘察设计、施工招投标后，由招标人与项目中标人签订的合同协议书。合同协议书中首先应当明确合同双方主体。业主方为苏州市工业园区市政工程部以及代建的苏州市轨道交通集团有限公司，承包人为中铁上海工程局集团有限公司。而后，是合同的关键核心，也就是合同的标的、工程项目的基本情况，也就是工程范围、工程地点、承包方式等。在此基础上，再确定合同工期、质量标准、签约合同价以及项目经理情况等合同实质性内容。

而事实上，根据前文所述，这部分的合同实质性内容就是合同双方合意的结果。而这些超过一定规模的政府投资项目必须按照招投标法依法进行招投标活动，所以这一部分的双方合意事实上在双方前期招投标过程中就已经达成并于建设行政主管部门备案，无特殊缘由不得在订立合同时再做新的合意以及变更了。

　　合同协议书中会将双方协商的最重要的承诺内容列于其间并且规定合同生效时间。

　　关于合同生效时间的问题目前在苏州市建设工程领域的大致做法是规定合同协议书一经签字盖章，作为要式合同的建设工程合同立即生效。中标人就有可能会开始为工程实施做准备。但在有些情况下可能会发生非因中标人的原因导致的中标无效，合同生效时间如此规定可能会造成困扰。

三、不同的合同文件中提到同一事项不一致情况的处理方法

　　另外因为合同文件极其众多，一般的合同协议书中也会列明合同文件构成情况，但由于合同谈判过程通常较久，合同文件又相当复杂，很有可能会出现在不同的合同文件中提到同一事项的情况，而当这些文件规定的同一事项不一致时，该如何处理，下面依然以苏州市轨道交通三号线项目合同中的规定为例。

1. 苏州市轨道交通三号线工程土建施工项目合同中关于合同文件的规定

（1）合同文件的组成及优先次序

　　构成本合同的文件应是互作说明和相互补充的。当合同文件内容含糊不清或不相一致时，由业主做出解释。若承包人对业主做出的解释有异议时，按关于争议的约定处理。

　　除非合同中另有规定，合同文件的组成及优先解释顺序如下：

①合同协议书；

②中标通知书；

③授标前澄清文件（如有）；

④投标函及附录（含部分辅助资料表）；

⑤专用条件；

⑥通用条件；

⑦标准、规范及有关技术文件；

⑧图纸；

⑨工程量报价清单；

⑩合同附件。

　　其中合同附件包括：

①安全生产责任协议书；

②治安、防火责任协议书；

③文明施工责任协议书；

④廉政责任书；

⑤承包人履约保函；

⑥预付款保函；

⑦工程质量保修书；

⑧项目资金监管协议书；

⑨工程项目施工管理委托书；

⑩工程项目施工管理承诺书；

⑪苏州轨道交通的相关管理办法。

业主在本合同专用条件中规定的苏州轨道交通的相关管理办法和规定作为合同附件，有关办法的主要内容已包含在相关合同条款中，具体办法由业主在中标后提供给承包人。管理办法和规定在合同文件中的优先次序按照合同附件的次序。

（2）参考资料（如有）

业主在招标时，随招标文件一起发出的地质勘探、水文、气象、地下障碍物、地下管线、现场平面、交通组织方案等汇编成参考资料。

首先我们必须明确，合同文件的解释顺序并非一成不变的，一般是参照相关惯例来确定的，但也可以由双方合意确定。确定合同文件优先顺序本身也是为了合同能更好地履行、为了合同目的的顺利实现。

2. 合同文件优先顺序的基本原则和潜藏原因

轨交项目的合同双方就预先对这些合同文件的优先顺序做了排序，当文件规定不一致时就可以做到有据可循。而经过对大量合同规定的调研，总结合同文件优先顺序的基本原则和潜藏原因罗列如下：

①因其总揽全局的特性，合同协议书一般处于最优先的解释顺序；

②专用条款是双方协商的结果，相较于通用条款，更能体现真实意思，所以专用条款一般要优先于通用条款；

③图纸文件因其是基础性资料，更能准确体现工作范围和技术要求的特性，所以一般而言它要更优先于工程量清单；

④对于住建行业主管部门来说，引导合同双方主体对这部分内容进行规制，防止在矛盾事件发生时全无头绪就是对这部分合同管理的核心关键。

第二节　项目变更及原因

一、项目变更

关于项目变更，在苏州市轨道交通三号线工程土建施工项目（第三批）合同文本中对项目变更有明确合意，具体如下。

1. 变更内容

如果监理工程师和业主认为有必要对工程或其中部分的形式、质量或数量等做出变

更，承包人应遵照执行。

由业主设计的永久工程，其变更内容的定义如下：

①合同中所列工程项目的增加或减少；

②合同中所列工程项目工程量的增加或减少；

③改变合同中工作的性质、质量或种类；

④改变由结构标高、基线、位置或尺寸而引起的工程量或投资变化；

⑤由于交通组织、管线迁移等原因，原方案无法施工，经业主批准调整施工方案的；

⑥其他业主认为必要变更的。

由业主设计的永久工程，地面标高变化引起的非结构工程数量和费用增减，合同价格不予调整。

除非监理工程师或业主指示或批准变更，在此之前，承包人不应对工程进行任何更改或修改。

2. 变更的提出

①承包人根据工程的实际情况或业主、监理工程师的要求，可以提出变更立项的请求，报监理工程师审核，业主批准后执行。变更立项应包括工程变更的原因、主要的施工技术方案、施工机械和设备情况、工期、投资估算、与原合同费用增减情况等。

②监理工程师或设计单位可以提出变更立项的请求，经业主批准后执行。

③业主可以直接下发变更的通知，经监理工程师转发给承包人。

④按照以上变更立项的申请，业主须对原工程进行变更，应以书面形式向承包人发出变更通知。承包人应按照业主发出的变更通知及有关要求进行施工。

⑤工程变更按《苏州市轨道交通工程变更管理办法》执行。

3. 确定变更价格

新增单价应按照以下报价水平重新确定：

①新增项目的材料价格，如合同中有相同材料价格的，则按照合同已有的价格取用，该材料价格不再考虑下浮；新增项目的材料在合同中没有相同材料价格的，按照该新增项目施工期的价格取用，该材料价格考虑承包人报价浮动率。

②"施工期"指：a. 施工图设计时清单新增项目的施工期以施工图设计出图日期的下一个月为基准；b. 工程变更中新增项目的施工期以专题会议纪要、建设单位工作联系单或变更设计图纸出图日期的下一个月为基准。

③承包人报价浮动率＝［1－（中标价－招标时规定不下浮部分的价格）/（标底价－招标时规定不下浮部分的价格）］

④当双方意见不一致时，监理工程师应给出他认为合适的暂定费率或价格，并相应地通知承包人，同时报业主批准。

4. 变更备案

工程变更按照苏州市相关工程变更备案管理办法规定办理变更备案工。目前苏州市

轨道交通三号线工程土建施工项目（第二批）已在住建部门办理变更备案的工程变更共有二十项。

二、变更原因及分析

1. 主要原因

①苏州高新区规划局要求三号线新区站预留远期与新区城铁站的对接条件，以增强苏州轨道交通三号线及新区城铁站的互联互通，并进一步完善因延伸轨道交通功能而发生的设计变更。

②因施工现场新探察出一根砼污水管及一根燃气钢管横跨基坑，为保证原定竣工工期不变，基坑须分期施工，管线南北两侧基坑增设临时封堵墙的现场签证变更。

③基坑范围内有民房尚未拆迁，为保证未拆迁民房南北两侧基坑施工进度及交通疏解进度不受影响，须在未拆迁民房南北两侧各增设一道临时封堵墙，对浒墅关车辆段出入段线区间施工图进行变更设计。

④为确保主体基坑支撑体系安全及加快结构施工进度，对苏州新区站主体基坑进行钢支撑变更，结合三号线已开挖部分站点的实际情况，考虑开挖过程中钢支撑架设轴力损失、基坑及周边建筑物安全，同时避免在中板下换撑施工中的安全风险。

⑤因为马运路站车站围护结构地连墙全部采用锁口管接头形式，基坑开挖层涉及粉土夹砂层，层厚3.4 ~ 12.3米，地层含水量高、透水性较好、稳定性差，接缝处易发生涌水涌砂。马运路站北侧为一期交通疏解道路，车流量较大，一倍基坑范围内分布有自来水管和燃气管等高危管线，尤其是基坑北侧6.9米处一根DN800的自来水管，若地连墙接缝出现渗漏，将危及基坑、管线和交通道路安全，为确保周边管线及主干道安全，故部分地连墙接缝需要增加旋喷桩用来加固止水。

⑥因车站钢支撑体系在设计之时考虑不周，后期拆除困难且影响工人操作安全、基坑及周边建筑物安全，为了避免在中板下换撑施工中的安全风险，也加快施工进度，提出变更方案。调整钢支撑虽然项目变更原因纷繁复杂，看似相当混乱，但是实际上还是有迹可循的。

2. 原因分析

我们先结合该项目未能成功备案的变更情况，将项目变更的主要原因罗列并做简要分析。

（1）工程范围发生变化

工程范围出现变化最普遍的原因是国家政策法规发生了变化。当政府部门对工程项目出台新规或者政策出现调整（如城市规划变动、消防环保新规等这些对工程标的有变化的调整），而此时项目依然在建未竣工但已订立正式合同的，为了满足政策要求，合同双方只能进行工程变更。

实际工程现场因为拆迁、地质变化等原因发生的不得不甩尾结算的情形也是工程范围出现变化的一个原因。

另外，应业主方的新要求，在原招标范围内对建设工程提出的新要求，包括增加或删除一些项目，或者为了争创奖项而改变质量要求等。

在工程范围变化的情况下，对法律规定的、必须经过招投标发包的项目来说，政府监管的重点应当着眼于变化后的合同内容到底有没有超出当初招投标范围。如果确实不属于原招标范围的，那么这样的变更实质上就是在规避招标，是坚决不被允许的。当然，如果满足招投标实施条例关于可以不进行招标的情形，那么虽然不能简单作为工程变更，但可以另做直接发包，作为另一个项目处理。

（2）勘察设计遗留问题

很多项目前期上马仓促，地质勘察不到位，设计深度很浅，设计方案漏洞百出。一旦开始施工，前期准备工作的不充分会导致完全不能满足工程施工的需要。为了弥补这些勘察设计方面的遗留问题，必须对设计图纸进行修改，修改图纸后的工程量修正均需要进行工程变更。

对于此类情况，要加强标前管理环节的工作。苏州有大量涉及民情民生的政府建设工程项目，对施工速度要求极高，对工期则是一缩再缩，对前期准备工作也确实做得相当不到位，但即使是这样，住建部门也要坚持对发包人前期准备材料的查验，做好图纸审查工作。

（3）施工条件变化导致的签证变更

合同中没有预见到的、在后期因为施工的进行而逐渐暴露出来的特殊情况，由于施工条件的变化或无法遇见的情况所引起的工程内容的变化，就是常说的签证变更。因为地质条件、环境变化、天气因素等不可抗力而发生的签证变更，应当对变更的实际情况做充分调研后进行备案工作。因为施工质量不佳导致的施工现场变化应尽量予以避免。

在合同履行过程中产生了新的技术知识，合同双方合意认为有必要改变原施工方案的，依监理工程师指令更改原合同内容进行的变更。

第三节　引申问题归纳与处理思路

苏州市轨道交通工程是目前苏州市政府最重要的民心工程、实事工程之一，工程巨大、内容复杂，牵涉地方和单位数量之广对一般项目来说也是难以想象的，对合同的管理和协调难度极大。这里以苏州市轨道交通三号线土建项目为起点，归纳政府合同管理过程中遇到的疑难问题，并给出相应的法律法规政策规章方面的处理思路。

一、拒绝、拖延签订合同的情形

在日常管理中，确实有在中标通知书发放后，因为各种各样的原因，招标人或中标单位拒绝签订书面合同的情形。遇到这种情形，我们需要以下面的思路去处理。

中标是承诺，但中标通知书的发放并不等同于合同的成立。中标通知书发出后对招

标人和投标人所产生的法律效力是在招标人和中标人之间产生了一个双方必须在一定期限内订立合同的法律约束力，任何一方对这种约束力的违反所应当承担的法律责任都属于缔约过失责任。这里看似与合同法中关于诺成合同的规定相悖，但根据合同法最后一条"法律有特别规定的按照特别规定来执行"，这里就属于招投标法的特别规定。违约责任一定是针对一个已生效的合同而言的。所以招标人或中标单位未按照招投标法相关规定，有拒绝或者拖延签订书面合同情形的，承担的其实不是违约责任，而是缔约过失法律责任。如果是招标人在发放中标通知书后，却违反先合同义务，不与中标人订立合同的，那么还应当双倍返还中标人提交的履约保证金。

政府监管部门应当按照招投标法第七十五条对"招标人与中标人不按照招标文件或中标人的投标文件订立合同的，合同的主要条款与招标文件、中标人的投标文件的内容不一致或者招标人、中标人订立背离合同实质性内容的协议的"，责令改正，可以处以中标项目金额千分之五以上千分之十以下的罚款，也就是责令责任人改正，并可以处以罚款。

二、签订的正式合同文本与招投标结果存在差异

苏州市住建系统在对必须经招标的项目进行合同备案时，经常发现项目签订的合同正式文本与其招投标结果存在差异，尤其存在一些会改变实质性内容的条款，比如工程价款，比如标的，比如工期。

据调查分析，改变合同内容的情况有些是因为工程项目现场实际情况发生了改变，有些则是因为体制而不得不甩项施工或者提前工期等，但是这也不是违规改变实质性条款签订合同的理由。

合同的实质性条款不能随意删改，即使是在招投标的初期——单独由招标人制定的招标文件本身就不能随意进行修改，根据招投标法第二十一条规定，招标人可以对已发出的招标文件进行必要的澄清或者修改的，应当在投标文件截止时间至少十五日前，以书面形式通知所有招标文件的潜在投标人。亦即，即使是发布要约邀请的发包人，一旦做出邀约行为，也不得对这项未来将体现于合同文件中的内容随意更改。

而投标人在以投标书投标时，这也是一个单方的行为。如果在这个时期对实质性条款进行修改，其实质就是没有响应招标文件的要求进行了改变，那么可能会被评价为重大偏差，造成废标。

如果在招投标过程中没有对招标文件的实质性条款进行改变，而是在中标以后在签订合同书时对诸如中标金额、工期等进行改变的话，那么对这种情况政府监管部门就要对其责令改正并处以罚款。

当然，如果情况确实发生了变化，虽然在正式合同签订时依然要按招投标过程中的约定订立合同，但是却也可以采用补充协议或者工程签证变更的形式来处理。补充合同分为两种，第一种是在中标之前签订的补充合同，这其实就是招标人与特定的投标人之间的串标行为，这个行为本身就是无效的，中标以后这份合同也是无效的，所以这不能

够作为一个计价依据。第二种是在中标以后签订的补充合同，这个有别于变更，一般是发包人和中标人就一些在招投标中未关注的细节问题进行磋商的结果。

总而言之，关于这个问题，政府是不允许双方违背招投标过程中形成的合意的，因为这妨害到了招投标中其他未中标参与人的合法权益。

三、合同签订后的生效问题

目前在苏州市建设工程领域的现状是，施工许可都是在签订完施工合同后向监管部门申领的，而建设单位有可能因为手续的不完备或者情况的变更无法依法依规领取施工许可证。

因为招投标流程遭遇质疑、投诉等情况越来越普遍，尤其在目前建筑业大环境影响下，即使过了招投标法的公示异议投诉有效期，依然存在利害关系人以举报的形式提出异议，甚至最后有可能会改变中标结果。

而合同书的合同协议书一经签字盖章，作为要式合同的建设工程合同立即生效，中标人就有权利和义务为工程实施做准备，投入人力、物力并开始进场，以保证工程可以正常实施，这时一部分支出可能已经发生。而作为标准文件，合同协议书签字并盖章后就马上生效。这种时候作为政府投资项目，如果是因为发包人或者发包人委托的代理机构、编标单位而造成的合同纠纷，势必面临巨大损失，甚至有可能会产生国家赔偿问题。

这种情况可以用一种简单的方式解决，可以在合同协议书或者合同专用条款中明确附带一些合同生效条件，使合同自条件达成之日起生效，比如要求提供履约担保或明确合同自取得施工许可证时生效等。

四、特许经营在中标人方面的突破

针对特许经营，我们可以看到目前中国的法律有做出妥协的趋势：渐渐地突破了招投标法的有关规定，向具备相应资质的关联单位转包项目逐渐合法化。

招标投标法实施条例释义中对经过招投标的特许经营项目的实际施工人的解释实际上已经形成了对招投标法的突破。

条例释义认为招标投标条例中"已通过招标方式选定的特许经营项目投资人依法能够自行建设、生产或者提供可以不进行招标"的规定，意味着政府一旦将公共基础设施的特许经营权出让给投资人，被允许经营特许项目的项目法人就有不再经招投标将其工程、货物、服务等直接转包给具备相应资质的关联单位的权力。也就是说以类似于BT、BOT、TOT等形式通过招标方式选择中标人后，只要投资人中的某个成员具备相应资质能力，不论其投资比例大小，就可以由该成员自行承担项目建设、生产或提供。

项目投资人之所以愿意垫资去做BT、BOT项目，原因就是要让隶属公司有活可干，实质上就是对招投标法关于对中标人限定的突破，而随着经济的发展，实施条例逐渐使之合法化。

五、垫资问题

四部委 2006 年出台的关于严禁带资承包工程的文件规定了政府投资项目不得垫资施工，该文件至今未被废止。在法务上，一旦合同文本中出现关于垫资的条款，通常的做法是做无效处理。随着经济的发展，垫资逐渐被大家认同，早年的文件虽然没有被废止，但是在实务中法律对垫资不再那么苛刻了。

国际上垫资的案例事实上是比较多的，这也是体现承包人实力的一种表现，所以将垫资视为无效的认识，现在已经逐渐得到淡化。以 BT 项目为例，尤其是融资模式的 BT 项目，就非常类似于一个垫资的施工合同，施工单位先行投资，建好后再移交，几年以后再拿到相应的工程价款和一些投资利益。仔细想想其实质就是一种全额的垫资行为。

垫资确实可能会带来拖欠款问题，继而产生总分包矛盾，引发农民工工资问题，影响社会和谐。但是要想真正解决拖欠款以及一系列由此带来的社会矛盾，其关键不在于垫资与否，而在于建立一整套科学完备的建设资金监督管理机制。比如说，即使是承包商带款投资工程（也就是垫资项目），发包人在未来用以支付价款的款项也应该有明确的来源。这种情况下，只要能够保证发包人的资金可以切实用在工程建设上，那么垫资也没有什么不可以的。

六、工程价款的结算问题

在工程竣工结算时，发包人因为承包人没有按时、保证质量地完成建筑工程不予支付工程款，导致纠纷。监管部门应如何判断、管理和处罚呢？监管部门必须分清责任，对施工单位不按照施工技术标准施工，致使工程质量降低的行为，按照建筑法有关规定，责令改正，处以罚款，直至吊销其资质证书。

首先，必须承认，在最高院的司法解释中，发包人是有单方解除权的，例如：承包人没按时完成、没保质完成建设工程；承包人违法分包和违法转包，之所以不允许违法分包转包，这是为了保证工程按期保质完成。

合同法第二百七十九条明确说，验收合格以后才能支付款项。其实施工承包合同是一个特殊承揽合同，是双务合同。但严格来讲，这应该是一个有履行顺序的合同，承包人先履行，发包人后履行。建设工程付款的前提应该是符合质量要求。

但是，是不是只要质量有问题，发包人就可以不支付价款了？这也是不对的，不是所有的违约都可以解除合同，只有根本违约才可以。建设工程的质量不合格也分两种情况：一种是原则性错误，与违约相当；另一种就是非原则性错误，非根本性违约。对住建监管部门来说，是以是否影响到主体结构为分界线的。

如果影响到了工程项目的主体结构，那么这样的项目通过验收几乎是不可能的。比如说整个建筑中混凝土标准不达标，怎样整改都几乎不可能验收通过。那么从发包方和承包方考虑，非但发包方不应支付价款，承包人反而应当承担工程延误损失。住建执法机构应责令建设单位改正，并处以罚款，甚至吊销其资格证书；如果整改后能够验收合格，这种情况下，责令建设单位整改，整改完毕验收合格的，应当支付价款；如果质量不合

格请第三方整改的，相应的费用应予以扣除。

第四节　合同管理政府监管建议方案

如前所述，基于国内的法律和制度环境尚不健全、有关各方的合同意识淡薄、合同管理水平低，在建设过程中涉及的相关合同非常多且互相穿插，政府在整个合同管理的过程中都应当发挥其应有作用，但也决不能逾越职权。因此，政府应当尽快强化对建设工程合同管理模式、管理政策等方面的探究。针对合同签订、合同履行，甚至合同履行效果不佳所存在的实际难题，笔者提出以下监管方向和建议。

一、在合同管理领域完善立法、严格执法、公正司法

苏州市住建系统应当呼吁并着手强化政府建设工程合同管理方面的立法工作，将依法执政真正落到实处。从基层做起，加快完善合同管理相关法律、行政法规、地方性法规的体系。在我们这样一个大国，要实现经济发展、政治清明、文化昌盛、社会公正、生态良好，必须秉持法律这个准绳，用好法治这个武器。

同时，对建设行政主管部门而言，更重要的是要做到执法必严、违法必究。建设行政主管部门只有加强对现行法律法规的执法力度，严格按照法律法规规定的范围执法，才能切实提高政府公信力，加大行政机关影响力，为政府建设工程合同管理夯实根基，使住建部门的监管能够落到实处，使住建部门对合同管理的引导能够真正起到作用。政府可以在住建实际监管部门建立常态化的法律顾问制，确保在合同管理过程中做到法律适用上合法合规，程序步骤上分毫不差，保证在出现行政复议或者行政诉讼时有法可依。

二、落实全方位监督

政府对合同管理的监管必须覆盖全面，不能将目光仅集中在合同订立本身以及订立前的这些合同文件的审查上。只有建立一整套的、不留死角的、针对项目各个阶段的所有合同文件的监督管理机制，才能确保合同科学合理制定并有效执行。

创新思路，从信息互通角度思考问题，改变原有案卷纸质材料的备案模式，建立健全网上备案流程，实现信息共享，使不同合同管理环节上的监督人员都可以全面了解项目情况，实现科学理性监管。

另外，除了政府本身的监管外，还应引导社会力量，积极引入媒体以及社会公民对合同内容和执行的监督。对涉及公共安全和公共利益的建设项目应当提前公示，有必要的话应当召开听证会，接受媒体大众的监督，听取各方意见，真正做到全方位监督。

三、国外合同合理适用

住建部门制定合同示范文本，尤其是在目前尚没有国家级合同示范文本的情况下，对觉醒全社会的合同意识有着重要意义。而这也可以规范合同签约行为，督促治理履约

行为，纠正不公平格式条款。规范的合同文本的推行，也有利于维护各方当事人的合法权益，将纠纷与麻烦限制在最小范围。

在合同示范文本的起草过程中确实应该多参考国内外优秀经验，但有些条款在中国千万不能实行拿来主义，有一些条款并不合适。比如 FIDIC 合同里多有指定分包的条款，即分包商可由业主指定分包。而这一点在国内是比较忌讳的。在中国，业主是不得指定分包商的，招分包商时需要跟总包人共同联合招标，或者说即使是业主作为招标人的时候，总包人也要参与招分包的招标文件制定，并提出意见。这一点上，跟国际上那一套是不一样的。另外，FIDIC 合同中的竣工验收包括所有的工作，不仅仅是验收，还包括了更广泛的内容。而中国的竣工验收基本上就是指四方验收。

中国法律里规定的工程质量保修期在 FIDIC 合同中被称作缺陷通知期。缺陷通知期通常是一个固定的日期，一般是三年。而中国对待不同部位的保修期是不一样的，结构工程师设计的合理使用寿命，防水是五年，屋面工程是五年，这些与 FIDIC 合同条款都是不一样的。即使适用 FIDIC 合同条款，也得注意与中国法律相结合，不然强行适用缺陷通知期的概念有可能会被视为已经放弃了基础和结构的保修期限。

四、狠抓监理合同的落实情况

目前，我国监理的地位比较尴尬，整体形象一般，不管是在政府投资项目还是在民营私人项目中都难以发挥其应有作用。政府投资项目里的监理更是与发包人代表的职责有所重叠，需要进一步界定划清。我国监理面临的情况是，业主觉得监理并不起作用，认为其仅仅起个传声筒的作用，仅仅是因为法律的规定、政府的政策，不得不请个监理公司、签订一份监理合同。监理自身则认为只收一点儿监理服务费，法律法规却给设定了那么重的职责，完全做不来。这就这么陷入了恶性循环的死胡同。

而我们知道在国外，监理工程师在整个项目中起非常重要的主导作用，他们的业务水平和职业道德都很高，在工程中的威望也是很高的，承、发包双方之间在工程施工过程中发生一些纠纷，就是由他们来协调评判的，大家都能够认可。

而目前我国国内的监理工程师自身业务水平和执业水准都决定了其在施工中处于尴尬的地位，那么政府部门应该在合同管理领域怎么做才能引导我国的监理行业走向正轨呢？

首先，政府部门可以逐步实施强制性的监理工程师职业责任保险。在北京中央电视台建设项目施工过程中就实际这么操作过，并且也是相当成功的。其次，从监理需要管控的角度出发，监理的工期、质量、造价、安全四个项目管理目标都要管理。那么，在监理合同中就有必要进行细化，每一项分别要做到什么样的深度、达到什么样的目的、做不到会有什么样的后果，要在合同中将这些与监理费的支付、各项奖励或者说违约责任联系在一起。要将合同约定细节化，在一些重要步骤上，可以将程序明确化，比如说，承包人的索赔意向书送达后，监理要应激地给出哪些处理结论和意见。只有这样一步步地推进监理在工程中真正承担起责任、真正发挥他应该发挥的作用，才能使监理制度真正为建设工程起到积极的作用。

五、树立风险共担意识

在政府投资的项目建设工程中，普遍存在着业主在招标文件中将条款设置得比较严苛、把风险都推给承包人的现象，似乎这样可以更好地维护国家和社会利益。但实际上这种做法并不明智。现在很多政府投资项目采用最低价中标的评标办法，但实际上低价中标的工程项目做到一半会各种变更事项层出不穷，更有甚者偷工减料、延误工期、降低质量标准。另外，市场是变动的，尤其是一些主材市场。比如在签订合同时明确——无论市场如何波动钢材的价格永远不调整，这本来是为了规避风险，但是当钢材价格涨到承包人没有办法承受的时候，承包人可能就会违约。这样的情况对承发包双方来说都是百害而无一利的。比如苏州轨道四号线铺轨项目在设定钢材价格幅度的时候，设定的就是 10% 以内的风险由承包人来承担，超过 10%，市场出现大的波动时，风险由双方、业主和投标人共同承担。实际上风险的共担有利于工程顺利完成。

六、履约担保系统和支付担保机制

建设部曾经明确发文提出，所有新、改、扩建项目，只要造价在 1000 万元人民币以上的房产项目，施工单位应当向发包人提供履约担保；不按规定提供的，应当作为不良行为计入信息管理系统。如果排名第一位的中标候选人未按规定按期提供履约担保则视为放弃中标，招标人有权将第二中标候选人列为中标人。这就意味着履约担保有可能直接关系到中标人在中标后是否能真正获得这个合同，成为项目的承包人。

履约保证金基本上在工程实践上充当一个定金的角色，但它又与定金有很多不同之处。定金罚则法定，性质是刚性的，法律规定：交付定金一方如违约，对方可以没收定金，而收取定金一方如违约则双倍返还定金。而履约保证金则要灵活地多，合同双方可以自由确定履约保证金的罚没机制，这一点上更能体现合同双方意愿。但是正因为履约保证金约定的柔性特性，这里就更需要政府监管。一是监督履约保证金的缴付情况、资金流向状况，二是合理规划履约保证金柔性罚没机制的政策导向，防止出现针对承包人过分严苛的罚没机制，保护合同双方的正当利益，推动建设市场健康和谐地发展。

政府部门在招投标和合同签订阶段应重点关注合同文件中关于履约保证金的三个方面内容：合同双方应当明确缴付履约保证金数额；适用罚没履约保证金的启动原因；明确当适用启动原因产生后罚没的具体程序和金额。

但履约保证金一般只能针对承包人的违约行为，而相对应的约束建设单位的担保形式就是支付担保。在前期招投标领域，相对应的规定是如果招标人要求中标人提供履约保证金或者其他形式履约担保的，招标人应当同时向中标人提供工程款的支付担保。履约担保在合同中一般由当事人双方意定，而支付担保的机制目前在苏州市尚未做强制要求，而加强建筑行业履约担保管理和建立支付担保机制，规范业主、承包人支付担保行为，有利于防范和化解工程风险，可以有效遏制工程款和农民工工资拖欠，保障工程质量和施工安全。

七、施工合同无效后的监管和验收

《最高人民法院关于审理建设工程施工合同纠纷案件适用法律问题的解释》中规定了五种建设工程合同无效的情形：一是承包人未取得建筑施工企业资质或者超越资质等级所签的建设工程施工合同；二是没有资质的实际施工人借用有资质的建筑施工企业名义签订的建设工程施工合同；三是建设工程必须进行招标而未招标或者中标无效所签订的建设工程施工合同；四是承包人非法转包建设工程所签订的建设工程施工合同；五是承包人违法分包建设工程所签订的施工合同。

江苏省高级人民法院关于建设工程合同无效的情形还包括如果中标价低于成本价，这种合同也被认定为无效。合同被认定为无效的情形有很多。政府部门必须明确责任，这样才能更好地对责任人追究其行政责任。比如建设工程施工合同订立以后尚未履行前被确认无效的情形，浙江省有过这样一个政府投资项目中标无效的案例，招投标过程中将评分细则放在了公证处，并没有在招标文件中规定，所有投标人都不知道打分细则是什么。到了开评标时，公证处就很保密地把这个细则拿给评标专家评审，评标专家依据细则确定了中标单位。中标通知书发出后也无人提疑，然后正常签订了合同，中标单位也进场了。结果这时有人向省监察厅投诉，查下来也确实有问题，因为招标投标法明确规定了评标办法必须进入招标文件，所以签的合同肯定就无效了。这种情况下，中标人认为自己有损失，如进场准备施工的损失以及市场开拓、信誉损失等。

这就是一个缔约过失的责任，责任方应当对损害事实和过错行为之间存在因果关系的部分予以相应赔偿，而这就是政府部门作为发包方时应当避免的。施工合同被确认无效后，如果属于损害国家、集体或者第三人利益的情形，应当收缴财产。这里针对的财产收缴对象包括：进行违法分包、非法转包的建设工程的承包人；出借法定资质的建设工程企业；不具有施工资质的施工人。针对违法分包、非法转包的承包人收缴的是发包人的财产；针对不具有施工资质的施工人收缴的是实际施工人的所得财产；而出借法定资质的建设工程企业属于被挂靠的企业，被出借的资质多半是有相应价格的，所以这部分财产就是应当收缴的。

第五章 政府投资项目建设工程合同管理绩效评价与分析

第一节 合同管理的特点分析及绩效评价研究概述

一、建设工程合同管理的特点分析

我国的建设工程管理体制，历经数次变革，是中国特色社会主义经济体制改革的当事人和见证者。我国大部分合同管理活动是从项目的可行性研究和招投标活动开始的，合同管理工作非常繁重，许多省市和地方政府规定：凡总投资额在 30 万元人民币以上的建设项目需要通过招投标选择施工承包单位，并签订正式的建设工程合同，当前我国的建设工程合同管理存在以下特点。

1. 合同管理受法律管制较多

从我国建设工程合同历史发展历程中可以看出：建设工程合同较多地受到国家计划和行政法规的干预，对合同当事人的意愿等形成相当的限制，法律管制倾向严重。主要体现在规范建筑市场的深度和广度方面，管制从建筑市场上的交易行为开始、合同的缔结与履行、产品的质量、交易价格到交易行为终止，大量存在的规范建设工程的法律、法规、强制性条文和说明，使无效或部分无效建设工程合同较多，也使人对建设工程领域的合同自由产生怀疑，到目前为止，还没有任何一种合同比建设工程合同更多地受到国家法律体系的限制。

对于建设工程合同受法律管制较多这一现象，必须客观辩证地分析。一方面，由于现代社会对楼宇、桥梁、道路等公共设施的依赖，使法律必须对上述设施的安全性进行控制，以防止工程质量低劣对整个社会公众的安全构成侵害。另一方面，法律的过多管制会降低社会效率，增加社会成本。所以对建筑行业必须在管制与合同自由之间保持平衡，强化当事人的法律责任和社会责任，同时保护合同自由，并保证合同之外的社会公众利益不受侵害。

2. 涉及面广，管理和协调难度大

现代工程项目是一个开放复杂的巨型系统，仅以三峡移民工程为例，按三峡工程初步设计，三峡水库淹没的陆地面积约 632 平方千米，涉及湖北省、重庆市 20 个县区的

277 个乡镇，共城市 2 座、县城 11 座、集镇 114 个。按 1992 年人口普查统计，三峡工程淹没线以下人口 84.75 万，其中城镇人口 55.93 万，农村人口 28.82 万。考虑到人口自然增长和经济发展等因素，至 2009 年工程竣工时，规划搬迁人口达 113 万；淹没耕园地 38.95 万亩（一亩约 666.7 平方米）、房屋 3473.15 万平方米，其中城镇 1831.24 万平方米、农村 921.44 万平方米、工矿企业 720.47 万平方米；淹没工矿企业 1549 个；淹没公路 816 千米、输变电线路 1986 千米、通信线路 3526 杆千米、广播线路 4480 杆千米；淹没码头 601 个、水电站 114 处（装机 91735 千瓦）、抽水站 139 处（装机 9933 千瓦）。如此巨大复杂的工程，牵涉如此众多的地方、单位和人员，管理和协调难度之大可想而知。

3. 合同种类与数量繁多

我国建设工程所涉及的领域、范围和内容非常广泛，相应的合同数量非常多，参与签订合同的单位和人员更是遍及各行各业，不计其数，随着管理的日益规范和完善，每项建设工程都必须签订正规的劳务公司，每位参与工程建设的劳动者都必须签订劳务合同，参与签订建设工程合同的单位和人员会更多。以下仅以建设工程合同种类和数量为例进行说明。按建设工程的不同阶段可将建设工程合同分为建设工程勘察合同、设计合同与施工合同。按建设工程的不同行业可将建设工程合同分为工业与民用建筑合同、市政合同、交通合同、铁路合同、航空合同、水利合同、电力合同、石油化工合同、港口合同、矿山合同、建筑安装合同、建筑装饰合同、园林合同等。按建设工程合同类型可将建设工程合同分为总承包合同与分别承包合同、总包合同与分包合同、国内承包合同和国际承包合同。按合同签订对象不同可将建设工程合同分为材料与设备供应合同、技术咨询与服务合同、运输合同、保险合同、劳务合同等。按合同签订主体不同可将建设工程合同分为企业与政府之间的合同、企业与企业之间的合同、企业与个人之间的合同。

一个建设项目，所签订的合同少则十几份，多则几十甚至上百份，如果是三峡工程、南水北调等特大型工程建设项目，参与的单位多，而参与人员则会随之呈几何级数增加，按一个项目平均投资一百万元、三份合同、涉及人员五十人计算，估计我国每年要签订大约近四亿份与建设工程有关的合同。

4. 涉及工程量大，金额高

由于我国正处于工程建设高峰期，建设工程合同数量多，工程量大，涉及金额也非常高，2007 年我国建设总规模为 366 270.3 亿元，其中在建总规模为 296 935.4 亿元，在建净规模为 144 032.8 亿元，固定资产总投资为 117 464.5 亿元。以三峡工程为例：按 1993 年 5 月末中国的物价水平测算，三峡工程静态投资为 900 亿元人民币，其中枢纽工程本身的投资为 500 亿元人民币，库区移民投资 400 亿元人民币。由于三峡工程工期长达 17 年，其间物价上涨会增加部分投资，还有一部分利息支出，两个方面的因素汇总，到 2009 年三峡工程竣工时，累计动态总投资 2000 亿元人民币左右。至于青藏铁路、南水北调、京沪高速等工程项目，涉及合同金额也非常高。合同管理工作对工程经济效益影响很大，已为众多的工程实践所证明，有统计资料表明：对于正常的工程，合同管理的成功和失败对工程经济效益产生的影响之差能达工程造价的 20%。

5. 时间跨度长，技术难度高

由于工程建设活动是一个渐进的过程，工程施工工期长，合同承包期更长。它不仅包括施工期，而且包括招标投标和合同谈判以及保修期，所以一般至少两年，长的可达5年或更长的时间，如三峡工程就长达17年时间。如此长的时间跨度使合同管理工作极为复杂、烦琐。

技术难度高体现在两方面。一是现代工程体积庞大、结构复杂。如三峡工程主体建筑坝长2335米，高185米，底部宽115米，顶部宽40米，计3347.8万立方米，还有众多的辅助工程和附属工程等，庞大的工程需要消耗大量的人力、物力、资金等，要求相应的合同管理水平也非常高。二是技术标准、质量标准越来越高，关联性越来越大。超高层建筑（100层以上）、特大型桥梁、超长隧道、大型水利水电、核电等工程项目技术标准要求高，使工程勘察、设计、施工的难度日益提高，任何一方稍有疏忽就会造成重大经济损失。

6. 干扰因素多，风险大

建筑行业在我国属于高风险的行业，建设工程合同管理作为一种划分和分担风险的方式，自然会受到来自各方面的压力和干扰。

由于工程建设过程中涉及的单位和人员众多，内外干扰事件发生概率大，不可预见因素较多，合同变更频繁，加上合同实施时间长，经济条件、社会条件、法律和自然条件的变化都会对合同管理形成巨大的风险，并且这些因素合同双方都难以预测，不能控制，又都会妨碍合同的正常实施，给合同双方带来巨大的不确定性。

由于建筑市场是一个竞争激烈、鱼龙混杂的市场，市场的参与者不仅人数众多，而且成分复杂，不能排除有少数人居心叵测，使合同本身常常隐藏着许多难以预测的风险，如一方提出一些苛刻的合同条款、单方面约束性条款或责权利不平衡条款，甚至有的合同当事人包藏祸心，在合同中用不正常手段谋利。

目前，我国建设工程中普遍存在的执行难问题、不正之风问题、责权利分配不公问题、地方本位主义和社会不法分子（或团伙）引起的社会治安问题等，使建设工程合同管理工作正常开展面临较大困难。

二、绩效评价研究概述

绩效评价是指运用系统工程、数理统计和运筹学原理，采用特定的指标体系，对照统一的评价标准，按照一定的程序，通过定量定性对比分析，对人类社会（主要指企业或一些其他组织）在一定期间的管理效益和管理者业绩做出客观、公正、准确的综合评判。最初的绩效评价主要用于对企业的经营管理绩效进行评价，其评价的范围较小，方法也比较简单。后来随着管理水平和绩效评价理论的发展，绩效评价的手段、方法和范围也发生了巨大变化，绩效评价的思想已经渗透到人类管理活动的各个方面，并且越来越多地受到广泛重视。

1. 西方国家绩效评价的演变过程

绩效评价产生的历史十分悠久，自从人类有了生产活动，就产生了绩效评价思想。到 1891 年，被称为科学管理之父的泰勒创立科学管理理论时，绩效管理思想逐渐成熟并形成理论雏形。到 20 世纪 30 年代，真正意义上的绩效评价理论和方法开始在欧美国家出现，并迅速发展。绩效评价在欧美等国家的发展主要经历了两个大的阶段：即从最开始主要用于对企业经营管理的业绩和效果进行评价阶段，逐渐发展到对其他社会组织或系统的管理成效进行绩效评价阶段，其发展演变可归纳如下过程。

（1）工业革命以后到 20 世纪初的统计性绩效评价

工业革命以前，西方的绩效评价处于启蒙阶段。19 世纪初伴随着纺织业、铁路业、钢铁业和商业等行业的大规模出现，成本绩效评价应运而生。为了对企业的生产效率进行系统分析，弗雷德里克·泰勒与他的同事一起建立了许多成本计量指标，并根据制定的标准量与实际发生量的比较结果，对企业经营绩效进行评价。

（2）20 世纪初至 80 年代的财务性绩效评价

到了 20 世纪初，资本主义市场经济已进入了稳步发展时期，随着资本市场的发展和所有权与经营权的进一步分离，企业绩效评价进入发展高峰期，绩效评价的内容进一步深化，新的理论、方法不断涌现，其中以企业财务绩效评价最为盛行。1932 年，英国管理专家罗斯设计了采用访谈方式了解部门绩效的方法。1950 年，美国的管理学家彼得·德鲁克通过实证研究后提出了企业绩效评价的八项指标（市场地位、革新、生产率、实物资源和财务资源、获利能力、管理者的业绩与发展、员工的业绩态度和社会责任），提出了关注企业的社会认可和企业的长期稳定程度，指出利润最大化虽然是企业的主要目标，但不是唯一的目标。20 世纪 80 年代初，绩效评价中财务指标的短期性开始被人们重视，绩效管理和绩效评价逐渐向社会生活的其他方面转移，出现了以财务评价为主、非财务指标作为补充、绩效评价向多元化发展的趋势。

（3）战略绩效评价阶段

20 世纪 80 年代后期，美国掀起了基于价值的绩效管理模型的浪潮。这一模型主要通过引进比财务系统更好的、与公司长期目标和战略相关联的指标，倾向于改善决策制定。1987 年，约翰逊和卡普兰共同发表了一篇名为《相关性消失：管理会计的兴衰》的文章，文章指出财务模型仅仅展示了公司活动的一个方面，公司战略目标和外部环境日益变得重要，战略眼光和长远奋斗目标成为企业生存和发展的必备条件。1992 年，美国的罗伯特·S. 卡普兰和大卫·P. 诺顿发明了"平衡计分卡"，从组织内部运作流程视角关注关键性流程的绩效，包括质量、生产力、时间和成本；从顾客角度关注顾客需求、满意度和市场份额；从创新和学习角度关注组织未来成功的基础，通过对组织的战略目标进行分解，加强组织中各部门的战略沟通，促使部门、个人的目标与组织目标一致。绩效评价从传统意义上的财务评价，向更加注重有机结合与互动影响的系统评价方向发展。

（4）系统绩效评价阶段

进入 21 世纪后，随着社会发展和知识经济时代的到来，绩效评价思想、理论和方

法也悄然发生变化：一方面，在传统企业绩效评价的基础上，绩效评价发展到社会经济的各个方面，如对政府机构管理效能进行绩效评价，对非营利组织（基金会、慈善机构）的管理效能进行绩效评价等；另一方面，绩效评价与项目评价相结合，进行建设项目管理绩效的评价和分析，使绩效评价从单纯的企业绩效评价向系统绩效评价发展，使绩效评价的思想、理论和方法从微观领域向宏观领域（行业和国家战略角度）转变，极大丰富和完善了绩效评价的理论和实践，延伸和拓展了绩效评价的运用范围，使人类社会的管理水平和层次得以提高和升华。

2.我国绩效评价的研究进展

我国绩效评价的思想和方法主要是改革开放后从西方引进的，经历了四个阶段。

20世纪70年代以前以实物产量为主的企业绩效评价阶段。计划经济时期，政企不分，企业没有经营自主权，国家对国有企业的评价不重视价值和成本的考核，只从实物和产出的角度来评价。

20世纪80年代以产值和利润为主的企业绩效评价阶段。改革开放后，国家从价值的角度开始强调经济效益，开始注重企业的利润、成本、产值等价值指标的考核，并以企业的利润完成情况决定企业的报酬和激励方式。1982年，国家经委、国家计委等六部委制定了包括总产值和增长率、上缴利润和增长率、产值利税率和增长率等16项主要经济效益指标作为考核企业的主要依据。

20世纪90年代以投资报酬率为核心的绩效评价阶段。1993年财政部颁布《企业财务通则》和《企业会计准则》，规定了8项财务评价指标，分别从偿债能力、营运能力和营利能力三个方面来评价财务状况和经营成果。1999年6月，财政部等四部委颁发了《国有资本金效绩评价规则》，规定评价内容包括财务效益、资产营运、偿债能力和发展能力四个方面，采用24项定量指标和8项定性指标评价企业绩效。

系统绩效评价阶段。进入21世纪，我国社会经济的各个方面都高速发展，对绩效评价的研究也不例外，系统绩效评价的思想、理念已被广大管理人员接受和采用。由于西方国家对系统绩效评价的研究也还处于发展初期阶段，其思想、理念和方法还有待于探索，其作用和效果也还需要进一步观察和验证，所以我国的系统绩效评价研究水平相对而言并不是很落后，只要我们潜心研究，努力进取，可以赶上甚至超越西方发达国家，走到世界前列。

前三个阶段都是以企业管理绩效为目标的绩效评价阶段，后一阶段是以系统管理绩效为目标的绩效评价阶段，当然系统管理绩效评价必须以企业管理绩效评价为基础，两者相辅相成，密不可分。

3.绩效评价的发展趋势

21世纪是经济全球化、信息化和高科技化的时代，企业、组织甚至国家的生存环境都发生着前所未有的变化，经营管理理念和方法正在进行着一场深刻的变革。与此相适应，绩效评价的理论与方法也正在进行一次重大的变革，绩效评价出现新的特点和趋势。

（1）与组织发展战略相结合

以财务为主的绩效评价方法主要是事后评价，已不适应现代组织的管理要求，应将绩效评价纳入整个管理过程当中，把组织既定的奋斗目标作为绩效评价和管理的起点。通过绩效评价体系把组织的战略目标转化为阶段性、具体、可操作并为大多数人所理解的目标，使组织的高层管理人员清楚达到长期战略目标的关键因素，有效地克服制定战略和实施战略之间存在的差距。

（2）注重过程的适时评价

知识经济时代的战略性绩效评价体系必然强调加强过程管理，采用过程适时跟踪评价。管理人员要及时、连续地对所要控制的项目进行跟踪监视，使问题得到及时解决，并易于分清责任，使控制更有效。

（3）重视知识和创新的评价

新时期经济发展的核心特征就是创新，也正是因为有了不断创新才使新时期经济发展具有旺盛的生命力。任何组织、行业要想获得生存和发展，就必须不断增强其学习和创新能力，培养和巩固自身竞争优势。因此绩效评价应适应社会发展的需要，把创新能力的评价放在重要地位，重视无形资产和智力资产的评估管理。

（4）关注可持续发展能力的评价

可持续发展能力反映了国家、组织与社会经济环境和自然环境的协调，也是自然环境、社会、利益相关群体对企业的共同要求。因此，绩效评价不仅要考虑组织对社会的贡献，还要考虑组织给社会带来的负担，尤其要保护好人类自身的生存环境。按照可持续发展要求，企业不仅要考虑市场的扩大和利润的增加，还要考虑长期稳定的发展和社会总价值的提高。

第二节　建设工程合同管理绩效的含义及表现

绩效是组织期望的结果，是组织为实现其目标而展现在不同层面上的有效输出，布雷·德鲁普在《业绩管理》中将绩效分为组织层次上的绩效和个体层次上的绩效。组织层次上的绩效表现为有效性、效率和变革性三个方面。随着绩效考核和绩效管理理论的成熟和发展，绩效评价理论的重心开始从个人绩效转移到组织绩效（或系统绩效）上来。

一、组织绩效管理

任何组织都可以看作一个系统，组织绩效一般包括两个方面的意思：一个是效率，即投入与产出之间的关系，高效率则意味着以较少的投入得到较高的产出；另一个是效果，指目标达到的程度。理查德·威廉姆斯在其《组织绩效管理》一书中指出：绩效管理是把对组织的绩效管理和对员工的绩效管理结合在一起的一种体系。可见，组织绩效管理本质上是一种体系。综合后来对组织绩效管理的延伸和发展，组织绩效管理可以定

义为：是通过对组织战略的建立、目标分解、业绩评价，将绩效成绩用于组织日常管理的活动中，以激励组织成员业绩持续改进并最终实现组织战略目标的一种管理活动。组织绩效一般划分为组织结果绩效和组织行为绩效。

建设工程合同管理是建设项目管理的重要内容，它贯穿于项目建设的全过程。建设工程合同管理绩效就是研究、分析建设工程实施合同管理后取得的业绩和效果，通过项目建设中所实施的一系列合同管理措施来分析判断对项目建设整体或各个阶段的影响，签署合同的当事人一般为法人或其他组织，属于一种组织行为，应该归位于组织绩效。

1. 组织绩效管理的作用

组织绩效管理具有非常积极的作用，主要表现在以下几个方面。

一是激励作用，即通过一定的组织绩效管理方式，对资源进行科学、合理、公平的分配，起到奖优罚劣的激励作用，这是组织绩效管理的传统功能。

二是沟通作用，即通过组织绩效管理这个平台，促使员工之间、管理者与员工之间以及上下级之间、组织自身与员工之间的交流与沟通。

三是评价作用，即对员工工作成绩进行结论评价，对组织绩效管理的结果进行有益的反馈，通过员工绩效好坏情况的原因分析、绩效管理方法及运作本身的效果分析，总结经验教训，持续改进组织管理。

2. 组织绩效管理的目标

一个组织往往具备多个利益相关者，且它们有在不同方面实现其社会影响力的要求，组织构成的多元性和组织目标的多元性决定了组织绩效的多样化和复杂性。因此，优秀的组织管理者和评价人员，首先要做的就是合理定义组织的绩效考核对象，并通过合适的战略、行动去有效地调配人力、物力和各种资源来评判组织绩效目标的实现程度。

目标是对组织要达到的结果的具体描述，既是组织一切管理活动的出发点，又是组织一切管理活动所指向的终点，它贯穿于组织管理活动的全过程。绩效在一定意义上表现了实际活动的结果与其目标的偏离程度，因此评价一项活动的绩效首先应确定其所要达到的目标，并形成一个目标体系。

（1）制定绩效目标的原则

制定绩效目标时应遵循以下五条原则，通常简称为 SMART 原则。

一是明确具体。明确具体指绩效目标应该在对工作内容进行分解和分析的基础上更加明细化、具体化。由于每一阶段管理内容不同，评价者对组织的绩效要求也会存在差异，明确具体地表达出差异，才能更好地激发组织去完成既定目标。

二是可衡量。设立绩效目标是为了能够根据计划控制组织的行为，因此，目标必须采用可衡量的方式陈述，才能对组织行为进行有效的反馈。所谓的可衡量，就是可以将组织实际的绩效表现与绩效目标相比较。绩效目标应该体现出一种可供比较的标准，当然可衡量并不一定要绝对的量化。

三是有行为导向。绩效目标应该能够引导组织的行为，具有行为导向的特征。要求绩效目标不应该仅仅是一个能衡量的最终结果，还应该包含对组织实现该绩效目标的过

程有行为约束能力。

四是切实可行。根据组织的实际情况制定绩效目标，提出一个切实可行的工作方向和目标，以激发组织更好地实现评价者对它的期望，采用的方法必须被广泛接受和认可。

五是受时间和资源限制。绩效目标应带有时限要求和资源限制。这种时间和资源限制实际上是对目标实现方式的一种引导。在目标一定的情况下，时间和资源的限制应该根据组织工作的外部环境和组织实际能力来确定。

建设工程合同管理的总目标（宏观上）是分析和研究我国建设工程合同管理现状，总结经验教训，持续改进合同管理的思想、理念和方法，以提高我国整个工程项目管理水平，宏观目标的实现必须建立在大量微观的建设工程合同管理的基础上。对一个具体的建设工程项目而言（微观上），建设工程合同管理就是帮助提高项目参与各方的合同管理水平，保证各方权益，保证项目投资、工期、质量和安全目标的实现，顺利完成工程项目建设任务，努力降低社会总体成本，这与项目管理目标完全一致，也符合制定绩效目标的 SMART 原则。

（2）绩效目标的分解

绩效目标是组织目标的分解和具体化，是实现组织目标的前提和保证。在进行绩效目标分解时，有如下原则需要注意。

一是整体一致性原则。制定目标时应注意组织的总体目标应与各部门的子目标方向一致，组织的一项活动的总目标应与分阶段的目标方向一致，各个目标之间互相联系，相互协调，以总目标统帅子目标，以子目标的完成保证总目标的实现。

二是先进可行原则。制定目标既要保证先进性，又要确保可行性。先进的、具有挑战性的目标能激励人们努力工作并不断前进。若目标很容易达到，就无法激发组织的潜能，影响员工能力的充分发挥。因此，衡量目标的可行性和先进程度是将它与过去的业绩或同行业最好的业绩做比较，把组织经过努力能够达成的目标确定为绩效目标，防止目标脱离实际而挫伤组织成员的积极性。

三是突出关键性原则。目标的设立数量应适中，并有主次差别，应按其重要程度进行安排，突出那些关键性目标，以使执行者更好地分配资源，抓住重点，主次分明地去实现目标。

四是动态协调性原则。目标应能随时根据情况的变化进行协调平衡，以适应环境变化，保持在动态中的总体协调。另外，目标的表达一定要简洁清楚，一目了然，有利于分解为子目标，使执行者对其具体要求十分清楚；分解出来的子目标，如有可能，尽量实现定量化，即便不能定量表示，也应具体准确地以定性方式表示，切忌模糊笼统。

二、合同管理绩效

合同管理绩效作为组织绩效的一种，其作用是通过对建设工程合同管理的行为和成果进行分析反馈，找出影响建设工程合同管理绩效的关键因素，总结经验，查找不足，不断更新和改进合同管理思想、理论和方法，提升建设工程合同管理效率，引导合同管

理行为，为今后的建设工程合同管理提供借鉴和参考，促进我国工程建设领域整体管理水平的提高。

1. 合同管理绩效的目标

（1）目标主体

由于参与建设工程合同管理的当事人很多，各自的利益追求和绩效目标并不完全一致，有时可能会相反，如承包商的绩效目标是通过项目赚取更大利润，而业主的绩效目标是尽可能压缩投资。并且由于建设工程类型的多样性和复杂性，其合同管理的绩效也不完全相同，如国家投资的公共工程项目的合同管理绩效与私营投资和股份制公司投资的工程项目合同管理绩效就有较大差别。因此，研究建设工程合同管理绩效必须找一个切入点，使参与建设工程合同管理的各方既能彼此接受，又能相互约束、互为条件、相互影响。业主进行合同管理的目标就是为了实现项目投资的最优化，也就是在满足质量和保障安全的前提下，加快进度，控制投资额，使投资越小越好，与建设工程合同管理的总目标保持一致。所以选择业主方的合同管理绩效来进行评价目前是一个现实合理的决定。

（2）目标客体

所谓客体是建设工程合同管理绩效所指的对象。三峡工程签订的各类合同众多，包括勘察设计合同、施工合同、设备材料采购合同、运输合同、贷款合同、保险合同和移民个人合同等，其中工程实施阶段的合同是最重要的合同，对保证工程建设顺利实施意义最大，合同管理工作也最为复杂。所以，以三峡工程实施阶段的合同为主，同时对其他的合同进行说明和举例，做到点面结合，重点突出，以全面、准确地反映三峡工程合同管理绩效的内涵，为今后全面开展三峡后续工程和其他建设项目合同管理绩效评价打下一个牢固、扎实的基础。

（3）合同管理绩效目标的多样性与统一性

绩效目标是建立在对组织目标的分析和工作内容的分解基础上的，由于建设工程合同管理工作的参与方、利益相关方众多，绩效目标不可能完全一致，利益主体的多样性决定了绩效目标的多样性，但绩效评价是要有一定标准的，没有统一的标准、方法，其结果就没有可比性，因此科学、合理、公正地确定绩效目标是建设工程合同管理绩效评价能否被广大的建设工程管理者接受或广泛运用的关键，不论是业主方、承包商的合同管理绩效评价，还是第三方的合同管理绩效评价，都应该建立一个能兼顾各方利益的、关切的、统一的绩效目标，即在满足环境保护的前提下，建设项目能按预期的投资、质量、进度和安全指标顺利完成，保证投资的社会效益、经济效益和环境效益的最大化。

2. 合同管理绩效的内容

按照组织绩效管理的含义，建设工程合同管理绩效体现在以下两点：一是体现在工程各阶段合同管理工作目标的完成情况上，称为结果绩效；二是体现在组织合同管理工作过程的有效性上，称为行为绩效。

（1）结果绩效

组织绩效的一个表现就是组织活动的效果，主要表现为组织目标的实现程度，也就是工程的质量、进度、安全和投资尚离目标多远。绩效目标是针对组织目标实现的关键工作制定的。为了讨论合同管理结果绩效，必须先明确业主合同管理的阶段性目标，并以此为基础建立合同管理的绩效目标。合同管理组织目标是确定绩效目标的基础，业主合同管理的目标是实现项目三大目标（加上安全为四大目标）的最优化。对业主而言，三大目标都应达到，但不同的工程项目，三个目标的重要程度不同。同时工程建设活动具有时序性的特点，即上一阶段目标达到之后才能进行下一阶段目标，每个实施阶段的工作内容差异很大。而且项目三大目标的实现需要各方合同当事人全方位、全过程地有效管理才能实现，业主的合同管理工作只能算是为实现项目的这三个主要目标所做的一方面努力。制定业主结果目标时，主要以合同中规定的业主职责和需要履行的义务为依据，按工程建设的不同阶段对工程合同管理目标进行分解。

工程合同形成阶段的绩效目标：选择合格的承包商，承包商是工程建设任务的承担者，是业主方进行合同管理的主要对象，因此，选择一个合格的承包商对业主绩效目标的实现至关重要。首先，应编制好招标文件。合同文件的基础是招标文件，应综合考虑项目的性质、合同的类型、项目实施的具体环境以及准备程度来编制招标文件。由于招标文件内容包括了经济、法律、技术等信息，所以编标人员应包含经济、法律、技术方面的专家或综合性人才，这样才能使各方面的内容衔接起来。另外，类似工程的经验对编标工作至关重要，有经验的编标人员会预测出一部分风险，并将风险防范和发生风险后的解决办法作为专用条款写进合同，以指导以后的合同管理工作，最大程度减少争议。其次，做好评标决标工作。业主应当客观、公正地做好评标决标工作。在评标时应特别注意对报价的综合评审，提防承包商"低价投标，高价索赔"。做好评标时的补遗、答疑工作，使合同文件更加严密、全面。决标和合同签订阶段是合同双方签约、承诺的阶段，是合同管理的主要依据。在不改变招标文件实质性意愿的前提下，对评标中提出的问题和潜在风险，在合同谈判中以书面形式加以澄清，减少不必要的变更和索赔，力争把隐患和风险消灭在萌芽状态。

最后，做好设计、监理、材料设备供应合同的审查签订工作。工程项目的质量目标与水平，是通过设计使其具体化的，据此作为施工的依据。设计质量的优劣，直接影响工程项目的使用价值和功能，是工程质量的决定性环节。我国工程质量事故统计资料表明，40.1%的工程质量事故是由设计引起的，居工程质量事故原因之首。因此，对设计环节严加控制，是顺利实现工程建设三大目标的有力措施。监理工程师代表业主对建设工程进行监督、管理和控制，在合同形成阶段，其主要工作是审核设计图纸，对设计成果进行验收。在初步设计阶段，应审核工程所采用的技术方案是否符合总体方案的要求以及是否达到项目决策阶段确定的质量标准；在技术设计阶段，应审核专业设计是否符合预定的质量标准和要求；在施工图设计阶段，应注重使用功能及质量要求是否得到满足。材料、设备费在工程建设中一般可占到总成本的相当比例，尤其对一些重大工程

项目，如三峡工程发电机组采购、京沪高速铁路的设备安装等，材料、设备的供应合同尤其重要，必须对其严格审查，这是业主方合同管理的重点，也是控制其合同管理绩效的关键。

分析影响本阶段目标实现的关键工作。在确定组织目标之后，应根据组织现有的资源，对实现目标的主要障碍加以分析，确定组织的绩效目标。绩效目标的确定是以具体管理对象的特点以及管理组织的实力为基础的，管理对象不同，同一管理主体所制定的绩效目标也会有差异。因此，本阶段的结果绩效目标为：提高招标文件编制水平；优化评标方法；提高外部环境风险的估测与防范水平；选择合格的承包商；提高各项合同的审查力度，保证施工合同与其他合同的协调一致。

工程合同履行过程中的绩效目标：工程合同履行时尽量减少工程变更，及时向承包商提供有关图纸，按期向承包商提供合同规定的材料物资，及时参加验收，在综合考虑各种因素后，确定合理的费率（价格）标准，并按时支付工程款；履行己方义务，包括供应管理、按时支付工程款、及时组织验收工作等；及时准确地掌握工程阶段性实施目标的完成情况。影响这一部分管理目标实现的障碍通常有设计文件修改频繁、物资供应计划与施工需求计划矛盾等。确定的绩效目标可能有：提前审查供应计划实施的可能性，及时做出调整；缩短审批支付工程款的时间；增加按时组织工程验收工作的次数；定期召开合同实施各方协商会议，交流工程施工信息。

（2）行为绩效

绩效分析和评价的最终目的是改善组织行为，为决策者控制组织活动的方向提供依据和标准。对组织结果绩效的评价固然可以比较直观和清晰地看到组织任务的实现成果，认识组织的管理水平，但是结果绩效的评价往往是以组织在一个评价周期的工作目标为评价标准的。这种只重视目标的达成和结果的行为，会造成管理工作只求结果不求过程的倾向。因此，结果绩效只是建设工程合同管理绩效的一个方面，还需要对保证结果绩效的组织行为进行判断和分析，这样才能对建设工程合同管理的绩效进行全面、准确的评价。组织行为是组织长期发展过程中逐渐形成的，对保证组织目标的实现起着不可忽视的作用，对组织行为绩效进行评价，有利于组织的自我建设和发展，从长远的角度提高组织绩效，更有助于推动组织目标的实现、持续地改善组织管理。作为一个系统，组织总是存在于一定环境中，组织的活动不可避免受到环境因素的影响。工程建设活动是一个相当开放的系统，在工程活动进行的过程中时刻都在与环境进行大量的物资和信息交换，参与合同管理的各方受环境因素的影响不容忽视，其中组织文化就是影响较大的环境因素。

组织文化是处于一定经济社会文化背景下的组织在长期的发展过程中，逐步生成和发展起来的日趋稳定的独特的价值观，以及以此为核心而形成的行为规范、道德准则、群体意识、风险习惯等。组织文化代表了整个组织的价值观倾向、共同的观念意识。组织文化以组织全体成员所认同的价值观、经营理念和行为准则，为组织确定了风气、强化了沟通，能够有效地保障组织目标的实现。

　　一个组织的绩效在很大程度上取决于合理的组织结构。组织结构就是指把工作进行精确分工,然后在分工基础上进行协作以完成工作目标的种种途径,包括设定工作岗位、建立部门、确定上下级关系和相互作用的框架。其目的在于实现组织的战略目标,达到更好的组织绩效。构建组织结构就是要划分各个工作岗位的职责权限,使员工的岗位同他们的专长能力相适应,以便在良好分工的基础上进行协作,增强集体的力量,使组织目标能完成得更好。合同管理一般没有明确的组织形式,虽然业主设立有专门的合同管理部门,但从广义上讲,项目组织的其他部门都参与了合同的履行工作,直接或间接开展了合同管理工作。

　　组织制度是指组织的基本规范,它规定了组织的指挥系统,明确了人员之间的分工和协调关系,规定各部门及其成员的职权和职责。组织制度与组织结构是相辅相成的,组织结构的稳定需要用组织制度来维护,组织制度又是依赖于组织结构而存在的。制定组织制度的目的,就在于建立有效运行的组织结构,明确划分各组织成员的权责范围,形成良好的沟通和激励机制,为组织成员进行工作创造良好的组织环境,使组织中各类人员能够协调一致地实现组织目标。在一个结构合理的组织中,各层次的组织成员能够获得充分的权能、恰当的激励和有效的监督,促使其保持较高的效率,充分显示其才能,达到良好的业绩;反之,在结构紊乱、职责不明的公司中,公司成员的工作效率就难以保持在较高的状态。

　　信息管理的重要性也是由工程建设活动的特点决定的,无论是合同管理的准备阶段,还是工程施工的控制阶段和变更索赔管理阶段,信息在其中都占有举足轻重的作用。做好信息管理工作能使合同顺利地履行,减少不必要的合同变更,减少合同当事人的工作疏忽、过错和失误的发生。合同管理的主要方法是合同分析和合同控制,分析和控制的基础是信息收集。信息收集管理是合同管理工作的重要内容。及时掌握准确完整的信息,可以使合同管理人员耳聪目明,卓有成效地完成合同管理工作。建立合同管理信息系统并对合同信息进行有效的管理,将直接影响合同管理工作的成败。因此,合同管理各方都应建立一套完整、全面、配套的信息系统,充分重视合同信息的管理工作。工程建设合同由于种类多、履约时间长,其管理工作涉及的部门多、环节多、渠道多、专业多,合同信息量大,来源广泛,形式多样,特别是文字信息的管理很重要。合同文字信息包括招投标文件、中标通知书、合同会签记录及审查记录、合同文本(正式)、施工组织设计、设计变更、来往函件、政府公告等。合同信息管理工作一般由业主企业的计划合同部门担任,它为合同的具体实施部门如工程部提供合同信息服务,并负责对他们所反馈的工程施工信息加以保存和整理,提交上一级管理层作为决策的依据。

　　(3)结果绩效与行为绩效的关系

　　要想有一个好的结果必须要有一个好的行为(过程)做保障,而一个好的行为(过程)不一定有一个好的结果,因此做好合同管理的结果绩效与行为绩效的融合也非常重要。如预防和处理合同变更索赔事件的能力很大程度上会受到合同管理组织行为(组织文化、组织结构和制度、信息管理)的直接影响,而不同的组织行为如领导人对索赔的

观念会决定变更索赔的成败和效果。

结果绩效体现了合同管理工作目标的实现程度，行为绩效体现了合同管理组织运行的效率，两者从纵横两个方面构成组织绩效的脉络，通过控制和改变组织的行为绩效来决定和影响组织的结果绩效，形成的结果绩效反过来又会影响组织的行为绩效，两者相互影响的结果会促进合同管理达到组织预期的目标和效果，有利于组织的长远发展。组织结果绩效和行为绩效的融合可以利用矩阵的方式来表达。

3. 对合同管理绩效的分析

（1）从工程变更的角度分析合同管理绩效

变更是指当事人在原合同的基础上对合同中的有关内容进行修改和补充，包括工程实施内容的变更和合同文件的变更。工程变更实质上是对合同的修改，是双方新的要约和承诺。任何工程项目在实施过程中由于受到各种外界因素的干扰，都会发生程度不同的变更，由于合同变更涉及工程价款的变更及时间的补偿等，直接关系到项目效益，也就关系到合同管理绩效。因此，变更管理在合同管理绩效评价中就显得尤其重要。

变更是建设工程管理的特点之一。对一个较为复杂的工程合同，实施中的变更事件可能有几百项，工程变更产生的原因通常有如下几方面。一是工程范围发生变化。如业主新的指令，对建筑新的要求发生改变，要求增加或删减某些项目、改变质量标准，项目用途发生变化；政府部门对工程项目有新的要求（如国家计划变化、环境保护要求、城市规划变动等）。二是设计原因。由于设计考虑不周，不能满足业主的需要或工程施工的需要，或设计错误，必须对设计图纸进行修改。三是施工条件变化。在施工中遇到的实际现场条件同招标文件中的描述有本质的差异，或发生不可抗力，即预定的工程条件不准确。四是合同实施过程中出现问题，包括：未及时交付设计图纸等及未按规定交付现场、水、电、道路等；由于产生新的技术和知识，有必要改变原实施方案以及业主或监理工程师的指令，从而改变了原合同规定的施工顺序，打乱施工部署。

工程变更可导致各种文件，如设计图纸、成本计划和支付计划、工期计划、施工方案、技术说明和适用的规范等做相应的修改和变更，引起其他合同的变化，甚至会引起所属的各个分合同，如供应合同、租赁合同、分包合同的变更，打乱整个施工部署，对工程建设各方均有不同程度影响，容易引起争执。业主和承包商之间的利益在很多情况下是此消彼长的，利益的尖锐对立最容易引起矛盾和纠纷，工程变更可能使总承包商和分包商之间的合同责任发生变化，例如工程量增加，会增加承包商的工程责任，会增加开支和延长工期，与此相关的分包商、材料设备供应商的责任也会相应增加。

在合同实施中，合同内容的任何变更都必须由合同管理人员提出。与总（分）包之间的任何书面信件、报告、指令等都应经合同管理人员进行技术和法律方面的审查，能保证任何变更都在控制中，不会出现合同问题，在商讨变更、签订变更协议过程中，双方必须就变更补偿（即索赔）问题（补偿范围、补偿方法、索赔值的计算方法、补偿款的支付时间等）达成一致。

（2）从工程索赔角度分析合同管理绩效

工程索赔是指当事人在合同实施过程中，根据法律、合同规定及惯例，对并非由于自己的过错造成的损失，向对方提出给予补偿要求，工程索赔主要包括工期索赔和费用索赔，都涉及合同管理的效果，是影响合同管理绩效的主要因素。索赔是维护双方合法利益的重要手段，承包商可以向业主提出索赔，业主也可以向承包商提出索赔。在工程建设的各个阶段，都有可能发生索赔，但在施工阶段索赔发生较多。

索赔有利于促进双方加强管理，严格履行合同，维护市场正常秩序。合同一经签订，合同双方即产生权利和义务关系。这种权益受法律保护和制约。索赔是合同法律效力的具体体现，并且由合同的性质决定。如果没有索赔和关于索赔的法律规定，则合同形同虚设，对双方都难以形成约束，所以，索赔有助于工程承发包双方更紧密地合作，有助于合同目标的实现。

索赔可以把原来工程报价中一些不可预见的费用改为实际发生的损失支付，有助于降低工程报价，使工程造价更为合理，有助于维护合同当事人的正当权益。索赔是一种保护自己、维护自己正当利益、避免损失、增加利润的手段。如果承包商不能进行有效的索赔，损失得不到合理的、及时的补偿，会影响生产经营活动的正常进行，甚至倒闭。因此，索赔还有助于双方更快地熟悉国际惯例，熟练掌握索赔和处理索赔的方法与技巧，有助于对外开放和对外工程承包的开展。

合同一方向另一方提出的索赔要求，都应该提出一份具有说服力的证据资料作为索赔的依据。这也是索赔成功的关键因素。由于索赔的具体事由不同，所需的论证资料也有所不同。索赔依据主要有：招标文件、投标书、合同协议书及其附属文件、来往信函、会议记录、施工现场记录、工程财务记录、现场气象记录、市场信息资料、政策法令文件等。

工程索赔程序包括发出索赔意向通知、收集索赔证据并编制和提交索赔报告、评审索赔报告、举行索赔谈判、解决索赔争端等。索赔的主要工作之一是计算索赔值，即根据合同约定确定应得到多少索赔款额或工期补偿，合同变更索赔的发生一般都是由外部环境的影响或者合同当事人未履行或未完全履行责任引起的。所以，合同索赔事件发生的频率和后果的严重性可以用来作为衡量业主合同管理绩效的一个重要指标，合同变更与索赔直接影响到业主合同管理目标的实现程度，其重点就是控制合同变更与索赔的发生，使之限制在业主预期的范围内，组织绩效的许多评价指标的数据都来自对合同管理索赔汇总表的分析。合同管理索赔汇总表清晰地说明了由于业主责任和第三方责任引起的工程投资增加的数额以及其占合同总金额的比率。

（3）从解决合同争议角度分析合同管理绩效

合同争议是指工程承包合同的双方当事人因对合同条款的理解产生歧义或因当事人未按合同的约定履行合同，或不履行合同中应承担的义务等原因所产生的纠纷。合同纠纷也是影响合同管理绩效的主要因素，重大的合同纠纷对合同管理绩效有决定性的影响。当争议出现时，有关双方首先应从整体、全局利益出发，做好合同争议解决工作，尽量

采取对双方最有利的方式解决纠纷，提高合同绩效。纠纷解决的方式主要有和解、调解、仲裁和诉讼。

和解（友好协商）是指在发生合同纠纷后，合同当事人在自愿、友好、互谅的基础上，依照法律、法规的规定和合同的约定，自行协商解决合同争议的一种方式。其优点有以下几点。一是简便易行，能经济、及时地解决纠纷。和解不受法律程序约束，没有仲裁程序或诉讼程序那样一套较为严格的法律规定，当事人可以随时发现问题、随时要求解决，不受时间、地点的限制，也可省去相关仲裁费或诉讼费，有利于维护双方当事人团结协作的氛围，使合同更好地履行。合同双方当事人在平等自愿、互谅互让的基础上就工程合同争议的事项进行协商，气氛比较融洽，有利于缓解双方的矛盾、消除双方的隔阂和对立，使纠纷得到比较彻底地解决，协议的内容也比较容易顺利执行。二是针对性强，便于抓住主要矛盾。由于工程合同双方当事人对事态的发展经过有亲身的经历，了解合同纠纷的起因、发展以及结果，便于双方当事人抓住纠纷产生的关键原因，有针对性地加以解决。三是节省精力、人力、物力。工程合同发生纠纷后，合同当事人往往都认为自己有理，特别在诉讼中败诉的一方，会一直把官司打到底，耗费巨大的精力，而且可能由此结下怨恨，和解可以避免这些问题，对双方当事人都有好处。

调解是指在合同发生纠纷后，在第三人的参加和主持下，对双方当事人进行说服、协调和疏导工作，使双方当事人互相谅解并按照法律的规定及合同的有关约定达成解决合同纠纷协议的一种争议解决方式，其优点如下。首先，有利于化解合同双方当事人的对立情绪，迅速解决合同纠纷。调解人从中做说服教育和劝导工作，化解矛盾，增进理解，有利于迅速解决合同纠纷。其次，有利于各方当事人依法办事。用调解方式解决建设工程合同纠纷，是一个宣传法律、加强法治观念的过程，可以起到既不伤和气又受到一定的法治教育的作用，有利于维护社会安定团结和社会经济秩序。最后，有利于当事人集中精力干好本职工作，简化解决纠纷的程序，减少仲裁、起诉和上诉所花费的时间和精力，争取到更多的时间集中精力进行经营活动，维护双方当事人的合法权益，促进和谐社会建设。

仲裁亦称"公断"，是当事人双方在争议发生前或争议发生后达成协议、自愿将争议交给第三者做出裁决，并自动履行义务的一种解决争议的方式。仲裁必须遵循以下原则。一是自愿原则。解决合同争议是否选择仲裁方式以及选择仲裁机构本身并无强制力。当事人采用仲裁方式解决纠纷，应当贯彻双方自愿的原则，达成仲裁协议。二是公平合理原则。仲裁的公平合理，是仲裁制度的生命力所在。三是仲裁依法独立进行原则。仲裁机构是独立的组织，相互间也无隶属关系。仲裁依法独立进行，不受行政机关、社会团体和个人的干涉。四是一裁终局原则。由于仲裁是当事人基于对仲裁机构的信任做出的选择，因此其裁决是立即生效的。裁决做出后，当事人就同一纠纷再申请仲裁或者向人民法院起诉的，仲裁委员会或者人民法院不予受理。

诉讼是指合同当事人依法请求人民法院行使审判权，审理双方之间发生的合同争议，做出由国家强制力保证其合法权益实现、解决纠纷的审判活动。人民法院审理民事案件，

依照法律规定实行合议、回避、公开审判和两审终审制度。建设工程合同管理绩效是通过建设工程中的每一个人、每一道工序和工作中的每一个细节反映出来的，是全员、全过程、全方位的合同管理所取得的效果，每个人做好建设工程中的每道工序和每个细节，合同管理自然成效卓著、绩效不凡，因此抓住重点、注重细节是建设工程合同管理取得较好绩效的关键，这也是对"细节决定成败"最有力的诠释。

第三节　建设工程合同管理绩效评价指标体系

为了做好建设工程合同管理绩效评价工作，建立一套全面、科学、合理的绩效评价指标体系是关键。绩效评价指标体系的建立必须遵循绩效评价的理论方法，借鉴项目评价的思想理论，结合建设工程合同管理的特点分步骤进行，先建立分部、分项工程（第四层和第三层）合同管理绩效评价指标体系，以后建立更加全面和完整的建设工程合同管理绩效评价体系，再逐渐推广到其他大型建设项目，最终站在国家和整个行业角度进行合同管理绩效评价。

一、评价指标

评价指标就是评价因子或评价项目。在评价过程中人们要对被评价对象的各个方面或各个要素进行评估，指向这些方面或要素的就是评价指标。

1. 指标分类

绩效评价指标有很多分类方式。如对员工个人进行绩效评价，可以按工作业绩、工作能力和工作态度进行评价指标分类；按指标能否被量化，可分为软指标（定性指标）和硬指标（定量指标）；按指标性质可分为特质、行为、结果三类绩效评价指标。由于建设工程合同管理绩效评价是一种组织绩效评价，其指标性质主要根据建设工程合同管理的特点来确定，因此根据指标性质按其能否被量化分为如下两类指标。

（1）软指标（定性指标）

软指标又称定性指标，是主要通过人的主观评价方能得出评价结果的评价指标。一般用专家评价来指代这种主观评价的过程。专家评价就是由评价者对系统做出主观的分析，直接给评价对象进行打分并做出模糊评判，如很好、好、一般、不太好、不好。

（2）硬指标（定量指标）

硬指标又称定量指标，是指以统计数据为基础，以数学手段求得评价结果，并以数量表示评价结果的评价指标。使用硬指标进行绩效评价能够摆脱个人经验和主观意识的影响，具有客观性和可靠性。

软、硬指标各有优缺点，对建设工程合同管理绩效进行评价一般需要将软、硬指标相结合应用，如在对合同管理结果绩效进行评价时，由于存在客观的数据，将主要采用硬指标来进行评价；在对合同管理行为绩效进行评价时，由于评价所依据的数据不够可

靠或者指标量化较困难，将主要采用软指标来进行评价。

2. 指标设置原则

建设工程合同管理绩效评价指标应遵循一定原则分类、分项、分级设置。

全面、系统、完整的原则。合同管理绩效评价设置的指标既要能全面反映建设工程合同管理绩效评价活动的要求，构成一个完整的目标体系，又要能突出重点，因此，多选择用于反映合同管理真实情况、能够分析定量、对提高合同管理效率具有实质性参考作用的内容作为评价指标。

定量、定性分析相结合的原则。评价指标应选择能够定量分析的检查内容，以使评价结论更深刻、准确。因此，评价指标最好是能够量测的，具有可验证性，能够最大限度地减少人为因素的干扰。但考虑到评价合同管理绩效的复杂性，以及我国建设工程合同管理现状造成采集信息和量测困难的事实，也可选择部分定性分析的指标。

简单易懂，内涵明确清晰的原则。由于合同管理绩效评价涉及的范围很广，各类人员的水平良莠不齐，因此指标设置应该简单易懂、内涵明确清晰：第一，指标设置应该以工程合同管理实际工作为基础，简单易懂；第二，应对每一个绩效评价指标规定出明确的含义，使评价者能够轻松理解它的含义，避免不同的评价者对评价指标内容产生不同的理解。

具有可操作性的原则。指标的可操作性主要表现为：第一，能够量测；第二，能够准确反映建设工程合同管理工作的特点，具有针对性；第三，便于采集，并尽可能以最少的指标清楚地反映问题。

3. 确定指标的方法

工作分析法。科学管理必须建立在详尽的分析之上。工作分析是确定完成各项工作所需履行的责任和具备的知识及技能的系统工程。在确定工作的绩效目标之后，通过对工作内容和过程的分析，找出影响绩效目标实现的关键要素。

问卷调查法。这种方法就是根据评价需要，把要调查的内容设计在一张调查表上，写好填表说明和要求，分发给调查对象填写，让被调查者根据个人的知识与经验自行进行选择答案，从而收集和征求不同人员意见的一种方法。

强制选择法。强制选择法就是为了满足某种特定需要，特别设置一种或几种评价指标，以获取某些方面信息的方法，如有关工程建设对第三方造成损失的情况、工程建设对文物保护的影响等。

4. 指标内涵

绩效评价指标一般包括四个构成要素，即指标名称、指标定义、标志和标度。指标名称是指对评价指标的内容做出的总体概括；指标定义是指指标内容的操作性定义，用于揭示评价指标的关键可变特征；绩效评价指标的标志和标度是一一对应的，标志和标度就好比一把尺子上的刻度和规定刻度的标准，实践中往往将二者统称为绩效评价中的评价尺度。选择指标的评价尺度很重要，它直接影响到评价的结果。评价尺度一般分为四种，即量词式、等级式、数量式（离散型和连续型）、定义式。例如，业主可以根据索

赔原因分类和合同预备金率，结合以往经验，预估因合同管理不善带来的各项变更索赔率的区间，将之划分为不同等级，并给每个等级赋予分值，在工程决算之后计算出各种原因的变更索赔率，与评价指标的评价尺度加以对照，就可以得出这项指标的得分。对于合同管理的结果绩效评价，由于我们主要采用硬指标进行分析，所以指标的评价尺度多采用数量式的评价尺度。

二、合同管理绩效评价指标体系——以三峡工程为例

由于影响和体现三峡工程合同管理绩效的因素众多，系统复杂，因此三峡工程合同管理绩效评价是一个多目标、多层次、多因素的决策问题，其指标体系应是对三峡工程合同管理绩效分析与评价的依据和标准，是按隶属关系、层次原则有序组成的集合。因此，对三峡工程合同管理绩效指标体系的建立主要运用层次分析法（AHP法），它是一种有效分析系统结构的方法，完整地体现了系统工程学的系统分析和系统综合思路，即将一个复杂问题看成一个系统，根据系统内部因素之间的隶属关系，将复杂的问题转化为有条理的有序层次，以一个层次递阶图直观反映系统内部因素之间的相互关系，将复杂系统的求解分解为对简单得多的各子系统的求解，然后再逐级地进行综合。

1. 评价目标（或对象）

任何一项绩效评价，首先必须明确评价目标。三峡工程合同管理绩效评价的总目标是评价和分析三峡工程实施合同管理后所取得的效果和作用，查找存在的问题和不足，为将来更好地开展三峡后续工程并推广到其他工程提供借鉴和参考，促使参与工程建设的各方提高管理水平，以促进我国建设工程管理整体水平的提高，为社会创造更多的财富和效益。从业主角度对三峡工程中各个分部、分项工程进行合同管理的绩效评价，抛砖引玉。以后有条件，再按时间、地域和项目类别，站在国家角度或其他方角度（承包商、监理咨询等）分别进行三峡工程合同管理绩效的评价，条件成熟后再进行推广，并对一定时期内全国范围的工程项目合同管理绩效进行评价。

2. 指标体系

（1）定量指标

凡是可以量化的指标应该尽量量化，统一计算规则。下面就一般工程建设项目中的定量指标进行说明，其他定量指标如营利能力、偿债能力等则按国家相关规定计算。成本效果CE，用工程成本降低率表示；工期效果TE，用工期提前率表示；质量效果QE，采用与国家有关工程质量验收标准（规范）的一致性作为量化指标，其计算公式为$QE=1.0/(1.0+d)$，其中QE表示交付的质量，d为交付日缺陷的数目，在完成时出现的缺陷数理论上应该是0，即$QE=1$；安全管理效果SE，用劳动量安全完成率来表示。

（2）定性指标

不能量化的指标，采用德尔菲法，按优、良、中、差四级通过加权平均来计算其数值。其中，优为90～100分，良为75～90分，中为60～75分，差<60分。评价指标体系应遵循定量指标和定性指标相结合的原则。指标的定性分析应建立在大量调查分析的基

础上，采取科学的态度，给予客观深刻的描述，说明事物的性质；指标的定量分析应力求客观、公正、科学和准确，可建立评价指标分析情况表便于评价人员及专家对评价指标的状况有清晰的认识和了解。

3.行为绩效评价指标

（1）合同经营部（三级指标）

合同经营部是工程建设业主进行合同管理的主要部门，也是工程业主合同管理好坏的关键环节，主要负责工程招标文件的编制、承包商信息的收集、评标决标以及合同谈判和澄清工作。

工程招标文件编制评价（四级指标）：招标范围是否明确（六级指标），招标质量、工期是否明确，有无评标标准、方法，是否有廉政承诺等；如有需要，可以在六级指标下再设七级指标，还可以在七级指标下再设八级指标甚至更多，直到满足需要为止；评标标准是否公开、公平、公正，评标方法是否合理、科学，是否存在明示或潜在的风险，是否存在不合理的条款或霸王条款等；承包商（含材料设备供应商和分包商）对招标文件的评价、监理对招标文件的评价、勘察设计单位对招标文件的评价、主管部门对招标文件的评价、其他专业人士对招标文件的评价等。

承包商信息的收集：承包商的资质等级是否符合要求，资质是否年审和过期；承包商及其项目经理近几年的诉讼情况、财务情况、合同违约情况；承包商的技术装备能力、项目经理、管理人员、技术人员资质，承包商自有资金情况，承包商的材料设备的供货渠道，与政府部门、银行保险的沟通与协调能力等。

评标决标以及合同谈判和澄清工作：评标专家选择和科学性、公正性；评标细则的完备性；评标过程的公正性、保密性；评标报告的准确性、公正性；主要材料、机械和人工费报价的合理性；决标管理；合同澄清；中标候选单位的确定；合同谈判；中标通知书的发放；等等。

（2）合同管理部

工程业主的合同管理部主要负责工程建设中日常的合同管理工作，是工程合同管理的主要承担部门，主要包括现场合同管理人员的工作能力和技能、合同管理人员的责任意识、对合同争议的超前分析和预测、合同争议的处理与应变能力、合同管理信息系统的水平和反应机制、对工程项目管理部门履行合同责任的监控和协调等。

合同管理人员的工作能力和技能：工作积极性、敬业精神与上进心、沟通能力等；专业知识，对工作的熟悉、熟练程度；学历、职称、是否有相关资质、操作技能和水平、培训时间，培训科目。

合同管理人员的责任意识：熟悉相关专业知识，制定合同管理工作计划，理解招投标文件，熟悉相关法律法规；熟悉理解合同条款，现场检查与抽查，发现、处理各种合同问题和纠纷。

对合同争议的超前分析和预测：对合同条款的分析、合同风险的判断和预测、制定各种合同争议解决预案等；争议主体分析、争议标底分析、争议责任分析、争议后果分析。

合同争议的处理与应变能力：合同双方协商、监理工程协助协商、业主协助协商等；监理工程师调解、业主调解、行政管理部门调解、法院仲裁机关调解；行政仲裁、第三方仲裁、司法仲裁、国外仲裁机关仲裁；诉讼主体分析与判断、诉讼标底分析、诉讼程序分析、诉讼成本分析。

合同管理信息系统的水平和反应机制：是否有完整的合同管理信息库、信息的采集与更新、信息真伪判别、信息分类与归档；合同管理信息利用，即信息的输入与输出、信息利用频率与强度。

对工程项目管理部门履行合同责任的监控和协调：对承包商在施工过程实施质量监督、进度控制、成本核算、安全保护措施监督、文明施工和环境保护监督；对承包商及时足额支付工人工资进行监督；与周围居民和住户协调，与周围村镇或居委会协调，与上级主管部门协调，与分包商、材料设备供应商协调，与工商、税务、质检、商检、劳动监查等部门协调。

（3）领导层

工程业主的领导层是对合同管理影响最大的部门。如果工程业主的领导层不能从战略高度分析和认识合同管理对工程项目建设的重要意义，缺乏对合同管理职能的重视，则该工程项目建设一定会波折丛生。

领导成员的合同管理意识：主要领导的合同管理意识、分管领导的合同管理意识。

领导成员的合同管理决策水平：领导成员的业务水平，即学历、职称、专业技能，工作的熟悉程度，专业知识的深度和广度等；领导成员的进取精神，即风险意识、忧患意识、冒险精神等。

领导成员合同管理对外协调能力：对工商部门的协调能力、对税务部门的协调能力、对建设主管部门的协调能力、对海关的协调能力、对检验检疫部门的协调能力、对交通管理部门的协调能力、对质检部门的协调能力、对检测部门的协调能力、对卫生部门的协调能力、对环境保护部门的协调能力、对工程所在地政府的协调能力等；对承包商的协调能力、对分包商的协调能力、对监理单位的协调能力、对勘察设计单位的协调能力、对材料设备供应单位的协调能力、对金融保险单位的协调能力、对工程所在地拆迁居民的协调能力、对咨询专家的协调能力等。

（4）工程管理部

项目管理人员的合同管理意识：是否有专职合同管理人员、合同评价是否公正、是否有明示或隐含的合同风险、合同文本是否规范等；是否有专职合同管理部门、合同的执行情况评价、合同纠纷的防范与处理、合同变更与索赔管理等。

履行合同的技术水平和组织管理水平：合同管理人员的专业知识与技能、合同管理人员的工作经验评价、对合同纠纷的处理、合同风险的防范与转移、合同文本的领会与解读等；是否有专职合同管理人员或部门、合同履行的日常记录、合同执行情况的分析与评价、合同纠纷的防范与处理、合同变更与索赔管理等。

对合同争议的预测和处理预案决策水平：合同文本分析、合同争议原因分析、是否

有明确合同争议解决预案、合同文本中是否有隐含或明示的风险等；合同争议处理方式的选择、合同争议的协商解决、合同争议的调解解决、合同争议的仲裁解决、合同争议的诉讼解决、合同争议处理结果分析、合同争议警示分析等。

履行过程中的违约防范能力：合同管理人员日常记录与检查、合同风险的预测与防范、风险预案处理等；风险转移给承包商（或分包商）、风险转移给银行、购买保险、预提风险准备金、预备费的使用与管理、风险的处理与评价、准备合同变更与索赔谈判等。

（5）组织结构与制度

决策层、合同管理部门与合同履行部门等组织结构设置的合理性：决策层是否有专职分管合同管理的人员，合同管理部门的职责与职权，专职合同管理人员的人数、专业技能和水平是否合理等；合同管理人员或部门运作模式、合同管理例会的举行和记录、合同管理台账和日记管理、合同纠纷的处理程序、合同变更的程序、索赔程序等。

合同管理部门与工程项目管理部门之间的协调机制：项目中是否有专职合同管理人员、项目使用合同选择与评价、项目中合同风险的预测与处理，合同管理例会制度等；是否有应急预案，应急预案的科学性、合理性、可操作性分析与评价，应急预案的启动与实施等。

合同管理规定制度的科学性：合同范本选择的科学性、合同制定程序的科学性、合同管理制度的完整性、合同管理制度的可操作性、合同管理制度的前瞻性、合同管理制度的权威性、合同风险预测的准确性等。

合同管理工作程序的合理性：合同条款的合理性分析与评价，合同变更程序的严肃性、合规性，现场合同管理工作的合规性、合理性，合同索赔程序的严肃性、合规性、合理性，合同风险处理的合规性、合理性。

4. 结果绩效评价指标

（1）工程质量目标

"百年大计，质量第一"，任何工程项目建设，应将完成其质量目标放在第一重要的位置。

工程建设项目综合质量水平：生产班组自检、技术人员检查、质检人员检查、公司管理人员抽查等；监理员检查、现场监理工程师检查、总监抽查；业主现场代表检查、业主技术人员或管理人员检查、业主总工程师办公室或总监理工程师办公室抽查；质量监督站检查、质量检测站检查、安全管理站检查、审计部门（投资审计）检查等。

工程项目各子项目和各专业项目的质量水平：基础工程、主体工程、楼地面工程、屋面工程、装饰装修工程、水电设备安装与调试工程等；路基工程、路面工程、路边排水工程、挡墙与护坡工程、路边绿化与照明工程等；桥梁基础工程、桥墩与桥柱工程、结构工程（根据具体的桥型确定）、桥面车行道工程、桥面人行道工程、照明与景观工程、引桥与匝道工程、绿化工程等；土石方工程、引水工程、排水工程、截流工程、围堰工程、坝体工程、电站厂房及附属房屋工程；植被清除工程、土方开挖、石方爆破与开挖、土方运输与回填等；工作面开挖、爆破与除疮、模板工程、钢筋绑扎与焊接、锚杆与支护、

衬砌工程（或二次衬砌）、路面工程、通风与照明工程、排水工程、装饰装修工程。每一个工程项目，按照工程项目评价中对各个分部分项工程的分类来评价其质量水平，如果有必要，可以细分到评价每一个工序的质量水平。

质量问题合同争议的处理效果：总包商、分包商、材料设备供应商、指定分包商、建筑工人、项目管理人员、合同管理人员等；当事的勘察设计单位、非当事的勘察设计单位、勘察设计的承担者、非勘察设计的承担者等；业主领导层、现场业主代表、项目管理人员、合同管理人员、业主方非项目管理人员等；现场监理人员、现场监理工程师、总监理工程师等；质量监督站检查人员、质量检测站检查人员、安全管理站检查人员、各级审计部门（投资审计）检查人员、建设局或地方建设委员会相关部门的工作人员等；专业人员、非专业人员。

质量事故预测预防效果：对人为因素影响导致的质量事故的预测、对非人为因素（不可抗力）影响导致的质量事故的预测等；质量事故防治的经济效果、质量事故防治的政治效果、质量事故防治的社会效果等。

质量事故处理效果：减少损失金额，减少损失率；减少对后续工程质量、进度、成本、安全、资质、信誉等方面的影响；业主满意度、监理满意度、勘察设计单位满意度、政府主管部门满意度、政府监督部门满意度、社会公众满意度、施工单位满意度、材料设备供应单位满意度等。

（2）工程进度目标

工程项目建设总工期的控制效果：目标工期的合理性分析，按目标工期完成的难易程度调查，目标工期对成本的影响程度；实际工期与目标工期的差异性分析，实际工期与目标工期的匹配性分析。

各子项目工程进度控制的效果：基础工程进度控制的效果、主体工程进度控制的效果、楼地面工程进度控制的效果、屋面工程进度控制的效果、装饰装修工程进度控制的效果、水电设备安装与调试工程进度控制的效果等；路基工程进度控制的效果、路面工程进度控制的效果、路边排水工程进度控制的效果、挡墙与护坡工程进度控制的效果、路边绿化与照明工程进度控制的效果等；桥梁基础工程进度控制的效果、桥墩与桥柱工程进度控制的效果、桥面车行道工程进度控制的效果、结构工程进度控制的效果、桥面人行道工程进度控制的效果、照明与景观工程进度控制的效果、引桥与匝道工程进度控制的效果、绿化工程进度控制的效果等；土石方工程进度控制的效果、引水工程进度控制的效果、排水工程进度控制的效果、截流工程进度控制的效果、围堰工程进度控制的效果、坝体工程进度控制的效果、电站厂房及附属房屋工程进度控制的效果；植被清除工程进度控制的效果、土方开挖进度控制的效果、石方爆破与开挖进度控制的效果、土方运输与回填进度控制的效果等；工作面开挖进度控制的效果、爆破与除渣进度控制的效果、模板工程进度控制的效果、钢筋绑扎与焊接进度控制的效果、锚杆与支护进度控制的效果、衬砌工程（或二次衬砌）进度控制的效果、路面工程进度控制的效果、通风与照明工程进度控制的效果、排水工程进度控制的效果。

工期延误的预测预防效果：对人为因素影响导致的工期延误事故的预测，对非人为因素（不可抗力）影响导致的工期延误事故的预测等；工期延误事故防治的经济效果，工期延误事故防治的政治效果，工期延误事故防治的社会效果等。

工期延误的处理和协调效果：减少损失金额，减少损失率；减少对后续工程质量、进度、成本、安全、资质、信誉等方面的影响；业主满意度、监理满意度、勘察设计单位满意度、政府主管部门满意度、政府监督部门满意度、社会公众满意度、施工单位满意度、材料设备供应单位满意度等。

（3）工程投资控制目标

工程项目的总投资控制水平：目标成本的合理性分析，按目标成本完成的难易程度调查，目标成本对工期或质量的影响程度；实际成本与目标成本的差异性分析，实际成本与目标成本的匹配性分析。

各子项目及专业项目的投资控制水平：基础工程成本控制效果、主体工程成本控制效果、楼地面工程成本控制效果、屋面工程成本控制的效果、装饰装修工程成本控制的效果、水电设备安装与调试工程成本控制的效果等；路基工程成本控制的效果、路面工程成本控制的效果、路边排水工程成本控制的效果、挡墙与护坡工程成本控制的效果、路边绿化与照明工程成本控制的效果等；桥梁基础工程成本控制的效果、桥墩与桥柱工程成本控制的效果、桥面车行道工程成本控制的效果、结构工程成本控制的效果、桥面人行道工程成本控制的效果、照明与景观工程成本控制的效果、引桥与匝道工程成本控制的效果、绿化工程成本控制的效果等；土石方工程成本控制的效果、引水工程成本控制的效果、排水工程成本控制的效果、截流工程成本控制的效果、围堰工程成本控制的效果、坝体工程成本控制的效果、电站厂房及附属房屋工程成本控制的效果；植被清除工程成本控制的效果、土方开挖成本控制的效果、石方爆破与开挖成本控制的效果、土方运输与回填成本控制的效果等；工作面开挖成本控制的效果、爆破与除渣成本控制的效果、模板工程成本控制的效果、钢筋绑扎与焊接成本控制的效果、锚杆与支护成本控制的效果、衬砌工程（或二次衬砌）成本控制的效果、路面工程成本控制的效果、通风与照明工程成本控制的效果、排水工程成本控制的效果。

工程款支付与结算控制的合理性和有效性：工程款支付程序的规范性、合理性，即工程款支付对承包商的影响、工程款支付对分包商的影响、工程款支付对工人的影响、工程款支付对社会和谐与稳定的影响、工程款支付对银行的影响、工程款支付对业主的影响、工程款支付对其他相关单位的影响；工程款结算程序的规范性、合理性，即工程款结算对承包商的影响、工程款结算对分包商的影响、工程款结算对工人的影响、工程款结算对社会和谐与稳定的影响、工程款结算对银行的影响、工程款结算对业主的影响、工程款结算对其他相关单位的影响等。

分项工程投资超限的处理和协调效果：投资超限的原因分析、投资超限的结果分析、投资超限的补救方案与措施分析、投资超限的资金来源的可能性与可靠性分析、投资超限其他分项工程的影响分析；与承包商的协调、与后续分项工程的协调、与勘察设计单

位的协调、与业务主管部门的协调、与投资审计部门的协调、与董事会或股东代表大会的协调、与政府部门的协调、与银行的协调、与保险公司的协调、与其他相关各方的协调等；业主满意度、监理满意度、勘察设计单位满意度、政府主管部门满意度、政府监督部门满意度、社会公众满意度、施工单位满意度、材料设备供应单位满意度等。

（4）工程变更处理

工程变更的预测水平：人工费变更的预测、材料费变更的预测、机械使用费变更的预测、临时性工程变更的预测、不可抗力（自然因素造成）变更的预测、国家政策造成变更的预测、技术造成变更的预测、管理造成变更的预测、选择承包商不当造成变更的预测、业主自身（有正当理由）造成变更的预测、业主贪污受贿（非正当理由）造成变更的预测、监理工程师造成变更的预测、承包商造成变更的预测、分包商造成变更的预测、其他原因造成变更的预测；人工费变更率的预测与分析、材料费变更率的预测、机械使用费变更率的预测、临时性工程变更率的预测、不可抗力（自然因素造成）变更金额预测、国家政策造成变更金额的预测、技术造成变更金额的预测、管理造成变更金额的预测、选择承包商不当造成变更费用的预测、业主自身（有正当理由）造成变更费用的预测、业主贪污受贿（非正当理由）造成变更费用的预测、监理工程师造成变更费用的预测、承包商造成变更费用的预测、分包商造成变更费用的预测、其他原因造成变更费用的预测。

工程变更责任划分的合理性：领导层决策不当的责任、中层管理层决策不当的责任、操作层管理不当的责任、工作层管理不当的责任；地质情况不明造成的工程变更、勘察设计单位疏忽造成的工程变更、地形情况不明造成的工程变更、地下水情况不明造成的工程变更、国家政策（技术规范、标准）变化造成的工程变更、出借勘察设计资质造成的变更、越级进行勘察设计造成的变更；承包商领导层决策不当的责任、承包商中层管理层决策不当的责任、承包商操作层管理不当的责任、承包商工作层管理不当的责任、分包商责任、材料设备供应商责任；监理单位领导层决策不当的责任、总监决策不当的责任、现场监理工程师管理不当的责任、现场监理人员管理不当的责任、监理单位或个人贪污受贿造成的责任；银行不及时放贷、保险公司不及时理赔、政府部门不及时办理相关手续、质监部门不履行监督职能、投资审计部门不了解工地现场实际情况等。

分项工程变更导致投资超限的处理和协调效果：分项工程变更导致投资超限的原因分析、分项工程变更导致投资超限的结果分析、分项工程变更导致投资超限的补救方案与措施分析、分项工程变更导致投资超限的资金来源的可能性与可靠性分析、分项工程变更导致投资超限的对其他分项工程的影响分析；分项工程变更导致与承包商的协调、分项工程变更导致与后续分项工程的协调、分项工程变更导致与勘察设计单位的协调、分项工程变更导致与业务主管部门的协调、分项工程变更导致与投资审计部门的协调、分项工程变更导致与董事会或股东代表大会的协调、分项工程变更导致与政府部门的协调、分项工程变更导致与银行的协调、分项工程变更导致与保险公司的协调、分项工程变更导致与其他相关各方的协调等；业主满意度、监理满意度、勘察设计单位满意度、

政府主管部门满意度、政府监督部门满意度、社会公众满意度、施工单位满意度、材料设备供应单位满意度等。

承包方的工程变更经济责任的追究效果：合同变更费用补偿成功率、申请合同变更份数、合同变更成功份数、合同变更成功百分比、合同变更金额、合同变更成功补偿金额、合同变更金额占投资总额的百分比、合同变更成功补偿金额占投资总额的百分比、合同变更金额成功金额占申请合同变更总额的百分比；分包商合同变更费用补偿成功率、分包商申请合同变更份数、分包商合同变更成功份数、分包商合同变更成功百分比、分包商合同变更金额、分包商合同变更成功补偿金额、分包商合同变更金额占投资总额的百分比、分包商合同变更成功补偿金额占投资总额的百分比、分包商合同变更金额成功金额占申请合同变更总额的百分比等。

（5）工程索赔处理

索赔预测预防水平：人工费索赔的预测、材料费索赔的预测、机械使用费索赔的预测、临时性工程索赔的预测、不可抗力（自然因素造成）索赔的预测、国家政策造成索赔的预测、技术造成索赔的预测、管理造成索赔的预测、选择承包商不当造成索赔的预测、业主自身（有正当理由）造成索赔的预测、业主贪污受贿（非正当理由）造成索赔的预测、监理工程师造成索赔的预测、承包商造成索赔的预测、分包商造成索赔的预测、其他原因造成索赔的预测；人工费索赔率的预测与分析、材料费索赔率的预测、机械使用费索赔率的预测、临时性工程索赔率的预测、不可抗力（自然因素造成）索赔金额预测、国家政策造成索赔金额的预测、技术造成索赔金额的预测、管理造成索赔金额的预测、选择承包商不当造成索赔费用的预测、业主自身（有正当理由）造成索赔费用的预测、业主贪污受贿（非正当理由）造成索赔费用的预测、监理工程师造成索赔费用的预测、承包商造成索赔费用的预测、分包商造成索赔费用的预测、其他原因造成索赔费用的预测。

索赔争议的协调效果和处理效果：索赔导致投资超限的原因分析、索赔导致投资超限的结果分析、索赔导致投资超限的补救方案与措施分析、索赔导致投资超限的资金来源的可能性与可靠性分析、索赔导致投资超限的对其他分项工程的影响分析；索赔导致与承包商的协调、索赔导致与后续分项工程的协调、索赔导致与勘察设计单位的协调、索赔导致与业务主管部门的协调、索赔导致与投资审计部门的协调、索赔导致与董事会或股东代表大会的协调、索赔导致与政府部门的协调、索赔导致与银行的协调、索赔导致与保险公司的协调、索赔导致与其他相关各方的协调等；业主满意度、监理满意度、勘察设计单位满意度、政府主管部门满意度、政府监督部门满意度、社会公众满意度、施工单位满意度、材料设备供应单位满意度等。

反索赔水平和反索赔效果：业主合同变更费用补偿成功率、业主申请合同变更份数、业主合同变更成功份数、业主合同变更成功百分比、业主合同变更金额、业主合同变更成功补偿金额、业主合同变更金额占投资总额的百分比、业主合同变更成功补偿金额占投资总额的百分比、业主合同变更金额成功金额占申请合同变更总额的百分比。

支付的索赔金额占合同价的比例：合同索赔费用补偿成功率、申请合同索赔份数、

合同索赔成功份数、合同索赔成功百分比、合同索赔金额、合同索赔成功补偿金额、合同索赔金额占投资总额的百分比、合同索赔成功补偿金额占投资总额的百分比、合同索赔金额成功金额占申请合同索赔总额的百分比；合同索赔费用补偿成功率、申请合同索赔份数、合同索赔成功份数、合同索赔成功百分比、合同索赔金额、合同索赔成功补偿金额、合同索赔金额占投资总额的百分比、合同索赔成功补偿金额占投资总额的百分比、合同索赔金额成功金额占申请合同索赔总额的百分比；业主方管理人员、业主方技术人员；施工方管理人员、施工方技术人员、施工方操作工人；监理方管理人员和工作人员；第三方人员。

支付索赔金额占索赔总金额的比例：合同索赔成功额、合同索赔成功补偿金额占投资总额的百分比、合同索赔金额成功金额占申请合同索赔总额的百分比；合同索赔成功额、合同索赔成功补偿金额占投资总额的百分比、合同索赔金额成功金额占申请合同索赔总额的百分比；合同索赔成功额、合同索赔成功补偿金额占投资总额的百分比、合同索赔金额成功金额占申请合同索赔总额的百分比。

由于建设工程的种类太多，工程项目千变万化，涉及的合同种类、内容也过于复杂，正所谓"世界上没有两个完全相同的工程项目"，每个工程项目都有其自身的特点，因此在合同管理绩效的评价与分析中，各个评价指标都必须根据具体的工程项目特点来确定，不可能完全按照已经列举的评价指标和固有的模式来照搬照套，更不可能千篇一律，应该根据具体工程项目的特点，对每一个表现和影响建设工程合同管理绩效的因素进行系统分析和合理综合，为每一个建设项目建立合同管理绩效评价的指标体系。

根据以上论述内容，现对建设工程项目合同管理绩效评价指标的内容归纳：一般情况下，合同管理绩效评价三级及三级以上指标应该保持基本一致，三级以下的评价指标根据需要自行确定和选用。

三、指标权重

权重是用来表示各绩效指标相对重要性的百分比。权重有助于表明组织各项工作的相对重要性，以便将有限的资源优先分配给那些比较重要的工作。

确定权重的方法有专家定权法、历史资料法、数据分析法等。专家定权法是由相应的行业和领域内造诣较深的专家依据自己积累的经验确定权重；历史资料法是根据历史资料的记载，按每种指标调查结果的重要程度赋以相应的权重。数据分析法是从实际数据出发来确定权重，具体包括层次分析法、平均赋值法、主成分法、因子分析法等。

对评价合同管理绩效的指标两两相互比较之后得出重要度，宜根据历史资料或专家经验来确定。工程环境、合同管理目标侧重点不同，根据 1 ~ 9 标度法得出的指标重要度就有差异。各指标相互比较得出的重要度应建立在不同类型、等级的大量工程建设的历史资料的统计和分析基础之上。

第四节　建设工程合同管理绩效评价模型

建设工程合同管理绩效评价是为了检验和提高建设工程的合同管理效率而进行的一项重要的举措，主要运用管理学、经济学、系统工程、合同管理、绩效评价等的相关理论和方法，利用一定的指标体系及评价标准，为实现建设工程所特定的绩效目标，建立一套与评价目标和要求相对应的数学模型，运用相关的知识和方法对模型进行分析、求解和优化的综合性评价手段。由于建设工程合同管理绩效评价涉及的范围广、对象多、人员杂，需要经历一个长期而艰苦的过程，从绩效评价的资料收集开始，结合各个工程项目合同管理的特点，采取问卷调查和抽样分析的方法，选取具有代表性、典型性的建设工程合同管理样本，建立评价模型，最后运用相关技术手段和方法进行评价。下面主要以建设移民工程（部分）合同管理绩效评价为例进行说明。

一、原始资料收集

原始资料的收集是做好三峡移民工程合同管理绩效评价的基础，是衡量绩效评价成败的关键因素，对合同管理绩效进行评价，需要明确的事实依据作为支撑。由于与合同管理绩效相关的数据非常多，各数据的有用性和有效性并不相同，收集信息时应围绕绩效目标，防止收集工作的盲目性，根据评估目的和所选择的评估视角对所收集的信息加以筛选、核实、鉴定，进行合理化处理。

1. 问卷调查

问卷调查实质上是一种书面形式的谈话调查，它是通过让被调查者续写问卷表的形式进行的。由于问卷不像谈话那样可由面访者对被调查者当面解释含糊不清之处或改正曲解之处，所以问卷的措辞必须特别准确、清楚。调查者对每一个问题答案必须在调查前进行充分周密的估计，使问卷具有省时、省力、省费用和匿名性，被调查者的回答比较客观，但是如果问题设计得不好会影响调查的效果。调查对象可以是业主、承包商、设计人员和监理等。对于不同的对象设计不同的问卷题目，以便与不同的评价标准相比较。

（1）问卷题目的设计

首先，把调查的内容向被调查者表达清楚，使被调查者愿意和易于回答，并方便调查结果的利用。其次，询问方式和所提问题要有代表性和针对性，既要考虑调查目的要求，主题明确，又要注意被调查者的特点，包括其阶层、职业、身份、文化水平等。再次，要正确反映人们的主观看法和满意程度以及各种属类的划分界限，以便更好地运用主观指标的模糊特性进行各类数据处理。

（2）问卷内容

问卷内容应该根据调查目标和调查对象，结合具体工程项目确定。组织文化调查时

可设计以下问题：组织人员对合同内容的了解程度，领导层对合同管理的重视程度，违反合同规定处理工作的情况，不同层次合同管理人员对合同管理意义的认同性。调查组织结构与组织制度时可设计以下问题：组织制度的贯彻力度，组织制度中职责分配是否清晰，组织制度对管理人员能够产生的激励作用和约束作用，工作任务的分解和分工是否合理，上下级之间信息传递的准确性与及时性。调查信息管理时可设计以下问题：信息的记录与保存，信息的传递方式及其有效性，信息的收集与筛选，数据和资料的标准化等。

（3）问卷结果的分析

调查问卷回收以后，要对调查资料进行分析和研究，主要包括鉴别整理资料和进行统计分析两个步骤。鉴别整理资料，就是对回收的问卷进行全面的审核和整理；进行统计分析，就是运用统计学的原理和方法分析调查资料，制作统计表或统计图，最后撰写调查报告，汇报调查成果。

2. 抽样调查

抽样调查指从研究对象的全部单位中抽取一部分单位进行考察和分析，并用这部分单位的数量特征去推断总体的数量特征的一种调查。三峡移民工程合同管理的内容与范围极其广泛，不可能也没有必要全部进行调查，必须采用抽样调查的方式进行，根据合同管理绩效评价的任务、目标、内容采用不同的抽样方法是确保抽样调查准确、科学的重要前提。在建设工程合同管理绩效评价中，常用的抽样调查方法有以下几种。

（1）简单随机抽样法

简单随机抽样法，即从总体中抽取的每个可能样本均有同等被抽中的概率。这种抽样方法简单，误差分析较容易，但是需要样本容量较多，适用于各个体之间差异较小的情况，是建设工程合同管理中运用最广的一种抽样调查方法，如检查工人的工资是否及时或足额到位、建筑材料是否合格等。

（2）系统抽样法

系统抽样法是从随机点开始在总体中按照一定的间隔（"每隔第几"的方式）抽取样本的一种方法。系统抽样的特点是抽样样本分布比较好，有好的理论，总体估计值容易计算，如对某一类型工程进行质量检查时可采用系统抽样的方法。

（3）分层抽样法

分层抽样法根据某些特定的特征，将总体分为同质、不相互重叠的若干层，再从各层中独立抽取样本，是一种不等概率抽样。分层抽样利用辅助信息分层，各层内应该同质，各层间差异应尽可能大，以提高样本的代表性、总体估计值的精度和抽样方案的效率，抽样的操作、管理比较方便。不足之处是抽样较复杂，费用较高，误差分析也较为复杂，适用于母体复杂、个体之间差异较大、数量较多的情况。如需要对大型建设工程（如三峡工程、南水北调等）质量进行调查就可运用分层抽样。

（4）整群抽样法

整群抽样法是将总体按照自然分群或按照需要分群，随机选择群体作为抽样样本，

调查样本群中的所有单元的一种方法。整群抽样样本比较集中，可以降低调查费用。如把桥梁分为特大桥、大桥、中桥、小桥等；在进行大型水库工期索赔管理调查中，可以采用整群抽样方法，按自然因素、业主因素、承包商原因和其他原因等分类。其优点是组织简单，实施方便，节省经费；缺点是往往由于不同群之间的差异较大，由此而引起的抽样误差往往大于简单随机抽样，易造成样本代表性差。

（5）多阶段抽样法

多阶段抽样法是采取两个或多个连续阶段抽取样本的一种不等概率抽样方法。按阶段抽样的单元是分级的，每个阶段的抽样单元在结构上不同。多阶段抽样的样本分布集中，能够节省时间和经费。如需要了解三峡工程移民搬迁进度、移民工程建设质量、库周交通恢复情况等均可用此方法。多阶段抽样调查的组织复杂，总体估计值计算复杂。

3. 工程量量测法

三峡移民工程包括农村移民安置、城（集）镇迁建、工矿企业迁建、专业项目复建、环境保护、滑坡治理、库底清理等类别，每一个类别又是由众多的移民工程项目组成的。为了评价一个县移民工程进度是否符合所签订的合同管理要求，就必须对不同类别的各个移民工程项目完成量进行量测，逐级（村组、乡镇、县区）计算一个区域中各移民工程"包干"大类的工程完成量，才能进行综合进度评价，才能进行移民工程合同管理绩效评价。

（1）移民工程项目实物量量测法

移民工程项目实物量量测法，即综合应用工程设计图、监理计量鉴证和现场勘估等手段，量测工程完成量、形象进度、剩余工程量，核算投资完成额或投资需要额。这种方法在农村移民安置、城镇迁建、工矿企业迁建、专业项目复建、滑坡治理等几类工程的移民工程合同管理绩效评价中都可以使用。移民工程项目实物量分为绝对指标和相对指标。

实物量绝对指标是指在具体时间和地点条件下，从数量上综合说明工程实体的规模及其特征，一般由指标名称、指标计量单位和指标数值三个要素组成。移民工程建设中涉及的实物量指标有很多，主要有：农村移民安置，主要测量移民生产安置人口，搬迁安置人口，移民开发、改造、整治、调整的土地面积，移民安置挂钩面积，居民点基础设施项目建设进度，库周交通复建项目进度等；城镇迁建，主要测量已完成征地面积，房屋建设面积，道路、桥梁、供水、供电、场平等基础设施实物完成量，道路工程标准和规模，移民搬迁安置人口等；工矿企业迁建，主要测量征地面积、房屋设施完建数量、设备安装数量；移民搬迁安置人口专业项目复建，主要测量公路桥梁、输电线路、通信线路、防护工程的实物完成量等；滑坡治理，主要测量工程实物完成量等。

实物量相对指标亦称实物量相对数，用以说明移民工程实体的建设程度（进度）、对比关系、结构质量、建设强度等，是指移民工程实物完成量与移民规划任务、移民计划任务、移民工程项目设计任务完成量的比值。实物量相对指标按不同作用分为进度相对指标、结构相对指标、结构完成程度指标、强度相对指标。在移民工程合同管理绩效评

价中，主要使用相对指标，通常用百分数表示，计算公式如下：进度相对指标＝移民工程实物量完成指标÷移民规划任务指标或移民计划任务指标×100%，其中移民工程实物完成量指标指使用移民资金完成的实物量。量测方法一般采用凭证实物量法、调查实物量法和统计实物量法。凭证实物量法，是指从移民工程项目、移民安置项目建设的原始凭证中获取项目实物完成量的方法。项目建设单位应按项目建设原始凭证进行填报。合同管理绩效评价人员以查阅原始凭证为主，辅以实地量测，对填报的项目实物完成量进行复核测试。调查实物量法，是指通过对移民工程项目、移民安置项目进行实地勘查、丈量等，获取移民工程项目实物完成量的方法，这种方法一般适用于合同管理绩效评价人员对填报的项目实物完成量进行的复核测试，主要针对相关单位填报的项目实物完成量不可靠、原始凭证不完备以及移民工程中的一些关键性、控制性项目。统计实物量法，是指将移民工程项目中类别相同的项目实物完成量算术求和的方法，如城（集）镇房屋科目实物完成量是将城（集）镇各个单位、各户居民完建房屋面积求和而得。

（2）区域或大类移民工程实物完成量量测

区域性移民工程实物完成量反映各县、市、区移民工程综合完成进度，是多个类别、多个项目、多种建设状态、多种量纲组合的完成量，其量测是移民工程管理的难点。为了客观、科学量测各县、市、区移民工程综合进度，经过不断探索和研究，在三峡移民工程合同管理绩效评价工作中提出了"有效实物量"概念。

移民工程有效实物量，是指将移民工程项目实际完成的实物量核算变换为与移民迁建规划同度量单位的实物量。根据移民工程建设状态不同，移民工程分完建工程和在建工程进行量测。对完建工程，其有效实物量是通过剔除法获得的，即将实际完成工程量扣减移民工程质量不合格实物量、不合规实物量、扩大规模形成的实物量以及自筹资金扩大规模部分的实物量后的实物量。质量不合格实物量一般是指该工程项目因存在重大质量问题或未达到国家有关质量标准、无法正常使用的实物量，例如房屋基础（房屋建设分部工程的第一道工序）质量不合格，使房屋发生倾斜，需要拆除的，其房屋是质量不合格实物量。不合规实物量是指用移民资金建设的非移民工程项目的实物量，如移民规划任务以外增加的项目，擅自变更移民规划增加的实物量。扩大规模形成的实物量是指超过移民补偿标准和规模的实物量，这部分实物量是由有关单位自行筹资解决的，不应计入移民有效实物量之中。例如，某县城完建水厂规模 40 000t/d，而移民补偿投资规模为 20 000t/d，超出的 20 000t/d 不能计入该移民项目的有效实物量中。又如，某单位移民补偿复建房屋面积 2000 平方米，实际完成 4000 平方米，扩大规模形成的 2000 平方米实物量不能计入移民工程有效实物量之中。

对在建工程，因其建设完成状态差异，其有效实物量要通过折算法获得。由于项目工程实物完成量难以直接用于定量地反映在建移民工程复建项目完成程度及其数量特征，且与其他移民工程复建项目量不同，与其他完建项目实物量指标不能汇总或加权求和，需要将在建项目完成量折算成与移民复建相同量纲的数量指标，即所谓的在建工程有效实物完成量，也可称为在建工程约当完成量。例如，在建房屋 1000 平方米，目前正进行

基础或者主体结构建设，如确定该项目为有效实物量，在建工程约当完成量计算公式如下：在建工程约当完成量＝在建工程完成投资规模×折算系数，式中折算系数主要采用数理统计法、直接计算法求得。数理统计法是通过分类收集三峡库区有关完建项目竣工决算资料，求出区域各类完建项目各分部工程量占项目工程总量的比例，经过整编、分类、分区域制成在建工程项目比例系数表——折算系数表。此方法适用于农村移民开发土地在建房屋、在建公路和在建城镇道路项目。直接计算法，适用于大型桥梁、港口码头、给水工程等项目，其折算系数是依据在建项目的设计概（预）算或合同价款，计算各项目组成部分占在建项目总投资的比例求得的。

折算系数计算公式如下：折算系数＝（在建项目完成移民投资额÷项目移民总投资）×100%。

在量测并确认移民项目工程完建实物量和在建实物完成量的基础上，采用递阶方式，运用进度权重系数逐级计算得到区域移民工程实物完成量。计算步骤如下：对移民工程完建项目实物量和在建项目实物完成量进行量测、验证确认；将在建项目实物完成量，利用"折算系数"折算成在建项目完成约当实物完成量；将移民工程完建项目实物完成量折算成移民有效实物量；将项目有效实物完成量，利用"项目进度权重系数"加权求和，计算移民工程小类的实物完成量；将科目实物完成量，利用"科目进度权重系数"加权求和，计算上一级科目实物，完成量；将移民工程大类实物完成量，利用"大类进度权重系数"加权求和，计算县（区、市）移民工程实物完成量。

4. 审阅法和复核法

（1）审阅法

通过查阅"三峡工程合同管理绩效评价调查表"及其填报依据，如凭证、账目、报表及各种记录、文书和文件等，检查其填报是否真实、业务处理是否合法、取证是否恰当等。在各类移民项目中，需审阅的资料文件有：农村移民安置，要查阅政策文件、安置合同、土地验收单、记账凭证；城（集）镇迁建，要查阅规定、标准、合同以及各种基础设施建设、住房建设、征地搬迁、财务会计凭证和统计资料；工矿企业迁建，要查阅政策规定、复建合同、企业关停并转和一次销号及职工安置凭证以及竣工工程验收单；专业项目复建，需要查阅招投标合同、设计文件及工程预、决算单等；滑坡治理，需要查阅审批手续、勘测设计文件及实施过程中的各种记录、验收文件等；预备费使用，需要查阅预备费支出文件、相关费用使用、各种账务处理等。

（2）复核法

用于复核三峡移民工程合同管理绩效评价调查表和其他书面文件的内在联系是否正确、妥当，主要包括原始凭证复核、日记账复核、明细账复核、总分类账复核、会计报表复核、移民台账统计资料复核等，也适用于各类移民工程中涉及的资金入账的项目、项目管理以及有明确统计资料的项目，具体如下：农村移民安置需要复核土地开垦费用、土地的验收单和搬迁安置费的发放等；城镇迁建需要复核各种补偿费用的发放单据、搬迁费用的发放、统一建房的验收单等；工矿企业迁建需要复核补偿费用的发放、迁建工

程的验收等；专业项目复建需要复核各项工程的入账是否正确等；预备费需要复核预备费的支出凭证和依据之间是否一致。

5. 查询法和取证法

（1）查询法

查询法也称询问法，是指合同管理绩效评价人员向相关单位经办人员或外部有关单位进行口头或书面询问，了解书面材料未能详尽提供的信息以及书面资料本身存在的问题，以查清事实真相的取证方法。其实质是利用口头或书面的形式，向有关当事人或知情人查询合同管理绩效评价过程中发现的可疑问题、异常情况和不明事项，查询内容如下：农村移民安置类项目稽查中，可向乡移民办、各村村主任、组长、移民等当事人询问关于村移民安置的情况；城镇迁建类项目中可向移民、迁建单位等当事人询问有关情况。

（2）取证法

取证法是抽取一定数量的账表、凭证等书面证据和其他有关证据，检查其是否存在有效的内部控制和外部监督线索，以判断内部控制和外部监督是否得到有效贯彻执行的方法。如在评价县移民局移民资金财务控制情况时，就可以通过抽查凭证，发现使用和管理是否符合规定手续，从而判断县移民局在实际工作中的管理状况、内部控制作用程度。对移民工程建设管理，可通过抽查征用土地手续、前期工作文件、招投标文件、验收报告等进行。

二、原始资料处理

1. 数据处理与分析

原始资料收集完成后，必须对所收集的资料进行处理，以保证所收集资料的全面性、真实性和有效性。用样本估计总体，是研究建设工程合同管理绩效的一个基本方法，最常用的方法是用样本平均数估计总体平均数，用样本方差估计总体方差，方差和标准差是描述一个样本和总体波动大小的特征数，方差或标准差越小，表示这个样本或总体的波动越小，即越稳定。一般地，样本容量越大，这种估计就越精确。由于建设工程合同管理的特殊性，资料信息收集工作难度大，应该根据实际情况，合理应用数理统计的有关理论成果和方法，如参数估计与假设检验、相关分析、回归分析、判别分析、聚类分析、因子分析、多维尺度分析等，使建设工程合同管理绩效调查的结果有更高的准确性和可信度，保证合同管理绩效评价工作的科学性和准确性。

2. 综合决策支持系统的应用

三峡移民工程合同管理绩效评价是一个特殊复杂的巨大系统工程，不但有深刻的自然属性，而且有广泛复杂的社会属性和人文属性。为了保证这个特殊复杂的巨大系统工程具有期望的功能，顺利实现预定系统目标，就必须对系统进行控制和干预，前面介绍的几种方法如符合性检查法、工程量测法、抽样调查法、匹配分析法等都是复杂系统工程理论中的还原论方法，即将整体目标分成块目标，再将块目标一层一层分解，直到分

成最基本的子目标为止，通过对大量子目标的分析研究得出结论，这种从微观上研究问题的方法在工程合同管理绩效评价中是最基础、也是十分必要的方法。但是仅有还原论方法还不能解决对复杂巨系统的总体分析，更不能解决系统总体性问题，因此运用综合评价法（综合决策支持系统）也是工程合同管理绩效评价的必然选择。

综合评价法（综合决策支持系统）是通过数据、模型和知识，以人机交互方式进行半结构化或非结构化决策的计算机应用系统。它是管理信息系统向更高一级发展而产生的先进信息管理系统。它为决策者提供分析问题、建立模型、模拟决策过程和方案的环境，调用各种信息资源和分析工具，帮助决策者提高决策水平和质量。建设工程合同管理绩效评价过程中，通过信息交换和计算机体系有机结合形成综合优势、整体优势和智能优势，把合同管理绩效评价工作从微观层面的认识上升到综合宏观层面，站在更高层次得出合同管理绩效评价结论，提出使工程管理系统整体功能最优的建议，供领导机构决策和参考。

（1）及时准确地获取合同管理绩效评价信息

一是通过各县区填报的年度"合同管理工作基础材料"进行分析，可以较全面地掌握移民工程建设的进度、质量、资金、双包干和法规政策执行情况，及时发现存在的问题，为确定合同管理绩效评价工作重点提供依据。二是现场检查，可以了解年度主要实物工程量的完成情况、主要工程项目形象进度、主要工程部位的质量及安全等状况。三是移民账务核查询证，可以掌握移民财务管理和会计核算体系是否完善、内控制度执行情况、工程建设资金的运作状况，以及国有资产是否流失等。四是通过谈话、信访、问卷调查，可以了解各级政府部门执行党的方针和政策、贯彻执行民主集中制和廉洁自律的情况。

（2）建立实时信息监测反馈系统

信息是移民工程建设的"生命源泉"，通过获取大量、及时、准确的信息，综合决策支持系统才能正常有效地运行。反过来，通过建立实时信息监测反馈系统，可以对拟合同管理项目实施动态实时监控，并积累大量有用的信息，构成一个现场管理和平时监控相结合的稽查系统，更好地完成合同管理绩效评价任务。

（3）运用现代科学手段进行处理分析，得出结论

三峡移民工程建设的相关信息大量而复杂，必须使用现代计算机技术手段及时对合同管理绩效评价信息进行处理。结合移民工程合同管理绩效评价已用到的分析方法，将合同管理绩效评价工作长期积累起来的经验和知识汇总、概括，使之升华并加以利用，把信息采集、存储、处理、通信同人工智能结合在一起，建立三峡移民工程合同管理绩效评价自动分析专家系统，使之具有形式化推理、联想、学习和解释的能力，能够帮助合同管理绩效评价人员进行判断、决策，开拓未知领域和获得新的知识，使移民工程合同管理绩效评价具有及时性、准确性和智能性的优势。

应用现代计算机分析处理方法。如把已下达的工程项目投资计划、资金下拨计划与资金实际到位数据进行自动扫描输入，通过编制专门的逻辑判别、数据差分计算程序进行比较分析，从中找出差异，为进一步检查资金问题提供线索；或者利用专家系统存储

量大、信息综合推理能力强的特点，从多个角度对同一事项进行综合考察和对比，如要检查项目工程进度、质量状况，应从勘测设计、设备采购、参建等单位的资质和现场服务水平，施工计划、进度体系及质量责任制、质保体系落实情况，工程监理以及施工进度、质量监控情况等多方面去考察，从而综合判定工程进度质量总体状况。

建立移民工程合同管理绩效评价自动分析专家系统。自动分析专家系统通常由问题求解与推理、知识库管理和智能化人机接口三个基本分系统组成，每一基本分系统又可按其属性再分为不同的子系统以及相关的更小的系统。三个基本分系统通过逻辑思辨关系有机复合地联系在一起，构成专家系统，通过人机界面回答系统的提问，推理机将用户输入的信息与知识库中各个规则的条件进行匹配，并把被匹配规则的结论存放到综合数据库中，最后专家系统将得出三峡移民工程合同管理绩效评价的最终结论。

应用人工智能技术和计算机技术进行决策和判断。根据移民工程合同管理绩效评价多个专家提供的知识和经验，采用大型多专家协作系统、多种知识表示、综合知识库、自组织解题机制、多学科协同解题与并行推理、专家系统工具与环境、人工神经网络知识获取及学习机制等最新人工智能技术和计算机网络来实现具有多知识库、多主体的综合专家决策系统，进行推理和判断，模拟专家群体的决策过程，解决需要大量人工处理的、复杂的移民工程合同管理绩效评价问题。

三、绩效初评

在收集原始资料，并对其进行分析整理后，可对三峡移民工程合同管理绩效进行初步评价，进行绩效初评的方法主要有以下几种。

1. 关键事件法

关键事件法要求保存合同管理中最有利和最不利行为的书面记录。管理者记录下来的行为便称为关键事件。优点：用这种方法进行的绩效评价能够贯穿整个评价阶段，而不仅仅集中在最后几周或几个月里。缺点：增加评价人员的工作量，且记录这些行为所需要的时间过多，增加评价难度。

2. 叙述法

叙述法只需评价者写一篇短洁的记叙文来描述参与合同管理各方的业绩，因为没有统一的标准，所以对叙述评价法进行比较可能是很困难的。优点：叙述评价法是最简单，而且是最好的评价方法之一。缺点：难于量化。

3. 民意测验法

此法把评价的内容分为若干项，制成评价表，每项后面空出五格（优、良、中、及格、差），然后将评估表发至相当范围，先请被评估者汇报工作，做出自我评价，再由参加评议的人填评价表，最后算出每个被评估者的得分，借以确定被评估者工作的档次。优点是群众性和民主性较好，缺点是主要从下而上地考查管理人员，缺乏由上而下的考查，由于群众素质的局限，会在掌握评估标准上带来偏差或非科学因素，一般作为辅助、参考。

4. 评价表法

绩效评价人员先制表，列举若干项绩效因素，如工作经验及适应性成果、质量等，并将若干因素分为若干等级，从不满意的到杰出的。管理者用这样一张图表对其相关人员进行评价。

5. 排列评价法

排列评价法是针对某一项指标，把评价对象按最好到最差加以排列的方法。

6. 对比评价法

对比评价法就是将每个评价对象在每一项特性指标方面，如工作量、工作质量等与其他评估对象进行比较，确定出两两比较结果，再进行下一个两两比较，得出最终结果。

7. 硬性分布法

硬性分布法将拟评价对象分配到一种类似于一个正态频率分布的有限数量的类型中去，如把最好的 10% 放在最高等级的小组中，次之 20% 放在次一级的小组中，再次之的 40% 放在中间等级的小组中，再次之的 20% 放在倒数第二级的小组中，余下的 10% 放在最低等级的小组中。优点：这种方法简单，划分明确。缺点：这种方法是基于这样一个有争议的假设，即所有小组中都有同样优秀、一般、较差表现的分布，如果一个部门全部是优秀工人，则部门经理可能难以决定应该把谁放在较低等级的小组中。

四、综合评价

三峡移民工程合同管理绩效综合评价是一个多目标、多层次的决策问题，仅靠上述简单的评价方法难以得出较全面、准确、可靠的评价结果，合同管理绩效评价是包括诸多方面因素的综合分析和比较，由于各个因素是相互影响且同时存在的，指标体系中很多因素难以量化，所以难以直接得到评价结果。因此，必须采用多目标、多层次的综合评价方法。从目前国内外综合评价的理论和实践来看，费用效益分析法、关联矩阵法、数据包括分析方法（DEA）、层次分析法和模糊综合评价法等均是一些有效的定性、定量相结合的评价方法。在综合评判问题中，通常都带有一定程度的模糊性，这是因为：首先，评判的结果一般是优、良、中、差等，其本身就不具备精确的定义；其次，同时考虑多种因素，特别是定性因素比较多时，难以确切地判断出它们对合同管理总体绩效的影响，特别是在考虑因素比较多时更是如此。因此，处理综合评价问题，应用模糊数学的方法最为合适。三峡移民工程合同管理绩效评价主要采用层次分析法与模糊综合评价相结合的方法，下面将对评价过程做详细说明。

1. 多因素模糊综合评价的数学模型

此模型过程如下：选取评价因素，构造因素集；设计评价标准，构造评价集；构造模糊矩阵；确定因素权重；模糊变换，考虑并选择合适的模糊变换算子；运用最大隶属原则，判断最后评价结果。隶属函数的确定是定义和区别模糊子集的重要依据，是模糊集合论定量地研究模糊现象的基础，定性指标大多难以直接定量计算，只限于定性的描

述和总结。为了提供一个直观而深刻的评价结果，就需要进行相应的定量计算，因此在实际工作中应寻求尽量可行的定量计算方法，如专家咨询打分法等。

2. 层次分析法评价模型

用层次分析法评价模型进行建设工程合同管理绩效评价要经过以下几个步骤。

首先，建立层次结构模型。将工程合同管理绩效评价目标所包含的因素分组，每一组作为一个层次，按照最高层、若干有关的中间层和最低层的形式排列起来。最高层表示本次需要分析的某工程合同管理绩效评价目标，如某特大型桥梁工程合同管理绩效评价；中间层表示采用某种措施和政策来实现预定目标所涉及的中间环节，一般又分为策略层、约束层、准则层等，如某特大型桥梁工程质量、进度、成本等；最低层表示解决问题的措施或政策（即方案），如某特大型桥梁工程与工程质量有关的指标，像施工工艺水平、设计理念先进性、仪器先进程度、仪器完好率、工程项目质量合格品率、工程项目质量优良品率以及与工期有关的指标如建设周期（按投资额计算）、工程提前（延后）完成时间等。

其次，构造判断矩阵。任何系统分析和评价都以一定的信息为基础。建设工程合同管理绩效评价的层次分析法也不例外，它的信息基础主要是对每一层次各因素的相对重要性给出的判断，这些判断用数值表示出来，写成矩阵形式就是判断矩阵。假定 A 层中因素 A_k 与下一层次中的因素 B_1，B_2，…，B_n 有联系，则构造成判断矩阵。

再次，层次单排序。层次单排序的目的是相对于上一层次中的某元素，确定本层次与之有联系的元素的重要性次序的权重值。

复次，层次总排序。利用同一层次中所有层次单排序的结果，可以计算针对上一层次而言的本层次所有元素的重要性权重值，称为层次总排序。

最后，进行一致性检验。为了评价层次总排序计算结果的一致性，类似于层次单排序，也需要进行一致性检验。

3. 多层次模糊综合评价模型

多层次模糊综合评价法是层次分析法的延伸和扩展。由于三峡移民工程合同管理绩效综合评价是一个多级评判过程（三级以上），一般采用由下而上的方法逐级评价：第一级为准则层，该层各项指标确定后就可得到最后的评价结果；第二、三级为指标层，通过第三级的计算以得到第二级各指标的数据，通过第二级的计算以得到第一级的综合评价值，最终得出总体评价。从第二级到第三级属于级级分解的过程，在具体进行方案综合评判时应先从第三级或以下级别开始，与单层次和多层次评价步骤类似。

第五节　建设工程合同管理绩效评价的分析与思考

建设工程合同管理绩效评价所涉及的范围广泛，利益相关者众多，各自的角度、目标、评价标准都相去甚远，但最终目标是要对一定时期、一定范围内我国实行合同管理后的

建设工程个体或某一类型的建设工程，甚至整个建筑行业所取得的成果进行评价和分析，以判断我国实施建设工程合同管理的效果，查找存在的问题和不足，为今后的合同管理工作和工程项目建设提供借鉴和参考。因此，做好建设工程合同管理绩效评价分析工作就非常重要。

一、对建设工程合同管理绩效评价的分析

1. 评价结果分析

评价结果是绩效评价人员通过获取与建设工程合同管理有关的各种信息，采用一定的评价方法加工整理后得出的评价指标数值，将该数值和预先确定的评价标准进行对比，通过差异分析，找出产生差异的原因，得出评价对象绩效优劣的结论并加改进。对每一个建设工程合同管理进行绩效评价后，还要对绩效评价结论进行匹配差异分析，以找出建设工程合同管理中的共性和不同，为今后更好地实施合同管理创造条件。

（1）差异分析

差异分析反映不同建设工程合同管理目标与现实之间的差别，揭示不同合同执行中工程质量、进度、投资、安全四大目标之间的关系。差异分析法是通过计算不同建设工程项目进度、投资、质量、安全等目标与参照系（业主的规划、计划）的差异，确定合同管理的差异程度，分析变化趋势，找出差异原因，提出纠偏措施。建设工程合同管理差异分析主要分为进度偏差分析和投资偏差分析。

（2）匹配分析

匹配分析所指的匹配包含两层含义：一方面是指分析判断进行绩效评价的建设工程项目类别、性质等是否一致，即同一类别的工程项目合同管理绩效才具有可比性；另一方面是指进行评价的项目绩效与国家或行业公认的类似项目最优绩效相吻合的程度。匹配分析是指从项目类别及工程性质、投资规模等因素和建设工程项目绩效标准进行对比分析。

项目类别，即分清楚项目是交通项目还是水利工程，是房屋建筑还是工业厂房，不同项目类别的合同管理绩效不同。

工程性质，工程性质的划分方法有很多种，按投资主体划分可分为国家投资项目、私营投资项目和外商投资项目，按项目作用划分可分为社会公益性质项目和营利性质项目等。

投资规模，按投资规模分为特大工程项目、大型工程项目、中等规模项目和小项目等。

绩效标准，一般是国家或行业按照各行业的实际情况，将行业内同类项目的最佳绩效作为基准值，或将建筑业内相同类型项目的最佳绩效作为基准值，甚至可把国际最先进的项目管理绩效作为基准值，以此为标准来分析判断所评价的项目绩效与绩效标准之间的差异。

（3）匹配差异原因分析

不同建设工程合同管理的绩效差异是由多种原因造成的，主要有以下几点。

一是合同差异。在签订合同时，合同条款不同造成的差异，如价格变动引起的价格差异可以由不同的合同主体承担，即工程在实施过程中，人工、材料、设备等价差可以由承包商承担，也可以由业主承担，主要根据所签订的合同条款来确定，故合同差异是绩效差异的主要原因之一。

二是结构差异。结构差异指不同建设项目的结构不同，如同为房屋建筑，砖混结构房屋与框架结构房屋的投资有较大差异，其合同管理绩效也会有较大差异。

三是效能差异。效能差异，即项目建成后达到的效果不同，合同管理绩效也会不同。如国家投资的公共建筑的绩效一般会比个人投资的项目绩效低，因为不同的投资人对建设工程的价值取向和关注重点不同。

四是政策差异。由于工程建设持续时间长，在建设过程中，国家政策可能发生重大调整，如新土地法的实施提高了项目搬迁土地征用补偿费标准，可使同一类型项目绩效相差较大，或不同区域的地方政府各自出台的政策不同，从而对相同类型的建设工程绩效产生较大影响。

（4）评价结果处理

当评价结果出来后，有以下几个问题需要注意。

当评价结果出来以后，先要对评价结果进行分析，然后对评价结果进行公示与公开，暂且不论评价结果的准确度如何，因为一个不太好的评价结果公开后可能会对当事人和社会产生不利的影响。由于我国建设工程所处的环境千差万别，加之各种因素相互影响与制约，各工程的管理水平差别很大。在当前条件下，评价结果的处理也不能千篇一律，但评价结果至少要向相关当事人公开，并力争把这种影响向有利于提高我国建设工程管理总体水平的方向引导和转变。

任何评价都不可能做到完全的公正、公平和准确。当绩效评价的结果出来以后，各方能否接受以及能不能根据绩效评价的结果对参加项目建设的当事人进行奖惩的问题目前还有一些争议，但就绩效评价的目的和效果而言，根据绩效评价的结果进行奖惩是必须的，只是奖惩的力度可以根据不同的项目来确定，否则，绩效评价就失去了意义，也难于继续推进，当然绩效评价的手段和方法要不断改进，准确性也要进一步提高。

2. 评价主客体分析

（1）评价主体分析

评价主体一般是指与评价对象有利益关系的单位和个人，即利益相关者。与建设工程合同管理绩效有关的利益相关者有很多，包括政府有关部门（如行业主管部门、质量监督站等）、业主、承包商、分包商、监理单位、设计咨询单位、材料设备供应商、项目经营者、债权人、房屋和土地的被征迁者等。由于不同主体之间的利益不同，所站的立场也不一样，有时对同一指标的评价会差别很大，甚至会出现两种截然相反的评价，并且有些评价指标不是所有的评价主体都能够进行准确评价，如成本和利润率只有承包商才知道、客户满意度只有业主或项目经营者才能提供。另外，不同的主体关心的内容和指标也不完全一样，如业主关心项目的资本收益率，债权人关心项目的偿债能力，而房屋搬迁人关心房屋或土地

的补偿价格。因此，在确定评价主体时，我们必须有所取舍，根据评价目标和各个项目的实际情况，决定是所有利益相关者都可以平等地参加评价，还是以项目业主（或项目经营者）为主，同时兼顾其他利益相关者的要求；是所有参加评价的主体对所有指标进行评价，还是只对评价主体能够提供的部分指标进行评价；评价时间是安排在项目建成后进行，还是可以灵活掌握，根据评价目标的不同选择在项目建设前、在项目建设中或者是项目建成后进行。这些问题都值得认真思考，因为评价主体对评价结果有着决定性的影响，正确地选择评价主体是评价能否成功和具有说服力的第一步。

（2）评价客体分析

前面说过，现阶段的绩效评价对象（客体）是业主方的合同管理绩效，与评价主体的选择一样，业主方的合同管理绩效与建设项目其他各方的利益并不一致，甚至完全相反，用某一方面的合同管理绩效来评判整个项目的合同管理绩效是否合理也是一个值得思考的问题，将来应该分别建立承包商和业主的合同管理绩效评价体系，对同一个建设工程项目从两个不同方面进行合同管理绩效评价，能更全面、科学、准确地反映项目合同管理水平，提高项目管理质量，促进社会成本的降低和社会效率的提高。

3. 评价指标分析

建设工程合同管理绩效评价指标的选择是评价的重点和难点之一，由于建设项目千差万别，项目管理的难度日益加大，复杂程度越来越高，采用完全统一的建设工程合同管理绩效评价指标已不太现实，按项目性质、投资大小进行分类也难于准确反映建设工程合同管理的真实水平，建议除按类别采用有区别的评价指标体系外，可采用评价必选项和可选项相结合的指标体系，把指标分为项目必选指标、行业可选指标、项目可选指标三类，根据评价目标的不同和具体特性来确定评价指标，项目必选指标为任何建设工程合同管理绩效评价所必选；行业可选指标则可根据项目所在行业由主管部门或行业协会确定；项目可选指标则根据项目实际情况来选择。指标体系根据项目大小按不同层次构建，部分指标可以分解为若干分指标，分指标下可再设二级分指标并可再往下设，一般情况下，行业可选指标和项目可选指标之和不应超过项目必选指标的两倍，在不影响评价结果的情况下，所选指标数量越少越好，力求简便、快捷。

4. 评价标准分析

建设工程合同管理绩效评价标准是对建设工程合同管理水平进行分析评判的依据，既要统一，又要有可比性。目前，我国普遍将建筑业内所有项目的最佳绩效作为基准值，用本项目的绩效表现与之进行对比。但由于指标选择的不同，评价目标也不完全一致，是否有可比性值得商榷。现阶段，将我国建筑业内同类项目的最佳绩效作为基准值进行比较更有说服力，理由如下。

建设项目范围太广，难于按同一标准进行比较。由于各行各业都存在着项目建设问题，从土建到设备安装，从道路桥梁到石油化工，建设项目的范围太大，要统计建筑业内所有项目的最佳绩效，并把它作为基准值来比较不是一件容易的事情，并且它们之间的可比性并不强，不如将建筑业内同类项目的最佳绩效作为基准值进行比较更令人信服。

建设项目的特征不同，不宜按同一标准进行比较。建设项目千差万别，不同的建设项目特征不同，所选取的指标也不一样，即使同一指标对不同的建设项目来说，重要性也不一样，不宜按同一标准进行比较。

5. 评价方法分析

评价方法是对建设工程合同管理进行绩效评价的具体手段。目前的评价方法大都是以系统工程和技术经济学理论为主，采用定量与定性相结合，以层次分析法、模糊分析法、因子分析法等系统管理理论和方法进行评价的。

层次分析法和多层次模糊综合评价运用较为成熟，且为广大项目管理人员和工程建设人员所熟悉，已经成为建设工程合同管理绩效评价的主要方法，但这两种方法程序较多，过程较复杂，评价起来不太方便，需要耗费大量人力、物力和财力，所以应该根据评价目标不同，灵活运用各种评价方法，如有的项目进行绩效初评就行，有的项目可以简化评价层次，而对一些重大项目则需精心设计评价指标，项目管理人员要慎重选用评价方法。

不论是评价指标选择，还是指标权重确定都应该仔细规划，如在确定评价指标的权重时，应根据项目特点采用主观赋权法和客观赋权法。主观赋权法是指利用专家或个人的知识或经验来确定指标的权数，如德尔菲法、层次分析法等。客观赋权法是从指标的统计性质上来考虑，由调查所得到的数据决定，如主成分分析法、均方差法、熵值法等。评价模型也可以灵活运用，在保证科学规范的前提下仁者见仁、智者见智。"水有上下而无常形，管理确有规律可循，改变是永恒的真理。"

二、建设工程合同管理绩效评价操作要点归纳

1. 重视项目立项程序，做好投资决策

项目决策的科学性、合理性对项目效益具有决定性的意义。根据工程成本控制理论：项目决策阶段的成本占工程总成本的比例不足 5%，对工程总成本的影响程度却能达 85%。我国工程建设中存在的部分低水平重复建设、损失浪费、投资效益低下等问题都与工程项目投资决策缺乏科学性、合理性有关，决策失误往往是最大的失误。合同管理绩效评价人员除了日常的调查、取证和记录外，要重点审查项目决策立项的程序，防止违反决策程序、擅自立项的行为发生；审查项目前期论证工作的充分性，纠正"跑项目、要项目、创立项目"的做法，防止和扭转可行性论证变为"可批性论证"的倾向；审查勘探设计单位的资质、项目的拟建规模、项目选址是否满足要求；审查重大项目决策是否透明化、民主化，督促有关部门规范移民工程建设投资决策程序。

2. 重视招投标程序，加强合同审查

招投标阶段是工程建设的重要阶段，也容易滋生腐败，合同管理绩效评价人员应重点审查招投标程序的合法性、合理性；审查招投标文件和合同条款中是否有大的问题和隐含的案件线索，尤其对项目实施过程中的变更与索赔更是要严格把关；对施工队伍选择和工程设备、材料采购也须重点审查；审查是否由合理的最低价中标；针对工程量清

单项目、措施项目、其他项目、主要材料的"量"和"价"分开进行审查，并与标底或其他投标书进行对比分析，发现其中的问题并及时纠正和处理。

3. 重视施工过程的科学性、合理性，注重质量安全

建设工程施工阶段最具有不确定性和风险性，难度也最大，所以工程项目实施阶段的科学性、合理性是合同管理绩效评价工作的重点，主要包括：检查施工单位质量保证体系和监督检查制度的建立是否完善；审查监理单位的选择方式和资质、监理单位对隐蔽工程和其他关键工序的检查是否符合规定；有关设计变更、索赔签证等手续是否完备、计算是否正确、是否按照规定的时间和程序进行；审查监理单位的监理日志、施工单位的施工日志是否对应等。

4. 重视竣工决算，控制资金结算

工程项目竣工结算是确定工程项目建设效益的最后一个环节，也是工程建设是否取得成效的关键，尤其要加强对建设项目合同文件的理解和分析研究。工程量清单计价，有些项目发生后是不需要付费的，如招标文件和图纸中已经列明而承包商没有报价的项目，视为承包商无偿为业主提供服务或其价格已包含在其他项目的报价之中，结算时无须付费；还有的合同条款规定：在合同总价 5% 范围内的工程变更是属于承包商的风险。通过对工程项目竣工资料的仔细审查和把关，确保工程建设项目成本的真实合法，尽可能地降低工程造价，提高资金投资效益。

5. 抓住合同管理主线，理清资金流向

建设资金流向是工程的关键环节，任何一项工程建设都离不开资金这条主线，所以在工程合同管理绩效评价中，要始终把握资金流向这条主线不放松。这一环节需要聘请大量财务会计方面的专家，借鉴财政、审计等各方面检查的手段和成果，从建设资金的来源入手，顺着建设资金走向一查到底，审查其中是否有违规、违纪甚至违法行为。合同管理绩效评价人员中，评价人员要和有关专家一起共同研究探索，创新性地使用各种评价指标和方法，有效地分析和判断工程建设中资金使用与实物工程量的匹配问题，使工程的资金使用更加科学合理。

6. 对比合同管理计划，关注规划实施

计划管理是工程建设的基础，由许多部门和众多专业人士依据国家有关法律、法规，按照各专业的技术规范、技术标准编制而成，并按照法定程序经过严格评估、评审和行政审批，具有法定约束力。计划的实施过程是工程有效实施的保证。合同管理绩效评价的重要任务之一就是依据合同管理计划，对比、检查、监测、评价计划执行情况，揭示工程实施中存在的问题，为其他后续工程提供借鉴，确保我国整体工程项目管理水平的提高。

三、建设工程合同管理绩效评价有关问题的思考与建议

在我国，建设工程合同管理绩效评价工作才刚刚起步，还有许多问题值得我们进一

步探索和思考。

1. 合同管理绩效评价的经济学思考

绩效评价是经济评价的主要方式之一，也是经济学的重要组成部分，因此从经济学角度来分析思考合同管理绩效评价具有重要意义。

（1）合同管理绩效评价的新制度经济学思考

制度创新理论是新制度经济学的一个重要内容。"制度创新就是指能使创新者获得追加利益的现存制度的变革。"诺斯的制度创新理论主要有三方面的内容：首先，他认为在经济增长过程中，制度是决定性的因素；其次，由于现存制度下的潜在获利机会，生产技术的发展、市场规模扩大引致的制度需求是最终产生制度创新的原因；最后，一项新制度的出现只有当制度创新的预期收益大于克服原有制度所需成本时才能成为可能。可见，制度创新是在现有条件下，通过创设新的、更能有效激励行为的制度、规范体系来实现社会的持续发展和变革的创新。建设工程合同管理现有的监督管理系统由于多种原因，不能完全满足工程建设的要求，创新性地建立合同管理绩效评价制度不仅能较好地发挥已有监督系统的积极作用，而且能通过体制、机制、方式、方法等创新更有效地促进建设工程任务的完成。对建设工程领域中防止贪污、挤占、挪用和浪费国有资金，确保国家投资资金安全，实现工程的投资控制，督促工程控制进度，监督工程控制质量，促进社会和谐有重要作用。

（2）合同管理绩效评价的发展经济学思考

按照1987年世界环境与发展委员会（WCED）在一份纲领性文件"我们共同的未来"中的定义，所谓"可持续发展"就是"既满足当代人的需要，又不对后代人满足其需要的能力构成危害的发展"。这一概念的核心思想是：健康的经济发展，应建立在可持续生存能力、社会公正和人民积极参与自身发展决策的基础之上；可持续发展所追求的目标是，既使人类的各种需要得到满足、个人得到充分发展，又要保护资源和生态环境，不对后代人的生存和发展构成威胁。董辅礽准确地将"可持续发展方式"表达为"为节省资源的发展方式、保护环境的发展方式、提高生存质量和促进人类进步的发展方式"。可见，可持续发展要求经济、社会、环境的共同、高效、协调发展。这与建设工程合同管理绩效评价的指导思想和任务目标不谋而合。合同管理绩效评价就是要及时发现问题，提出科学合理的建议。如通过三峡工程合同管理绩效评价发现的问题，建议湖北省、重庆市人民政府采取切实可行的综合措施，做好"两个防治"（加大库区地质灾害防治和水污染防治力度）工作，大大改善了三峡库区生态环境，有力促进了三峡库区经济、社会长期、健康、和谐的发展。

（3）合同管理绩效评价的信息经济学思考

信息经济学是研究信息占主导地位的经济问题的经济学。信息具有价值，也存在着信息市场，是一种资源，是一切正确决策的前提条件，但信息具有极度的隐含性，存在可信度的问题，其价值难以客观衡量。因此，信息市场非常不完善：某些信息可观察得到，但不是随时随地都可以免费得到，而是需要去搜寻，存在信息搜寻问题；某些信息

对交易的另一方是观察不到的，交易的一方比另一方占有信息优势，存在信息不对称问题。合同管理绩效评价考虑了信息搜寻问题。如三峡移民工程中对库区各区、县政府报送的"合同管理绩效评价调查表"及"项目明细表"是合同管理绩效评价搜寻信息的第一步。在对合同管理绩效评价基础材料审阅和初步评价的基础之上，合同管理绩效评价人员从农村移民安置、县城（城市）迁建、集镇迁建、工矿企业补偿与迁建、专业项目复建、资金财务管理六个方面进行实地核查，形成初步评价意见，也是信息搜寻的重要步骤，弥补了合同管理信息不对称的问题。

2. 合同管理绩效评价的管理学思考

系统论、控制论和信息论是管理学的理论基础，也是建设工程合同管理绩效评价的基本理念，贯穿于合同管理绩效评价始终。

系统论认为，任何系统都是由特定要素组成、有一定层次和结构、与环境相互作用并产生一定功能的整体，具有整体性、层次性、结构性、环境相关性和功能性五大特征。合同管理绩效评价由评价人员、评价手段和评价对象组成，与一定的社会和工程环境相关联共同发挥监督功能，具有系统性。评价对象，即众多的工程建设项目，由规划、计划、实施和验收等环节构成。其中，每项工程建设项目由可研、审批、招标、设计、施工、竣工等各阶段，和项目法人、建设资金等各类要素，合同管理、工程监理等各项活动，工程质量、工程进度等各项目标构成整体，与自然、社会环境相互作用产生一定功能，也具有系统性。只有运用系统观点去考察和监督合同管理绩效评价的实施过程，才能全面了解和把握各个工程项目实施的全部真实情况和存在问题，采取相应的措施，促进其实现计划目标。合同管理绩效评价应用系统论的理论和方法，针对系统的基本特征去认识评价对象，科学地确定了评价的内容和范围，实现了对工程项目全面的监督管理。

控制论认为，由于各方面因素的影响，行为与目标之间往往存在偏差。因此，必须实施监督控制，采取相应的控制手段督促行为主体采取必要措施纠正偏差，最终达到预定目标。对建设工程合同管理进行绩效评价就是实施监督控制，通过监督和激励调动和更好地发挥控制功能。控制方式有反馈控制和前馈控制，反馈控制即事后控制，是针对实施状态反馈的偏差信息，分析原因和条件，采取措施纠正偏差的控制。前馈控制即事前控制，是在偏差发生之前，分析情况和潜在风险，预测偏差发生的可能性，事先研究和采取措施预防偏差发生。前馈控制需要更丰富的经验和知识，更敏锐的预测和决策能力，能积极主动地发挥更有效的控制作用。合同管理绩效评价不仅实施了反馈控制，对已发生的偏差督促责任主体及时采取有效措施纠正偏差，而且充分发挥了能全面获得信息和高素质团队的优势，对可能发生偏差的潜在风险发挥了预警机制，实现了前馈控制，减少了偏差损失和纠偏成本，取得了很好的监督控制成果。

信息论认为管理过程包含着信息运动的过程，并且要受信息运动过程的支配。管理者只有在及时准确地获取了大量真实信息的基础上才能做出正确决策，然后在管理过程中不断发出信息指令控制管理对象的行为，并且随时收集和处理反馈信息，不断调整和修正原有的决策和信息指令，直至管理目标的实现。应用信息论的方法，合同管理绩效

评价建立了科学的信息采集和处理系统，获得了真实可靠的信息，掌握了控制全局的主导权，为决策部门提供了科学依据。

3. 对我国开展建设工程合同管理的几点建议

由于我国开展建设工程合同管理的时间不长，积累的经验不多，许多地方存在漏洞或不规范之处，只有认真思考、善于总结、不断进取，才能尽快弥补差距，赶上世界先进水平。

（1）树立"合同就是法律"的观念

在西方，合同被视为"圣经"，即在不违反法律规定的前提下，合同神圣不可侵犯，虽然通过多年的合同管理实践，我国广大的工程建设者合同意识已普遍增强，但还远没有达到"合同就是法律"的境界，需要树立从法律的高度去认识和理解合同的观念和意识。

合同领先。合同双方应一切以合同为准绳，每一项工作开始前，双方都要先看看合同上是如何写的；每拿到一份信函、图纸，就要先查查合同条款上是怎么说的。合同双方当事人在内心深处要树立合同就是上帝的思想，一切均要按合同办事。

合同管理是全方位、全过程和全员性的。合同管理包括合同的进度计划、材料供应、安全文明、质保质检、文件信息、财务人事以及生活、卫生、法律等权利义务的方方面面，是全方位的合同管理；合同管理涉及从工程的可行性研究到工程保修期结束的全过程，是全过程的合同管理，同时，合同管理不再像过去那样仅仅是经营部门和合同管理部门的工作，而是需要合同参与各方、各部门的协作和配合，是全员的合同管理。"三全"原则已成为合同管理的重要标志之一。

口说无凭，书面为准。合同管理应遵循一切指示、意见均应以书面文字为依据的原则，任何人的任何口头承诺都是无效的，只有将口头承诺转变为"白纸黑字"才能具备合同效力。

（2）运用现代化手段进行合同管理

在当今的信息社会，提高工作质量和工作效率的最有效办法就是大力运用现代化管理方法和手段。在建设工程的实施过程中，没有现代化的管理手段是不可想象的。因此合同管理不仅需要配备先进的硬件，如计算机、绘图仪、扫描仪等，还要配备先进的软件，如项目管理软件、工程制图软件、结构计算软件等，而且需要使专业技术人员和管理人员能熟练地掌握和使用各种硬件和软件并进行软件的二次开发，结合国内建筑业中其他先进的应用软件（如财务、劳资、预算、供应）和大量的以电子文本储存的信息（如价格、标准、规范、代码等），充分发挥现代管理技术和手段的作用。

（3）学会学习、研讨和运用合同

学习永远都是战胜困难、获取财富的途径之一，尤其是对我们相对而言比较陌生的建设工程合同管理领域更应加强学习。管理人员不仅要组织广大干部职工学习和研究国际商务知识、学习和训练外语、学习和掌握施工技术，而且要组织广大干部职工学习合同管理知识，所有专业技术人员和管理人员都应尽可能准确、完整、一致地理解和掌握常用的国际国内合同。通过开会研讨、上课培训、分组讨论、辅导自学等方式学习和掌

握合同管理知识，尤其是要学会合理运用合同索赔。

索赔是国际惯例和市场经济的产物，是业主和承包商进行合同管理的一项重要工作。加强索赔管理，既是合同双方保护自己合法权利、减少风险和提高经济教益的手段；同时，合理的索赔还有利于业主顺利实现项目的建造，得到合格满意的产品，符合价值规律。因此，不能认为索赔是伤感情的事，或因"违约"一词的刺耳而放弃权利。索赔的意义不仅在于表面的经济效益，蕴藏在背后的更是一个企业的合同意识和对合同认真负责的态度，以及一个国家或行业的素质和管理水平。

同时，利用合同谈判的机会，学会增加、修改和补充合同条款也非常重要，因为任何合同条款都必须是双方意愿的真实表达，合同中的任何一方都可以利用合同条款表达出自己的真实想法。这也是避免以后出现合同纠纷和顺利解决纠纷的最好办法。

（4）成立（设置）专职的合同管理机构（人员）

合同管理既是全方位、全过程、全员的合同管理，又必须是专业的合同管理。合同管理任务必须由专业的组织机构和人员来完成。不论是业主还是承包商都要设立专门的机构和人员负责合同管理工作。根据不同的工程项目特点和组织形式，可分别设立合同管理部门、合同经理、合同工程师和合同管理员。

设置合同管理部门（科室）。对于大中型建设工程可设置合同管理部门（科室），由合同管理部门专门负责所有工程合同的总体管理工作，主要包括：收集市场和工程信息；编制招标文件，参与审查投标报价，参与合同谈判与合同的签订，对工程项目的合同履行情况进行汇总、分析，处理与承包商、勘察设计、监理和其他方面重大的合同关系，组织重大索赔工作；对合同实施进行总的指导、分析和诊断。

设立专职的合同管理人员。对于一般较小的工程项目，可设合同管理员，在项目经理领导下进行施工现场的合同管理工作。对工程量不大，施工与管理难度不复杂的工程，也可不设专门的合同管理人员，而将合同管理的任务分解下达给其他人员，或现场项目经理统一做合同管理的协调工作。

聘请合同管理专家。对一些特大型的或合同关系复杂、风险大、争执多的项目，项目组可以聘请合同管理专家或将整个工程的合同管理工作委托给咨询公司或管理公司，这样可以大大提高工程合同管理水平和工程经济效益，不足之处是花费较高。

（5）建立和使用适合中国国情的建设工程合同管理示范文本

目前我国使用的建设工程合同管理示范文本大多是由建设部和国家工商行政总局共同编制的《建设工程施工合同示范文本》，主要是参照国际咨询工程师联合会（FIDIC）组织编写的FIDIC合同并结合一定的中国国情编写成的，虽然经过多年实践运用，该合同示范文本基本上已经中国本土化，但人们对其精髓认识理解不深，尤其是对其中的法律风险分析认识不够，导致在实际运用《建设工程施工合同示范文本》的过程中出现了许多问题和困难，尽管如此，我们仍然要大力呼吁和提倡使用《建设工程施工合同示范文本》，保证合同双方的合法权益，虽然主要是站在项目业主角度来观察和分析问题，但对承包商而言，选用标准规范的合同管理示范文本显得更加重要和突出，因为合同双方

事实上的地位不平等，造成承包商往往处于弱势地位，所以选择一个合理、公平的合同范本，使合同双方的权利和义务更加均衡和对等对承包商来说尤为重要。

（6）治理和防范合同管理中的不规范行为

合同管理工作虽然已在我国建设工程领域普遍推广和实施，但由于多种原因，常会出现以下问题，需要严加治理和防范。

一是合同主体不合格。《中华人民共和国合同法》明确规定：合同主体，应当是具有相应的民事权利能力和民事行为能力的合同当事人。合同主体不合格主要包括两种情况：一种是虽然具有上述两种能力，但不是合同当事人，即当事人错位；另一种是虽然合同主体是合同当事人，但却不具有上述两种能力，同样是不合格的合同主体。建设工程合同主体就是工程的发包方和承包方，合同主体不当之处主要表现在：挂靠；转借、出让资质；超越资质允许范围承揽业务；工程发包方和承包方缺乏合同履约意识，既不认真研究制订合同条款，又不严格履行合同。在合同履约过程中因为缺少制约手段，违约情况严重，致使合同双方当事人的合法权益得不到应有的保护，工程进度、工程质量也难以得到有效的保证。

二是合同条款不平等。工程承包本来应以合同为约束依据，而合同的重要原则之一就是平等性，但在工程承包实践中，业主与承包商经常会出现平等的现象。鉴于当前的工程承包买方市场的特点，个别业主常常倚仗僧多粥少这一有利的优势，对承包商十分苛刻。在签订承包合同时，业主常常强加种种不平等条款，赋予业主种种不应有的权力，而对承包商则只强调应履行的义务，不提其应享有的权利。比如索赔条款本应是合同的主要内容，但在许多合同中却闭口不提；又如误期罚款条款，几乎所有合同中都有详细规定，而且惩罚极严。承包商如果在拟订合同条款时不坚持合理要求，则会给自己留下隐患。

三是合同文字不严谨。"合同就是法律"，因此合同的每一个字词都必须严谨、科学，经得起推敲。而实际情况并非如此，许多合同语义表达不准确，容易产生歧义和误解，进而导致合同难以履行或引发争议。依法订立的有效合同，应当反映合同双方的真实意思。但有些合同由于一些人为的或客观的原因，对一些合同条款拿捏不准或措辞含混不清；还有些合同对承包商的义务规定得非常具体，而对其应享有的权利则笼统地一笔带过，甚至对有些关键事项含糊其词。比如有些建设工程合同中有关追加款额的条款中写道："发生重大设计变更可增加款额"，可合同中并没有对重大设计变更做出明确规定和详细说明，一旦出现类似情况，纠纷就难以避免。

四是合同内容不完备。有些合同使用国外文本，但由于国情不同、语言文字不同，加上翻译问题，使得这些合同文本存在不少疑问。致使在合同履约过程中，合同双方（主要是承包商）常常找不到合法依据来保护自己的利益。比如有些国家的合同中没有价格调值公式，致使承包商无法获取对因通货膨胀所造成损失的补偿；还有些国家的合同中不写明汇率保值条款，致使承包商可能遭受汇率贬值的风险。因此在签订合同时要特别注意，必要时应该据理力争，争取使用国际公认和大家熟悉的合同范本，或在合同上加以补充、完善，以减少损失。

第六章　政府投资项目建设工程代建制合同管理体系研究

第一节　政府项目代建制管理模式概论

一、代建制管理模式的概念及特征

政府投资项目的建设管理模式随着我国投资体制改革的步伐逐渐由四位一体（投资、建设、管理、使用）向各种职能分离的模式转化。福建、广东、北京、上海等发展迅速的内地大省市相继试行了政府投资项目代建制管理模式，获得了不少成功经验和显著成效。代建制本身就是政府投资项目管理的一种创新，通过代建制这种管理模式正在逐步实现建设项目管理专业化，达到了提高投资效益和管理水平的目的。代建制是一种建设工程管理模式，根据有关法律、法规代建项目管理制度，由政府组织发改委、建设委员会等相关部门制定。按照政府发展建设改革委员会制定的规章，采用公开招标的方式选择有资质的项目管理公司承接代建工作，其工作的内容主要包括在业主授权范围内对项目的可行性研究、地质勘探设计基础承载力、组织监理公司监管、安排施工单位工作的全过程工程项目管理。政府投资项目代建制的实质是将工程项目管理服务外包给专业项目管理公司实施政府投资项目的管理工作。但项目管理公司希望在管理过程中获取应得的工程管理费用和合理利润的目标在实际操作中并没有得到很好实现，改变这一现状的方法只有通过改革创新。在完善代建制度的道路上遇到了很多问题，现阶段仍然是代建单位未曾达到真正的项目法人权益。虽然政府通过各种方法，如公开招标、邀请招标或直接委托选择了有资质的代建项目管理公司，但由于部分授权、阶段性组织管理的局限性，使得工程目标不能最大化实现，但是也在某种程度上达到了使政府投资项目职能的分离、控制投资、提高工程质量和效益、规范项目管理水平的目的。

二、代建制的实际运作模式

在 1998 年前后，青岛市正式加入了代建制试点城市的行列，从 2004 年开始全面在市级非经营性政府投资项目中推行。青岛市采用公开招标的方式选定代建单位。代建项目在青岛市的试点实施加强了政府投资的监管力度，提高了资金利用率，得到了国家相

关部门的充分肯定。国务委员华建敏批示"青岛市加大政府投资的监管力度，提高资金使用效率、效益的探索值得重视"。青岛市的具体做法是：首先根据城市建设规划局的发展要求在研究政府投资项目时罗列近年代建项目名单，然后报市政府审批，批准建设后通过政府公开招标选择专业化的项目管理公司，用推行政府采购、资金集中支付以及严把项目竣工决算关等手段来加强政府投资监管。代建制的优点是充分利用市场手段管理建设工程，完全通过市场竞争，实现了真正的专业化管理。代建制加大了特别是投资主管部门的工作量，其有待改进之处是，政府各相关部门还需同时配备一定数量的专业技术人才。

三、代建制管理模式在我国的合法性

2004年7月16日国务院发布了《国务院关于投资体制改革的决定》，明确了"加强政府投资项目管理，改进建设实施方式""对非经营性政府投资项目加快推行'代建制'"的任务，加快了我国对非经营性政府投资项目实施"代建制"的步伐。2004年11月16日，建设部又出台了规范性文件《建设工程项目管理试行办法》，使得"代建制"这一特定的项目管理模式的具体操作有了一定的规范依据。青岛市政府下发《关于对市财力投资项目实施代建制的通知》〔1997〕180号，内容如下：市属行政、事业单位凡使用市财政性资金进行基本建设，总投资在300万元及以上的项目（包括新建、改建和扩建项目，不含市政、公用、水利等基础设施项目和以自筹为主的市财力定额补助项目），一般应实行代建制。代建单位应具有承担相应基本建设所需的资质等条件，并具有良好的信誉和业绩。青岛市计委受市政府委托具体负责市财力投资项目的代建组织工作，其他职能部门按各自的职责对代建项目实施管理和监督。经研究确定实行代建制的项目，由市计委提出，通过招标或议标的方式选择项目代建单位，然后由市计委、市财政局代表市政府与项目代建单位签订代建协议，使用单位与代建单位签订项目建议委托书。

第二节　代建工程项目合同管理组织形式研究

一、政府投资代建项目合同管理概述

1.代建制工程合同管理机制

就每一个建设工程项目而言，其管理的目的都是获得更高的利益或者效益。合同管理涵盖了建设工程项目全方位、各阶段所要达到的目标。这些目标主要包括投资控制、工期控制、提高质量、安全性保障措施等。政府投资项目代建单位追求的主要是经济利益，但经济利益必须在实现其他合同管理目标的前提下才能获得，因此必须建立合理的代建制合同管理体系，有效管理监控建设工程，兼顾所有因素。项目管理机构是为了最终实现项目目标而设置的。

2. 政府投资项目代建方的主要工作内容

若工程应用代建管理模式，则由中标的代建公司代表业主负责项目建设全过程的组织管理、控制协调工作，在合同规定的项目管理服务期限内政府部门授权项目管理公司行使项目建设的代理权。

项目管理代建公司在政府部门的委托下对项目建设管理的全过程提供服务，使该项目严格依照已经批准的建设规模、标准、投资和工期建设完成，并在验收合格后，交付业主使用。由业主与代建方项目管理公司签订合同，确定双方权利和义务。

项目管理代建公司代替业主或者政府部门实施建设管理工作，由于业主非专业管理公司，对建设程序工程任务拿捏不准，以下几项内容应该由专业管理公司组织实施：绘制管理项目计划体系表、项目建设前期准备审批报建手续、公布招标文件选择招标代理确定中标单位、统筹项目施工阶段的目标控制和移交项目后的保修服务措施管理。接下来简要概括各阶段的工作内容，主要有：准备阶段，项目管理代建公司在业主委托下整理用于申请批准项目的文件表格；开始建设以后，项目管理代建公司接替业主组织计算工程量清单以及其他需要的招标文件、选择优化设计图纸、与设计部门和施工采购部门有效沟通进度款的结算与核算，政府投资项目监理单位直接听从代建公司管理；项目后期临近完工阶段，做好验收抽样检查、编制验收合格报告等工作，并在项目建设全过程中注重四大目标体系和安全管理问题、信息处理系统、合同管理体系的控制调节等。政府依据政府建设规划部门确定的项目投资金额和建设规模等条件提出拟建项目计划建设进度、建设标准、目标要求和使用功能的具体要求，协助项目管理公司为项目建设做好前期工作，协调相关的外部建设条件的落实，参加项目检验审查。

在政府投资的工程项目中，政府就是业主，对于业主提出的已罗列在合同条款内的项目建设投资规模、建设标准和具体施工内容不能违背双方意愿，任何一方不得擅自变更设计和建设内容、提高建设标准、扩大规模，合同应保留导致工期延长、投资增长的问责制和经济补偿追溯的权利。政府投资项目进度款的支付与管理，需由代建公司核算统计后交给政府主管部门审核，审核通过后按合同支付规定拨款。支付建设资金应该按照合同规定的支付比例、工程进度完成度迅速全款支付给各单位，如若出现拖欠推脱不能足额支付到位的问题将会影响接下来的工程进度。代建制项目管理公司必须遵守合同要求，严格按照建筑的方案要求，以确定和批准标准规模、投资、设计、组织建设和项目预算，并根据合同加强组织和管理的项目，负责测量，组织监督建造、设备和材料供应单位和其他竞争性招标，严格按照与施工招投标相关的国家招投标法律法规要求业主。

3. 项目管理组织结构与岗位责任

如果把项目的施工建设比作一个系统，项目管理的组织机构是决定项目管理的目标能否实现的重要因素，项目组织管理形式主要是由项目合同管理目标确定的。

（1）总经理（项目总负责人）的岗位职责

总经理根据项目计划组织编制项目勘察与设计文档，努力做到内容详尽无遗，并反映规划的意图和成本控制的理念，负责筹办及参与设计评审，验证完善设计组织监测施

工设计过程，以确保技术上可行、经济上合理；根据项目计划，编制和批准项目整体工作计划、项目发展的目标体系；根据岗位职责，分割目标到部门、到职工个人；组织创建和批准各种招标和工程承包，设备和材料的招标、投标活动的推进工作、谈判，组织合同顺利实施；根据设计文档和项目，制定一个全面工作计划，负责领导技术人员编制和制定施工组织总设计的技术方案、设施布局摆放布置图、进度计划时间表，确定施工机械型号、额定功率，以及大型基础设备布局，例如实际的、成熟的设计和施工过程中严格控制施工过程；根据设计文档和项目开发全面工作计划，组织制作和验证投资计划项目投资评价指标体系的全面工作计划、成本控制，组织编写和审定该项目运作的全过程成本控制方案，监测执行情况和评估其工作表现；根据各项目的开发工作计划，以及当地的建筑条例、发展建设规划布局，提出施工报建审批要求、协调确定施工设计图和施工进度及成本控制的综合方案，监视现场监理旁站管理和严格的工艺管理、质量管理、技术管理、材料合格质检核查管理、建筑资料信息管理、签证信息管理的施工质量、进度、成本控制、监督和评价绩效指标；全面组织和协调各单位、各部门和各行业，确保项目的验收和移交，确保成功完成项目开发的目标。

（2）总工程师的岗位职责

总工程师应服从总经理的领导，并在总经理的领导下负责项目的技术指导。总工程师应该重点参与投资项目规划、总体规划设计、组织方案设计和审查报告，重点参与审批工作，配合项目其他工作执行；督促施工图设计、落实组织的批准要求和参与审查进程，广泛深入设计现场，设计、制定合理的质量监测、经济管理方法，减少投资，降低项目成本；编制施工组织设计，审查各总承包商分包方的施工组织计划和施工措施，并监督施工过程严格按照设计方案进行，阅读图纸，设计技术交底，讨论施工图纸不明晰情况与设计单位沟通修改，鞭策工作人员做好会议记录工作。

总工程师对现场管理的一切事宜负责，只要进入工地现场的施工材料与机械设备都要经过检验无质量问题后方可准入，参与对投标人资格的调查。为了确保工程每个组成部分的结构安全以及竣工交付后的基本使用功能，一定要加强对施工现场的管理工作，进入施工工序操作场地对关键节点和重点支撑部位进行抽样检查，并采用监理旁站人员询问检查等方法确保工程质量检验达标，与项目经理一起积极协调与其他项目相关者的关系，并组织管理上下级技术人员对工程技术资料进行整理记录，如已完工的基础工程、各主体项目质量验收抽样检查等，保证自己职责范围内的一切顺利达到施工项目总目标。

（3）工程总监的岗位职责

编写、审计和控制工程造价，负责监督质量控制体系、安全管理规定的执行情况，承担施工技术指导；帮助设计单位查缺补漏，找出施工图纸中不合理有问题的细节，组织人员做好记录工作；对下级分包单位上交的施工组织设计、时间进度的保证措施做好审查与改进；图纸是工程建设的重要尺度文件，保证施工工序遵照图纸的样式形状制作也是工程总监的一项职责，在此过程中，工程总监应根据自己的经验时刻对图纸持怀疑态度，遇到设计类问题及时解决以保证工程目标；负责工程现场出现的各类质量、安全

事故。

（4）项目经理的岗位职责

项目经理对每个项目负责，应排尽万难保证工程项目按照项目策划顺利进行。从项目整体实施的角度考虑项目经理负责组织设计编制预案，统筹考虑材料机械进场安装堆放，避免产生多余行为；领导组织协调与各部门的关系，做好开工各项准备工作；带头编制详细施工组织设计方案，领导专业技术人员会审、讨论图纸；重点审查单位工程施工组织设计落实情况；加强隐蔽工程的质量抽检，严格要求隐蔽工程的验收标准；项目经理不仅要保证技术实施方案，同时也必须发挥个人能力解决施工现场不文明不安全的现象；监督施工进度保证工期，创造条件使建设进展顺利，收集各种类型的统计报表。

项目经理组织参与有关工程的工作会议。项目经理是施工现场的主要负责人，管理施工现场的大小事务包括进出场材料半成品、质量合格证等的审查、监督和送检，以确保该材料和设备符合进场条件；从基层抓起分部、分项工程的每个环节，组织人员对已完工项目的竣工验收工作；做好工程建设时与周围居民、政府、分包商关系的协调工作；施工现场管理结束后配合项目代建公司与内部管理人员做好交接，以便后续服务工作。

（5）开发部经理的岗位职责

开发部经理应根据国家建设规划政策规划和设计公司前期工作的规章制度，经公司批准后，监督下属部门执行。开发部经理的主要职责就是保证公司开发的工程项目手续齐全，可以开工。他的管理行为主要发生在项目前期，负责做好与所有政府部门的联系沟通工作，并确认后续工作的时间安排；督促项目开发策划小组做好与土地产权所有者的协调合作，尽快办理合法拆迁的证件、手续；初步工作计划的制定和执行；严格控制项目建设前期各项工程的质量，保障项目进展顺利，严格控制支出费用。

（6）土木工程、给水、电气工程管理工程师的职位描述

各专业领域土建工程师、给排水工程师、电气工程师在项目经理的领导下认真细致地完成工作内容，同时相互之间协同合作，在行动上积极配合其他有关专业人员的工作；对于专业图纸的会审工作，利用自己的专业技能认真及时地发现图纸中与其他专业碰撞冲突的部分，与设计人员沟通并提出改进建议，减少变更次数。各专业工程师负责监管施工现场，对质量、进度的要求严格按照施工组织设计的规定，同时还应根据现场具体情况分析后提出可预见风险的书面解决方案。经验丰富的技术工程师应尽快熟悉合同条款，并根据已经掌握的建筑规范按照合同要求管理施工员。技术工程师巡视现场时如果发现施工方法不合理、安排不当的情况，首次先给予口头警告，再发现后在安排好进度补偿措施后责令其停工整顿，决不能瞻前顾后、降低审核标准，更不能视若无睹助长不良风气。

此外，技术工程师还全面负责现场施工各项目标的进展，组织召开及时反馈给上级现场施工和工程质量、技术、安全的措施讨论会议；根据我国的项目生产实名负责制其中也包括除项目经理外的专项工程师，他们的能力水平直接影响工程质量、安全，因此陪同项目经理进行工程的验收时一并签署意见；专业工程师要在第一时间采取应急措施

应对突发情况，并差人汇报上级领导；在自己的职责范围内签署关于进度款拨付的意见。施工现场的每名工作人员都不是独立的个体，他们之间相互影响、相互作用，因此个人积极配合组织内部、外部有利于实现项目目标。

（7）成本造价经理的岗位职责

成本造价经理负责对政府部门新发布的与造价控制相关的收费文件准确领会并运用到工程项目中；按照施工顺序提早编制土建、装饰、安装专业工程预算，为资金拨付提供依据；负责编制内容齐全完整的工程预算资料；对其他上报的工程预结算资料费用和本单位自身做出的结算资料认真核算、对照；对与该工程相关的所有经济活动的管理控制工作都应该认真审计，对承包商上报价格不合理的分部工程项目提出质疑，合理确定双方计价收费方式，每个环节都要求经济合理；结合工程实际与施工现场工作人员及设计人员沟通，及时检查施工计划和内容存在的误差和已经变更之处，与专业工程师核对变更的真实性、准确性并及时反映在工程造价资料中；以国家颁布的材料价格为基础对市场进行调查研究，然后确定本工程人、材、机的市场价。造价控制工作直接影响项目投资目标，造价工程师理应对建设工程项目实施全过程造价控制，建设前应根据建筑市场材料价格提供预算资料控制投资，建设中应及时配合有关部门的工程结算资金控制对资金控制提供建议，应对不符合合同规定的资金要求提出建设性意见。此外，成本造价经理还应进入工地现场对非本单位因素引起的变更提供索赔资料做好竣工决算工作。

二、代建制合同管理的问题分析

1. 代建方的主要控制目标及主要措施

（1）项目质量管理目标和主要措施

质量目标指保证工程项目质量验收时一步到位、一次性合格的目标。代建制公司代替业主执行权力，因此建设目标必须以业主的意愿为首位，积极做好质量目标的确定、商议协调工作，根据业主对使用功能的要求和验收时应达到的质量等级确定。在管理职责的划分上，代建方一般设置专职机构和非专职机构共同服务于项目建设。专职机构由驻扎现场的代理单位管理人员、技术人员组成；非专职机构除了现场的项目部之外，还有对工程建设进行管理和提供资料依据的前期办公室、总经理办公室、预算事业部、总工程师办公室等。专职机构与非专职机构并行划分权限、管理层的职责。专职机构与非专职机构内都已经设置业内服务人员为项目各项工程资料进行编写、整理总结、编号归档等，同时登记保存外来文件，提醒项目负责人不要遗漏每道文件内容，对于无效作废的文件若属公司机密必须采取措施标记或粉碎。

质量管理原则。俗话说"无规矩不成方圆"，这句话反映了一个简单的道理，即如果想要完成某种任务就必须采用某种方法或者工具。从侧面理解这句话之后，可以知道为了实现政府投资招标工程的目标，应遵守以下基本原则：一是坚持顾客就是上帝，建设工程项目的终极使命是服务使用者，最终使用者就是代建公司的上帝，一切活动从使用者的角度出发，组织才能更好、更持续地发展。代建公司应充分考虑顾客的需求，设

身处地为顾客着想，满足顾客基本要求并争取超越使用者预期。二是发挥领导作用。领导的存在是为了避免整个组织机构成为一盘散沙。为了充分发挥各部门作用，人们需要有人为他们指明方向和任务，优化内部工作环境。三是主张全员参与。质量管理过程越来越提倡每个人每个环节的功用，即全过程、全要素、全员参与，因此推进项目参与者对项目负责是组织发展的根本，充分激发每个人的内在潜力对目标成功有积极作用。四是注重过程方法。在项目建设过程中，每个环节、每个资源都要紧紧依据合同进行管理，进而达到预期目标。五是掌握管理的系统方法。时刻注重管理体系和合同管理体系的建立，斟酌相互关联的施工过程可能产生的影响因素并考虑解决措施，体系的形成有助于提高管理效率。六是持续改进。不断进步是企业组织生存的法则，也是企业不断追求的目标。

质量因素的控制措施。一般来说，对建造工程项目产生影响的几个因素有人、材料、机械、环境和方法，简称为4M1E五大风险要素。因此我们对质量的控制主要从这几方面着手，控制它们是确保工程项目的施工质量的关键所在。首先，人的控制。人是复杂的动物，在建设工程项目中既是管理者也是被管理者，包括专职机构和非专职机构人员、建设工程基础操作人员等。工程项目管理中人的作用和影响尤为突出，对人的管理措施也是最复杂的，项目管理层应制定出有效激励人员的措施，充分调动他们的主动性，发挥他们的建设作用，减少事故的发生率。管理层同时需要健全培训督导教育机制提高操作人员素质，加强职业道德教育，完善施工现场条件，建立人员保护措施赔偿体系，给人们以信赖。施工人员是项目的有力建设者，对他们进行有效的管理是影响项目质量的重要因素。其次，材料的控制。对于进出施工现场的建筑材料严格按照法定程序检验抽查，不能姑息原材料、半成品、构配件不合格等现象，对于已经允许进场的建筑材料，管理人员应合理安排堆放，指导人员按照设计规范正确操作。再次，机械控制。对进场为建设工程服务的施工机械的控制主要包括设备机具的选择、运输、安装、使用、维护等，选择机械时要根据它的性能特点及施工工艺要求确定。单就机械操作使用方面，建立健全专业证书操作制度、岗位责任制、轮班接替制度、技术维护系统建立、安全管理制度、机械设备检查制度等是保障工程顺利进行的重要环节。复次，方法的控制。本项包含施工方案、施工工艺、施工组织设计、施工技术措施等的控制，结合工程实际能够解决施工难题，技术可行、经济合理，有利于保证质量、加快进度、降低成本。最后，环境的控制。环境因素容易引发安全问题，对环境因素的控制也是安全目标的控制，但管理难度较大，易受地下环境影响，如地基基础结构承载质量易受地质、气候、水文、社会政策实施力度的干扰，变化多端的环境将会随机产生影响工程质量的诱因。因此，必须对环境管理采取切实有效的措施，力求勘察、评估准确合理。

（2）项目进度管理目标和主要措施

政府投资建设的改造项目大多数情况下都会出现工期紧张，绝对的进度控制目标加大了进度控制的难度，时间紧，任务重。此类工程项目一般是由代建制公司行使项目管理的权利，代建制公司应从三个方面做好进度控制准备：认真分析研究影响因素，并制

定应对该种风险因素的处理方法；做好保证项目进程的实施规划；控制过程中产生的问题。

进度控制的目标。进度控制的总目标是确保项目工期。首先，项目前期管理工作内容（拆迁方面）。充分运用代建单位多年旧村拆迁安置的丰富经验，主动配合业主，积极协调、推进，在拆迁工作中树立主导作用；通过积极介入拆迁调查、完善拆迁补偿安置方案，加强组织领导、全员承包考核，积极宣传、阳光操作、真情服务、亲情拆迁，关注细节、严肃纪律、重点突破、讲究策略方法，及时分析总结、研究对策，切实把握拆迁工作的主动权。其次，办理各项政府手续报批。项目工程前期工作较多，边拆迁、边设计、边施工，留给报建的时间紧迫。我们的主要措施：一是细抓每一个环节，保证做到每个程序都一次性通过，避免返工回炉；二是采取一定的攻关手段，以节省若干环节的审批时间；三是结合 2013 年下半年青岛市下发的《关于进一步优化服务环境规范房地产业发展的若干意见》及绿色通道审批等政策性优化审批制度开展报建工作。初步报建计划分为三个阶段，从项目入场到建设工程规划许可，时间节点为 2014 年 3 月至 2014 年 6 月；从建设工程规划许可到建设工程施工许可，时间节点为 2014 年 6 月至 2014 年 8 月；整个项目前期报建时间为 2015 年 6 月至 2015 年 8 月，完成竣工验收。再次，招标工作管理。招标就是根据施工任务选择确定适合的单位执行该任务的过程。代建单位代替业主编制招标文件及派发，邀请有资质的企业参与投标，然后根据合同网络要求组织选择中标单位、现场考察单位资质实力以及组织编写客观描述招标评标工作。最后，财务管理。财务管理必须建立在法律的基础上，代建公司财务管理部门领导会计进行投资融资工作，把业主与使用者各自的固定资产和项目资源整合在一起进行统一的财务管理工作，与预算部门跟踪项目进度财务资金管控。

进度控制的措施。一是组织措施。一切管理控制都要依附于组织，组织机构的完善是优化管理最直接的方法。督促相关单位尽早建立进度控制管理系统，由系统内的最高领导指定专门人员负责进度控制。专职人员以进度计划为核心紧抓稳干，把庞大的任务系统分解，分阶段、分层次达到控制的目的，在例会时及时参加协调，催促进度工作执行情况。二是技术措施。在保证基本技术措施的前提下敢于尝试新的施工技术，并根据本工程的现场特点创新施工技术、追求先进的施工工艺和方法，增强企业技能。代建制公司要求承包商制作详细的专项、特殊时期应对冬季和雨季的施工方案，采取先进的管理手段按照计划完成进度控制工作。三是合同措施。签订各类合同或采购合同，保证有关的具体规定。使用的建筑管理合同的权利，督促承建商增加人力、机械和设备的投资，加快工程进度。四是经济措施。业主管理层应该采取实惠型措施促进项目进度，以奖金制激发建筑工人的潜能，制定奖金颁发办法，比如提前工期奖励、竞速保质比赛优胜奖。采取经济措施最主要的还是从根本上保证设置的机制有足够的资金支付建筑工人的优秀表现，保证资金及时到位，不说空话、假话。五是信息管理措施。信息管理的工作量很大，信息的时效性、处理信息的方式不同，对进度产生的影响也会有差异，但专职人员要对关键问题及时上报、及时处理、即刻反映。

（3）项目投资管理目标和主要措施

工程投资管理目标。本项目的投资管理目标是：把投资严格控制在合同规定的范围内。投资控制目标的完成情况关乎代建单位的切身利益，应该充分发挥代建单位的专业项目管理优势，聘用高级管理人才（工程管理、造价管理），编制可行的施工组织计划方案，对项目的策划环节进行审查，严格控制被管理建筑公司结算资料的审计复算，紧抓投资控制目标。

投资控制的手段。投资控制的组织手段：建立健全项目管理组织；完善职责分工有关制度；落实投资控制的责任。投资控制的技术手段：技术手段首先要求价格合理，在设计阶段综合考虑结构稳定性、安全性，切忌凭感觉盲目提高设计标准，在设计时应考虑项目实施的经济效果，实行限额设计；招标控制价的编制资料齐全、价格合理；在确定机械设备型号和功率的前提下货比三家，针对业主指定供货单位做好记录审查，保证进场的工具高效优质；合理确定施工进度计划，关注天气变化，调整施工方案，及时避免因突发状况造成的赶工费、窝工损失。投资控制的合同手段：以每条合同条款为依据严格控制投资支出，对于不符合合同条款的行为给予严厉处罚，保证合同条款的履行实施顺畅，减少提供给承包单位索赔的条件。投资控制的信息手段：计划费用数据处理；实际费用数据处理；计划/实际费用比较分析；费用预测；资金投入控制；报告报表生成。

投资控制的管理流程。为了保证投资管理流程前后贯通，提高投资控制目标，实现高于预期的目标，代建公司发挥自己专业化管理的优势成立专业化团队，及时管控资金投入、费用支出的审查，该投资控制部门直接由代建公司财务部负责，保证本项目工作顺利开展，制定了投资控制流程图。

投资控制的措施。项目的合同管理：合同是以法律为基础建立的不同经济主体的约定行为，合同管理的主要内容是对工程项目实施的每个环节进行控制，主要包括合同签订过程的管理约束、执行合同条款、根据合同实施索赔行为直到工程项目结束。代建工程履行的责任要求代建公司受业主委托对工程项目的一切经济技术活动管理。工程合同管理的任务是在保证业主和自身利益的前提下，参照法律辅助业主对将来参与建设的各单位进行资质审查，代建单位根据项目管理合同针对其他项目相关者组织考核，监督保证合同全面履行，同时对参与建设而相互之间没有合同约定的两个个体的纠纷、争议进行处理，避免对业主产生不利影响。

中标的代建项目管理公司的一切行为都要从业主的根本利益出发，严格遵守项目管理合同，在业主授权的范围内建立合同履约管理体系，其他建设单位的管理和建设目标的实现要充分体现业主的意图。项目管理公司的合同管理方法：代建公司虽不是实际的业主，但是它将接替业主对工程项目实施管理，对一切行为活动负有管理责任，制定详细的合同实施管理细则，随着工程项目的实施进行动态管理，主要的管理程序包括根据合同确认工程量、对管理层下发的每条指令进行汇编整理、合同分发归档管理程序、合约支付暂扣程序等。项目建设资金管理：采取组织、技术、经济和其他措施合作和协助业主和项目管理，以实现投资控制管理的目标，即为确保在满足质量和工程进度的前提

下，实现实际成本不超过合同价格（包括调整）。投资控制管理任务：工程施工阶段投资控制的主要任务通过专业的工程控制，改变付款签证管制、防止和处理索赔，努力实现实际支出的费用不超过投资计划。

对于已完成的施工阶段投资控制任务，此项目的项目管理公司会做以下工作：准备这个阶段的资金使用计划，控制专业的工程付款；负责每月向业主报告，与业主结算工程进度款；负责专业工程中期付款的审核和支付，以及专业工程的最终完成账户，严格控制要点转包付款；动态掌握工程实际造价和合同成本比较分析，向业主提供合理的结算依据；严格控制工程变更，变更设计时，寻求降低成本的变化；协助业主进行反索赔。

项目建设资金管理措施：资金筹措及运用，结合本工程的特性调整实施办法以适应本代建工程项目管理模式，建立本项目特有的财务管理办法，有效地运用资金、节约开支、加强成本控制，保证投资控制在合同约定内，实现项目目标。财务管理办法：资金管理办法；成本费用核算与管理办法；会计基础工作管理办法；现金管理办法；票据管理办法；会计档案管理办法。经济措施：配合完成财务评审。技术措施：技术措施概括起来可以有两种，即控制和改进，控制是指控制图纸出错频率，在图纸会审时一次性提出所有疑问，要求设计单位一一解决，控制设计变更的源头就是节约投资的手段之一；改进就是在项目实施过程中开发本公司独有的投资控制方法，创新是企业的灵魂，通过研究施工工艺和机械设备原理的技术创新完善技术管理。合同措施：处理索赔事宜时以合同为依据。

2. 合同管理工作存在的问题

合同管理就是企业对合同内容的管理及合同过程控制对产生的合同行为进行管理的综合活动。企业合同管理行为能有效控制企业风险，保证项目利益，保证公司的权益，它在企业中的地位突出，企业管理者也给予高度重视，尤其在合同管理人才引进方面。企业合同管理和项目管理类似，也是动静结合，处于动态与静态并存的状态，是连续的管理过程。企业合同管理是围绕合同样本的制定、技术性条款的设立、合同相对人资信状况的调查、合同条款的谈判、特别条款的约定、合同的签订、合同内容的履行、争议事项的发生及解决等一系列具体环节而开展的防控风险和动态控制过程。合同管理促进一项工程的成功，这在实际管理操作中是巨大的挑战。一般来说，政府投资建设工程代建项目的合同管理复杂度远超大型规模国内建设工程项目，但又由于合同把分属于不同经济主体的项目联合在一起创造利益，因此改进工程施工合同管理方法、创建有效体系势在必行，市场经济下不可避免地存在一些合同管理的问题，主要有以下几种。

（1）合同管理的制度问题

合同管理制度的主要内容应包括集中的管理合同、信贷调查、批准和签署合同、审查、登记、归档和合同示范文本管理、合同管理、合同履行和正确处理、期刊统计与合同的检查、检查合同管理和人员培训、奖惩和链接到合同管理评估等。通过建立企业合同管理系统实现对管理、职责、程序、规格、合同的签订和执行、评估、纠纷进行有效控制。目前，大量的政府投资项目建设合同管理系统存在很多问题。例如，合同没有分类管理、合同管理不包括在评估中。

（2）合同不严谨，合同审查制度执行不力

合同管理的每个环节都是必要的，其中合同谈判、审核主要是解决下列几种矛盾。一是合同的合法性，合法性包含两层含义：一层是合同签订双方当事人的资格是否合法；另一层是合同内容及签订合同的过程是否遵守法律规定。包括当事人是否接受经办人的授权、有没有签署合同；合同是否遵守国家法律、政策和法规；当事方意思表达是否真实、一致、平等；法律依据的签约程序等。二是仔细确认合同内容，根据合同示范文本比照有无遗漏条款；是否对当事人双方的权利义务做了明确规定；文字表述是否确切无误。三是考虑风险因素，管理者都不希望承担具有风险的项目。合同如果不能按照正常的进度执行，由此可能引发的风险并带来损失。

（3）静态管理远重于动态管理

所谓的静态管理是指工程项目只在谈判协商阶段还没有签订合同时的管控。而动态管理包括了合同管理的中后期，一般以签订合同为分界线。静态管理只关注前期合同履行不力的行为，没有随着项目变化进度维护自己的权利义务。合同动态管理的不足主要体现在合同履行时期的两种实际情况里，一是在实践中执行不畅，使得每个控制目标中的合同管理措施只是纸上谈兵，不能发挥作用，不能有效控制项目目标的实现；二是动态性差没有跟踪比对，项目建设与合同履行情况忽略合同的法律效力。

（4）忽视诉讼时效

企业合同管理中，没有形成时间即效益的理念，当发现违约行为时没有在有效诉讼期内维护自己的权益，纵使各种赔偿违约行为发生频率比较高给企业带来无法挽回的损失。

3. 合同管理影响要素分析

合同的管理是关乎企业的成功运行的关键，现如今的契约经济直接表明企业的一切经济活动只有依靠签订合同协议书才能确保自身的利益，合同管理的地位越来越突出，注重合同、加强合同管理才能在法治社会占先机。企业合同管理工作运行得比较早，企业的合同管理主要是对合同实施的过程进行管理。合同实施过程按照执行顺序分别是合同订立、合同执行、变更合同条款、解除合同关系、转让合同、合同终止等。

合同管理还具有三个最常见的特点：第一，企业对有合作意向的对方企业就建立合同进行全过程监管，即从开始谈判到起草合同初稿再到谈判后决定订立合同的全过程监管；第二，动态性，对谈判中出现的对我方的不利影响随时调整合同条款；第三，管理涉及合同签订的每个环节和每个人。合同管理的概念在建设工程领域比代建制管理出现较早，相对而言应该发展的比较成熟。合同管理是新兴的管理手段，并有一定实例经验，随着管理经验的积累，企业对合同管理的重视度是越演越烈。对项目管理实行合同管理推动了项目管理的形式创新。合同管理不是人人都能胜任的，必须由一定的组织机构和特殊管理人才来完成。合同管理需要发展、不断完善，要提高合同管理水平，必须引进国外先进理念，培养合格的合同管理人才，提高合同管理的专业化程度，将合同管理组织安排在建筑企业施工现场内部，实施有效管理。

合同管理的组织形式灵活，可以根据企业的组织形式以及工程项目进行调整变化，一般包括以下几种情况。在企业内部设置专门合同管理部门，专门负责以下工作，包括：参加招投标的合同管理、审查合同条件、分析投标文件的可行性；积极做好市场调研、编辑工程信息数据；专管合同的组织机构，提前安排人员，计划工程合同管理范围；向项目部派遣合同管理人才，对现场合同管理进行指导，判断不符合或者违背合同条款的行为，深入施工第一线搜集最新数据、证据、信息，并将这些信息与业务主管部门汇报，及时做出反应。但是当项目并非像政府投资项目一样涉及范围如此之广时，可以适当缩小合同管理机构的规模。在此类项目中，建设前期成立合同管理小组，由业主等开发建设单位组建并赋予他们管理工程的绝对权力，坚决杜绝把合同管理小组虚化，可以参照项目管理结构设置三级管理层次。

合同管理组织设置主要根据项目规模及参建单位的管理理念来确定，小规模的工程项目劳动强度小，可以只在项目部里留一名直接听命于项目经理的合同管理人员，由他向经理汇报各种合同管理问题，然后项目经理下发处理决定解决方法；也可以不设置该管理员，只把合同管理的工作分解融合到项目目标控制的执行度上。一些国际工程项目合同管理，不只是一个国家的管理者参与，人员的沟通不畅和缺乏经验严重影响项目目标，只能另外拨款通过委托专业的合同管理公司进行管理。

三、代建制合同管理体系的研究

1. 建立代建项目合同管理体系的必要性

（1）政府投资代建项目信息管理、合同管理不完善

建筑市场中每个项目参与方的行为都是出于自身利益最大化的动机，因此在建设的每一个环节都可能采取机会主义行为不利于实现项目的目标。从合同管理的角度来看，即使在签订合同时参照国家规定的合同示范文本、采用标准化的合同条件，并对将来可能发生的不利因素进行合同规定，但在合同管理控制的过程中还是会产生不可预期的风险，产生项目职责不清、语言不严谨等问题。这个时候由于信息不对称现象普遍存在，将诱发道德风险，承包商从自身利益出发，利用合同条款的漏洞最大化自己的利益，即使双方信息对称，如果开发人员按合同规定执行，合同管理成本将会随之增加。在项目合同管理中有必要引入合同管理体系，促使项目承包商在满足合同要求的基础上，以自己的利益为出发点为他们的行为选择更有利的执行合同。

（2）管理合同规定之外的不可预见的风险要求建立合同管理体系激励机制

代建工程项目是政府发展城镇化的重要组成部分。建立符合人民群众生活生产所需的基础设施项目，使工程建设目标更高，不仅仅是单纯满足项目参与方的利益要求，更重要的是达到业主及使用者的预期，因此影响项目的不确定性因素更多。管控这些不确定的风险因素就会增加项目成本，如此产生的影响就是项目各方面的目标、进度都无法实现。我们在按照合同示范文本、采用标准化合同条件签订合同时虽能对常见的可预知的风险加以评估、明确分配责任，但从项目实施报建直至验收的全过程中会随机出现不

能用准确数字衡量的风险因素，这些不确定性风险因素大大削弱了已签订合同的作用。合同管理的作用如果淡化，则无法灵敏地应对偶然性风险增加的成本和导致的项目损失。

（3）政府部门应预留充足的资金来为激励合同管理体系建立

政府投资建设项目签订的合同形式一般为单价合同，即固定单价，只根据工程量结算资金，如若代建单位一味追求高质量的工程项目而没有相应资金收益也得不到额外的成本补偿，这样造成的工程项目进度拖延，降低了代建单位及项目相关者的积极性，非常不利于项目目标的实现和合同管理。如果通过管理措施激励项目管理代建单位突出的业绩表现，例如，比合同预期更快地实现进度目标或者某阶段质量评级高出合同规定的范围时应给代理人额外的报酬以资鼓励，这样可提高代建人管理、建设的积极性。政府投资代建项目合同管理体系的目的就是使共同的项目目标在代建单位的管理协调下共同协作。显然，项目委托方就是希望达到既能降低政府投资项目的道德责任更好实现建设目的，又能引诱项目代建单位展现真正排除虚假信息的目标要求。

（4）合同激励机制的应用条件

在工程项目中建立合同激励机制应具备一些条件：激励合同无法在短期内实现，从合同的管理到体系的形成需要很长一段时间，因此更适用于长期合同；要求政府部门完全相信通过招标所选择的代建公司能以此为基础促进合同激励机制；明确希望达到的具体目标；对建筑市场能准确把握；能进行高效的合同管理；应预留充足的资金建立激励合同管理体系。

（5）实施合同激励机制的步骤

在工程项目中实施契约激励机制的主要程序如下：做好前期准备工作（如工程资料整理汇编、奖惩评定等级标准等）；设定目标成本和目标工期等；在合同中建立激励机制；在管理合同执行过程中，根据项目进行情况及时分阶段汇总造价与清单工程量来保证合同激励机制的成功实施。

（6）对于业主的建议

为了保证合同激励机制的成功，笔者对于业主提出下列几点建议：明确定义项目目标；针对关键目标建立激励机制；在招标投标阶段选择合适的承包商；与承包商协商；根据设定的目标成本和目标工期合理匹配实际进度；制订公平而合理的激励机制；奖励与处罚相结合；确实发挥业主的作用，鼓励务实，鞭策到位；业主应以建筑法规为根本原则，绝不能以降低质量标准为交换条件节约开支和缩短工期；激励机制只是辅助项目管理的手段，不能代替项目管理，主次地位要分清。

2.代建项目合同管理体系的对象和范围

首先合同示范文本包含通用合同条款、专用合同条款、合同协议书三部分内容。合同管理在管理合同时也要对各种人际关系、法律关系、组织机构包括实体项目和影响项目目标的每个方面进行管理。由于政府投资代建项目缺乏系统的、可以遵循的、合理的合同管理体系，无法在一份正式的代建合同中对合同激励机制做具体的、详细的规定，这就有必要在业主及代建单位间签订一份非正式合同（激励合同）。该非正式合同作为政

府部门和代建单位签订代建合同的补充，确定了双方都能接受的具体内容。有资质的代建单位代替政府部门行使项目建设管理权利，因此，其也是合同管理体系的主要激励对象。由于代建工程的特殊性，工地基本处于开放状态，项目施工和外界是相互作用的，工程会受到外界自然环境和社会环境的影响，同样也会作用于外界环境不确定因素，为工程目标的实现埋下隐患。非正式项目合同管理的范围包括：正式合同条款规定之外的一切对目标产生影响的人、事、物、外界环境；在合同中不能做出详细规定的或者即便规定好细节也难以实现的内容。对于这样硕大的工程项目，经历时间长、细节问题多，无论从专用合同条款角度看还是从合同协议书的角度看，都无法在合同条款中做出具体检验的规定，因此只有通过建立额外的激励机制，引导鼓励代建单位自觉地为提高质量、保证进度而努力。该项目所确定的建设工程合同目标是项目激励合同的范围，但也包含除这些基本目标外的其他对实现项目目标有影响的所有工作内容。

3. 代建项目合同管理体系的设计原则

本工程是一项政府为加快城镇化建设投资的居民回迁安置小区，投资控制要求高而居民希望得到高额补偿的矛盾突出，工期紧凑，对代建公司来说是很大的挑战。面对居民只关注自己切身利益的复杂建设环境，要求项目的组织结构设置能快速对各方要求做出回应，保证多方的协同工作和共同利益。为此，项目合同管理体系的设置原则具体如下。

（1）目标性原则

众所周知项目管理包含九大目标体系，本项目主要管理目标有整体项目管理、工程时间管理、成本管理、施工人员的健康安全管理、质量管理、环保管理、风险管理等目标。项目公司可使用集成项目管理，并做出体制及程序管理工具，建立包括既定的目标、专业化、进度控制在内的三维管理体系，使所有项目目标都能顺利实现。

（2）阶段性原则

本项目实施过程包括：初期审批报建各种事务和设计及招标阶段、确定具体施工方案与执行阶段、系统调试和验收阶段、交付使用与后期评价及提供配套服务阶段。在组织机构中也将反映各个阶段的管理目标，要预先规划，执行并检验对照。对于每一个目标的规划、实施、监控，形成统一和多系统相互作用的体系。

（3）专业化原则

该项目的建设包含的专业领域有建筑设计、力学结构安全、暖通、给排水、电气专业技术等。为符合专业化管理的要求，将设立专门部门，形成执行命令层的核心。

（4）协调原则

充分发挥交钥匙系统的组织、协调和控制能力，项目管理代建单位全面覆盖分包商管理，指定分包商、转包商和业主要求的分包综合治理，包括直接、有效应对多种需求，加强协调力度，力争使之符合各项项目利益相关者的要求。

（5）特殊性原则

本工程在管理上有许多特殊性，如：图纸需要各专业全面深化的整合、碰撞、检查；在很多工作上须加强分包商相互之间的协作力度；及时公开、处理应对信息的互换管理。

项目管理代建方应基于本工程的特性，把工程管理的共性与个性特点相结合，从管理职能上设立专职问题解决小组，有针对性地在施工过程中全面解决好本工程的重点难点问题，更好地实现业主的建设目标。

第三节　代建项目合同管理体系评价

一、政府投资项目代建方业绩的模糊综合评价

政府投资项目代建工程代建方业绩的模糊综合评价是合同管理体系对项目目标完成情况的预估，是主观分析和客观量化的结合。代建方业绩的综合评价是一个系统工程，旨在选择合理的评价指标，采用层次分析模糊综合评价方法对代建制效果进行评价。代建单位的中心任务就是按照合同的约定保证项目质量、进度、安全文明等目标的实现。选择适用规范、客观公正、简便易行的综合业绩评价方法至关重要，针对目前国内外相关研究表明，代建方的评价体系还不完善。作者采用在多目标决策中使用最广泛的层次分析模糊综合评价法和专家评价法。这两种方法被应用的频率较高，易操作。层次分析法（Analytic Hierarchy Process，简称AHP）是把逻辑思维分层次转化为探讨问题的因素，将数学定量分析和逻辑思考相结合的决策方法。在该方法中，主要研究存在隶属关系或者有相对关系的层次目标，在层次分析法中依赖这种相互关系可将整个系统划分成许多不同目标的子系统。将许多子系统进行相互比较，得出在大环境下即在整个系统的大前提下的子目标的权重，并按照大小排序，最后得到每个子目标占系统的比重，从而根据规定，清晰地得到每个指标在整个研究问题上的重要性。该方法虽然应用很广但仍存在一些不足。

1. 无法提供新的决策方案

层次分析法是评价人员对已存在的设计方案进行评价排序，以知道各方案指标在整个研究问题中的重要程度，从而得出相对效果较好的方案的方法，该方法只能在已有体系中做出最优决策而不能提供解决问题的新方法。

2. 定量与定性分析相结合，更偏重于定性分析

层次分析法是主观分析和客观量化的结合，现在我们评价一种方法一般需要权威机构做出严谨的数学推理证明该方法的可行性、优越性等。模糊综合评价法是以数学手段评价生活问题的方法。生活中处处都存在模糊的含义与模糊的评价，现实世界的问题不一定都能用简单的数字量化。人们认识的有限性、不断发展的事物及其多样性、研究界面的模糊性使得人们必须用不确定的语言和抽象思维描述事物。模糊只是在一定范围内评估问题而不是确定问题的属性，采用这种方法解决问题时也许其他人会问：为什么会是这样？能不能用数学方法来解释？如果不可以的话，你凭什么认为你的这个结果是对的？你认为你对这个问题认识深刻，但我的理解同样很深，为什么我们答案不一致，此

时该如何解释呢？

举个例子，比如一双鞋子，有人的评价标准可能是舒适性、是否耐穿，而对于爱美的女生而言，如此的评价并不能完美诠释这款鞋的价值甚至难以接受，因为对女生来说，鞋子好坏除了满足基本要求外，还必须时尚。这是因为女生相信一双时尚的鞋子在脚上可以带你去很多美好的地方遇见很多美好的人。这样，对于设定的一个选择题"购买鞋子时的选择方法"限定条件变多后只能进行性别研究，研究该问题的意义充其量也就只是"男士购买鞋的选择方法"，也就是说，定性成分较多的时候，缩小了研究后解决问题的范围。针对以上问题笔者的解决方法就是增加评价指标，尽量全面覆盖各类人的要求，这样就会导致问题复杂化，使评价工作变得异常辛苦、无头绪，产生无法设置评价指标而添加标准进而产生另一个层次分析法的问题。

3. 评价指标体系太多，数据统计复杂，难以确定指标权重

模糊评价可以将生活中不清晰的问题用模糊的评价集来解释，使人们认识事物的方法更灵活，将复杂的认识简单化，方便人们交流，我们希望解决的问题越一般，选用的指标数量有可能就越多。这种评价方法的基本思路就是将指标按照层次结构分在不同的模糊集中，然后对集合中的每个元素写出评价集，进而求出每个因素对评价级的描述，形成判断矩阵，然后对矩阵进行模糊变换得出结果。增加评价指标就表示我们必须深入研究越来越多复杂的、大型的判断矩阵。

4. 求特征值和特征向量的精确数值很困难

在求判断矩阵的特征值和特征向量时人们只能对简单的二阶、三阶矩阵精确求解，而对于高阶的矩阵代表，需要罗列的评价指标很多，本身代表评价指标的系数是不准确的，对于这类矩阵的处理只能借助统计学的理论计算处理，得出近似结果。

二、政府投资项目业绩评价指标体系的建立

政府投资的该工程项目包含多个专业领域，要求代建单位具有综合实力。该项目整体涵盖了村民安置住宅、幼儿园、社区服务中心、商业楼及商业酒店等建筑的建设，并配套建设社区内道路、给排水、绿化、水系等室外配套工程等，是一个复杂的系统工程，此外还有很多因素和相关指标，只有全面合理考虑这些因素和指标，才能在建设工程合同管理系统做出合理的评价。评价指标体系的建立需要满足下列原则：业主和代建单位最重视且对最终合同目的起决定性作用的评价指标；评价指标首先能满足项目基本的合同要求；要选择方便计算的定量指标。

选用项目管理中彼此之间相关性小且是合同管理中所要达到的重要目标，具体如下。

质量控制指标 U_1。质量控制贯穿项目管理全过程，是最终产品成功的关键，因此对工程质量的监督是整个代建项目完成度的直观表现，也是监理单位更是代建单位最关心的问题之一。合同的管理也是围绕质量而展开的，所以 U_1 是重要的评价指标之一。

项目进度指标 U_2。众所周知，只有按时交工才能避免工程索赔，保证项目酬金，它是四大控制目标之一，为了把项目实际工期控制在合同规定的范围之内，采取的手段就

有对相关方的合同管理，因此，进度控制指标也是重要的代建方评价指标。

安全管理影响 U_3。我国一直以来都非常重视建筑行业从业人员的人身安全，安全管理措施、处罚条例等已形成对建筑施工进行定量评分的规则，我们可以根据合同作用效果的安全等级对项目体系进行有效评价。

其他指标 U_4。对项目工程全部可能涉及情况的综述、施工现场管理情况、业主提出的新目标新要求、不同于代管方的意见等都会直接影响代建方管理的效果。

权重是指所选取的影响因素的价值、项目管理目标、评估者的水平等多种因素决定的综合评价的重要信息。权重的确定方法主要有主观分析法和客观量化两种。层次分析法主要应用于主观分析来确定指标的权重，客观量化一般相对于主观分析更能准确说明指标的重要性，更能充分体现实际观察结果。将在同一层级的每两个元素进行比较，采用 1～9 标度法得到判断矩阵。取值标度的方法及含义：C_{ij} 的值由专家打分经过归纳得出，然后对数据进行排序进而求出最大特征值和其特征向量。确定合同管理影响因素并建立层次结构法代建模式下工程项目合同管理因素集 $U=\{u_1, u_2, u_3, \cdots, u_s\}$，$U_i$ 为准则层，U_i 又由指标层中的若干因素决定，$U_i=\{u_{i1}, u_{i2}, u_{i3}, \cdots, u_{in}\}$。建立判断矩阵因素两两相比较，通过询问专家的意见，根据 1～9 标度得到判断矩阵 A。沿递阶层次结构由上而下逐层计算各层元素对目标的合成权重，并对其进行总排序，得出最低层因素相对于最高层的重要程度。

根据上述步骤，对主要指标和次级指标层各评价指标进行综合评价。当因素权重集 A 和评价矩阵 R 已知时，R_i 为单因素评判矩阵，则得到一级评判向量。将每个 U_i 看成 U 的一部分，用层次分析法确定它们的权重集 A，则二级综合评判最后根据最大隶属度原则做出评判结果。

三、代建项目合同管理存在的问题及解决措施

随着我国加入 WTO，我国建筑市场的竞争也日趋激烈，对于建筑企业既是一次严峻的生存挑战，也是一个难得的发展机遇。目前我国的建筑企业综合竞争实力和管理水平，尤其是建设工程合同管理水平，与国外先进企业相比差距较大。主要表现在合同体系不健全、合同管理水平低、人员素质较低。在建筑市场上，不慎签订的一个合同就有可能导致企业面临破产的窘境，因此，建筑企业必须加强对合同管理的研究、加强对控制合同风险对策的研究，以提高企业的抗风险能力，确保在竞争日益激烈的建筑市场上求生存、谋发展。

1. 代建项目合同管理的现状

（1）缺乏强烈、敏锐的合同法律意识

一味遵循《建设工程施工合同示范文本》规范，没有结合工程项目和企业自身的具体情况来订立相应的合同条款，往往将订立合同流于形式，对合同条款不做仔细推敲，对违约责任、违约条件等不做具体明确的约定，订立的合同非常简单，内容缺乏、条款不明等。

（2）忽视合同管理职能工作

企业的管理层不能从战略高度分析和认识合同管理对企业生存和发展的重要意义，缺乏对合同管理职能的重视。大多数中小型建筑企业没有设立专职的合同管理部门和人员，没有建立严格的合同管理制度和规范的工作程序，仅仅将合同管理职能分解为技术、经营、质检等几大部门分别进行管理，无法从整体上分析和把握合同的确切状态及应采取的合同措施，合同管理漏洞百出。

（3）合同文本存在缺陷

建筑企业签署的合同文本大多责任划分不清，缺乏对合同事件各参与方相应权责、违约的具体后果及处理方式方法的全面定义和具体描述，部分施工合同文件对履约双方约定的权利、义务有失公平，例如，过多强调承包方的权利义务，对业主的制约条款相对较少，特别是对业主违约、赔偿等方面的约定不具体、不明确，也缺少行之有效的处罚办法。大多施工合同文本中，缺少对工程保险责任、索赔计算原则的具体约定。工程担保和保险制度是保证施工合同履行的有力手段，施工企业对这一点却往往认识不足。

2. 主要应对措施

（1）合同管理的范围

每一个工程项目都有区别于其他工程的特点也兼具工程项目的共性，合同管理的范围必须在分析个性的前提下对可能出现的不利因素等做好共性协调，一般以质量目标为核心确定方案所涉及的范围。合同管理需要一个尺度，这个尺度就是合同管理体系标准。对政府投资项目的重要性和基本服务属性决定项目结果的质量是项目的重要目标之一。工程质量要达到合同的基本需求可能会付出大代价，此外还有很多因素影响项目的质量，评估质量的弹性大，项目质量控制的难度也很大。但重要的是要注意，建立以质量为核心的激励机制并不意味着为保证质量目标可以牺牲速度和效益，否则，承包商可能因追求高质量而延误项目，或因追求高质量而不管成本。要考虑将项目的目标作为一个整体，使目标的实现和谐。

（2）促进合同管理体系形成的激励方法

对于这个项目，虽是一个政府投资项目，但是通过公开投标中标后的工程代建单位既要做好手续复杂繁多的施工前的准备工作，涉及相关利益方内部的交流沟通，而且要与社会各部门保持紧密的联系，建立良好的沟通渠道，保证信息的准确性、时效性，这就要求项目管理公司派工作人员协调规划、有效建设。同时，也应迅速建立与业主和当地政府的密切联系，消除施工期预计会遇到的障碍，疏通经络，提高工作效率，创造一个和谐的外部环境，为项目建设和后续施工的顺利进行打下了良好的基础。政府可在任何时间向项目管理公司进行了抽样检验，如果每一个程序都是"一次"，没有返工回流现象，那么可以提高相关人员的报酬。

（3）成本激励

成本激励通俗的说法就是资金回报，它是一种最基本有效的激励方法，成本激励是一把双刃剑，主要包括目标成本和目标酬金。目标成本，对于建筑工程造价控制也是重

要目标，代建公司通过全过程造价控制将目标成本控制在合同规定额度内。目标酬金，即是项目管理方获得的利润，如果实际成本等于目标成本，则会获得这笔酬金。设立具有激励性的奖惩制度，如果项目超支则目标成本应减去扣掉超支部分作为项目公司的酬金，不论超支或者节支都应在合同规定的限度内，如果超过最大限额则项目管理公司对超出部分接受处罚。相反，如果合同管理体系有效实际成本小于目标成本则政府部门也应在合理范围内予以奖励，做到有罚也有奖，公平对待项目公司的业绩。

（4）综合激励

在召开现场协调例会时，政府部门应对项目代建单位、监理单位、建筑单位等表现优秀的项目相关者给予奖励，比如承包商在目标日期之前完工的应当给予相关人员一定的精神奖励，具体表现形式可以是对其颁发"优秀单位"证书；当各专业分包商在质量或安全性能等方面比标准规格高出几个水平时，承包商将得到合同约定金外的利润。激励机制应该建立在工程各分包商合理业绩评价的基础上，并以此为依据。该评价体系的出发点是满足合同规定的要求，从经营范围中得到的启发。只有对建设项目各阶段的正确和准确评价，使绩效评价激励机制设计发挥奖惩制度应有的作用，真正调动项目参与各方的积极性，才能实现高效的生产目标。

第七章　BT 工程合同管理体系研究

第一节　BT 工程合同管理的相关理论基础

一、建设工程的 BT 模式

1. BT 释义

"BT"是英文"Build"和"Transfer"的缩写，中文的解释是建设、移交，指政府或其授权单位经过法定程序选择拟建的基础设施或公用事业项目的投资人，并由投资人在工程建设期内组建 BT 项目公司进行投资、融资和建设，在工程竣工建成后按约定进行工程移交并从政府或其授权的单位的支付中收回投资。采用 BT 模式建设的项目，所有权是政府或政府授权的公司；政府将项目的融资和建设特许权转让给投资方；投资方是依法注册的国有建筑企业或私人企业；银行或其他金融机构根据项目的未来收益情况为项目提供融资贷款。政府（或项目筹备办）根据当地社会和经济发展的需要，对项目进行立项，进行项目建议书、可行性研究、筹划报批等前期准备工作，委托授权公司或咨询中介公司对项目进行 BT 招标；与中标人（投资方）签订 BT 投资合同（或投资协议）；中标人（投资方）组建 BT 项目公司，项目公司在项目建设期行使业主职能，负责项目的投融资、建设管理，并承担建设期间的风险。项目建成竣工后，按照 BT 合同（或协议），投资方将完工的项目移交给政府（政府授权的公司）；政府（或政府授权的公司）按约定总价（或完工后评估总价）分期偿还投资方的融资和建设费用。政府及管理部门在 BT 投资全过程中行使监管、指导职能，保证 BT 投资项目的顺利融资、建成、移交。

2. BT 投融资建设模式的发展

在我国，基础设施和公用事业项目建设与资金短缺的矛盾日益突出。基础设施和公用事业项目建设的政府投资有限，需要通过贷款、利用外资、社会投资等方式筹集解决，而我国民间散落着大量的资本，这就使政府投资基础设施和公用事业项目的资金缺口和民间资本存量之间建立了一种联系。但基础设施和公用事业项目等公共产品的特殊性和民间资本追求利润最大化的目标不可避免地会发生矛盾，如何使用资本存量来弥补资金缺口成了最大的难题。而"BT（建设—移交）投融资建设模式"正是解决这一问题的良方之一。说到 BT 投融资建设模式，就不得不谈 PPP（Private-Public-Partnership）模式。PPP 模式的核心是强调政府与私人机构在建设公共设施或提供公共服务中的彼此合作。

政府有限的财政预算不能满足公用事业和基础设施项目建设的需要，PPP模式正是解决财政资金不足的一个重要途径。同时，PPP模式也为民间资本进入公共设施建设或公共服务领域提供了优越的市场条件和众多的投资机会。自20世纪80年代至今，PPP模式作为现代基础设施最重要的投融资方式之一得到迅速发展，并在世界范围内取得了相当大的成功，而BT模式正是PPP模式在实际应用中的具体演变，其特点是协议授权的投资者只负责该项目的投融资和建设，项目竣工验收合格后，即由政府或其授权的单位按合同规定赎回。

3.BT投融资建设模式在我国的合法性

近年来，在我国一些省市相继试点推行BT模式，取得了一定的成绩和经验。国家也出台了一些政策和文件，明确了BT模式的合法地位。例如：2002年12月27日，建设部发布了《关于加快市政公用行业市场化进程的意见》，明确指出"鼓励社会资金、外国资本采取独资、合资、合作等多种形式，参与市政公用设施的建设，形成多元化的投资结构。对供水、供气、供热、污水处理、垃圾处理等经营性市政公用设施的建设，应公开向社会招标选择投资主体，向社会及民间资本开放市政公用行业市场"。2003年2月13日，建设部发布〔2003〕30号《关于培育发展工程总承包和工程项目管理企业的指导意见》，该意见第四点第七条规定："提倡具备条件的建设项目，采用工程总承包、工程项目管理方式组织建设。鼓励有投融资能力的工程总承包企业，对具备条件的工程项目，根据业主的要求，按照建设—移交（BT）、建设—经营—转让（BOT）、建设—拥有—经营（BOO）、建设—拥有—经营—转让（BOOT）等方式组织实施。"2004年7月25日，国务院发布了《国务院关于投资体制改革的决定》，其中明确提出了鼓励社会投资、加强政府投资项目管理、改进建设实施方式、引入市场机制、充分发挥政府投资的效益等投资体制改革目标，包括：放宽社会资本的投资领域，允许社会资本进入法律法规未禁入的基础设施、公用事业及其他行业和领域;逐步理顺公共产品价格，通过注入资本金、贷款贴息、税收优惠等措施，鼓励和引导社会资本以独资、合资、合作、联营、项目融资等方式，参与经营性的公益事业、基础实施项目建设。

对于涉及国家垄断资源开发利用、需要统一规划布局的项目，政府在确定建设规划后，可向社会公开招标选定项目业主；对非经营性政府投资项目政府应加快推行代建制（即通过招标等方式，选择专业化的项目管理单位负责建设实施，严格控制项目投资、质量和工期，竣工验收后移交给使用单位）。各级政府要创造条件，利用特许经营、投资补助等多种方式，吸引社会资本参与有合理回报和一定投资回收能力的公益事业和公共基础实施项目建设。对于具有垄断性的项目，政府可以实行特许经营，通过业主招标制度，开展公平竞争，保护公众利益。

中央和地方政府的一系列鼓励和加强民间社会资本投资基础设施、公用事业项目的措施表明：在一段时间内，以利用民间、社会资本为主的PPP项目建设模式（包括特许经营、业主招标、BT模式与代建制等）将取代政府直接投资模式，成为基础设施、公用事业项目投资的主要方式。

4. BT 投融资建设模式的实际运作模式

实践中冠以 BT 模式名义的投融资建设模式大致分为四类。

施工二次招标型 BT 模式。施工二次招标型 BT 模式项目的实际运作方式为：BT 模式项目发起人通过法定程序选定仅承担投资职能的投资机构作为 BT 模式项目主办人，由 BT 模式项目主办人设立具有法人资格的 BT 模式项目公司并由该公司作为建设单位对 BT 模式项目进行融资、组织建设和管理，包括 BT 模式项目公司自行融资、办理工程建设有关审批手续，以及通过公开的招投标程序选择施工承包商、建立单位和材料设备供应商等。其特点是项目的主要施工承包商要由 BT 模式项目公司另外再通过公开的招投标程序确定，而不是由 BT 模式项目发起人在选定 BT 模式项目主办人的同时确定。

直接施工型 BT 模式。直接施工型 BT 模式项目的实际运作方式为：BT 模式项目发起人通过法定程序选定 BT 模式项目投资机构作为 BT 模式项目主办人，由 BT 模式项目主办人设立具有法人资格的 BT 模式项目公司并由该公司作为建设单位对 BT 模式项目进行融资、组织建设和管理。但在选定 BT 模式项目主办人的同时明确该项目的主要任务由 BT 模式项目主办人之一（或其指定的下属单位）承担。其特点是 BT 模式项目公司成立后，直接按 BT 模式投资建设合同的约定，与作为施工承包商的 BT 模式项目主办人（或其指定的下属单位）签订施工合同，不再另行选择施工承包商。BT 模式项目公司与施工承包商存在一定的利害关系。

施工同体型 BT 模式。施工同体型 BT 模式项目的实际运作方式为：BT 模式项目发起人通过法定程序选定同时直接承担投资、建设管理和施工职能的 BT 模式项目主办人，BT 模式项目主办人虽然另外设立项目管理机构对 BT 模式项目进行建设管理，但是项目管理机构一般不具有法人资格，既无资格办理工程建设相关审批手续，也无法出面与工程建设相关单位签订合同。其特点是项目的主要施工承包商与 BT 模式项目主办人甚至项目管理机构直接同体。

垫资施工型 BT 模式。垫资施工型 BT 模式项目的实际运作方式为：BT 模式项目发起人通过法定程序选定同时承担投资和施工职能的 BT 模式项目主办人，BT 模式项目主办人直接承担项目融资和施工职能，项目的建设管理职责（包括办理相关建设审批手续，勘察、设计及监理单位的委托及管理等）由 BT 模式项目发起人承担。因为在这种模式的项目实施中，投融资和施工方并没有拥有项目的所有权，更谈不上项目完成后的转交，其实际与垫资施工承包方式类同，故严格讲这种模式并不能称为合法的 BT 模式。

5. BT 模式项目运行阶段划分

BT 模式的运用是多样的，实践中找不到完全相同的 BT 模式项目。BT 模式项目的运行一般包括五个阶段，依次是：项目发起、立项和准备，BT 招投标和合同签订，组建 BT 模式项目公司，工程融资建设，移交和付款。在 BT 模式项目的发起、立项和准备阶段，BT 模式项目发起人要根据客观需要确定项目的设计规模和技术方案，进行可行性研究，完成项目的立项以及 BT 模式招标的政府授权和招标前的其他准备工作。部分项目在此阶段甚至已经完成勘察和设计工作。在 BT 招投标和合同签订阶段，BT 模式项目发

起人要拟定招标文件、评标标准和 BT 模式投资建设合同等相关法律文件，按照招投标的有关规定进行 BT 模式招标、评标，并与评定的中标人谈判、签订 BT 模式投资建设合同。在组建 BT 模式项目公司阶段，主要的工作转移到 BT 模式项目主办人处进行。BT 模式项目主办人在这一阶段要根据 BT 模式投资建设合同的要求在项目所在地注册成立 BT 模式项目公司，并吸引其他投资者实现项目公司股权融资。在工程融资建设阶段，主要的工作由 BT 模式项目公司组织完成。BT 模式项目公司成立后要完成项目建设资金组织、土地及建设手续审批、勘测设计深化、施工及监理合同签订、组织材料设备供应等工作，并尽快开始施工。（注：在该阶段的部分工作不一定由项目公司完成，具体工作内容应视 BT 模式项目的具体实施模式和环境而定）在工程竣工后，BT 模式项目公司应会同 BT 模式项目主办人向 BT 模式项目发起人或其指定的运营管理机构移交，BT 模式项目发起人按 BT 模式投资建设合同的约定进行款项支付，由 BT 模式项目公司偿还贷款、进行股东分红和清算等。若此时工程质量保证期尚未结束，则 BT 模式项目公司清算后其质保责任由 BT 模式项目主办人承担。

二、与 BT 模式有关的合同管理模式

1. EPC 项目合同管理模式

EPC 项目是指设计、采购、施工总承包项目，也叫交钥匙工程，是指工程总承包企业按照合同约定，承担工程项目的设计、采购、施工、试运行服务等工作，并对承包工程的质量、安全、工期、造价全面负责。交钥匙总承包是设计、采购、施工、总承包业务和责任的延伸，最终是向业主提交一个满足使用功能、具备使用条件的工程项目。与 BT 工程相比较，EPC 总承包项目和 BT 项目之间存在以下异同：相同点，即两者都基本涵盖了项目实施阶段的所有内容，两者的承发包都是在项目决策阶段完成后进行的；不同点，即 BT 工程的承包者还承担了项目投融资的任务，BT 工程的承包商因为设计工作的延续性需要可能对设计单位没有选择权而只有管理权，因质量、安全、进度、投资等需要，BT 工程承包商往往还需对监理单位进行管理。

因此，就项目的具体实施来讲，EPC 项目的合同管理理论应该可以作为 BT 项目合同管理的基础平台，因此，在设计 BT 项目合同管理体系时可以 EPC 项目合同管理理论为平台，再结合 BT 项目的一些特点，在"点"上对其进行补充，从而形成对 BT 项目合同管理的一些建议。EPC 项目的合同管理，在中国建设监理协会组织编写的《建设工程合同管理》（2006）中有描述，其核心是项目计划（包括 WBS、OBS、物资编码系统、ABS）和全面管理。但究其根本，EPC 项目也好，BT 项目也好，其合同管理都可以分解到各个具体的执行合同，如设计合同、施工分包合同、采购合同、咨询合同、贷款合同等。具体的合同管理任务在不同的合同上有不同的体现，而对这些合同管理的理论知识，在我国有关法律体系逐渐完善的情况下，各种理论都已比较成熟，各种合同管理的重点不在于模式的创新，而在于如何根据不同的合同应用环境来运用各种管理理论知识去处理不同的合同问题。

2. 全程合同管理模式

全程合同管理模式是一种企业管理模式，是一种相互制约的、协同的、专业化的管理机制，它有助于改变传统管理工作中相互脱节、相互冲突、缺少整体规划和协调的状况。全程合同管理模式的基本原理有以下三个方面：第一，当前企业管理的改革必须关注经营环境；第二，合同管理是现代企业管理的核心内容；第三，必须用全程控制的思路实施具体的合同管理。以合同管理为基础、以信用和风险管理职能的增加带动企业各个基础管理环节的改进和协调，是增强企业市场竞争力与营利能力的有效方法。

企业全程合同管理，可从四个方面的基本制度入手。第一，实行客户资信管理制度，就是要对客户的资信信息、资信档案、信用状况、信用等级进行严格的制度化管理，最大限度地控制客户信用和风险。第二，实行严格的合同审查制度，就是要将交易的每一要素和细节尽可能地反映在合同中，合同应当公平、有效。第三，实行内部授权授信管理制度，就是要在交易过程中，依靠对客户信用额度的评定和控制，实现交易决策的科学化、定量化、程序化，规范企业与客户间的信用关系，减少因业务人员盲目决策造成的风险。第四，实行应收账款管理制度，就是要对企业的应收账款实行一系列专业化、系统化的管理方式，包括应收账款日常监督、跟踪管理、债权评估等多种先进有效的措施，最大限制地提高应收账款回收率，缩短收账周期，减少呆账、坏账损失。BT工程项目公司是一个因合同而存在，随合同履行完成而消亡的企业，其所有的工作都围绕各种合同开展，因此，全程合同管理模式有关理论很值得BT项目公司借鉴并用以开展合同管理工作。

第二节　案例分析：北京地铁奥运支线BT工程合同管理

一、奥运支线BT工程的合同管理的情况

1. 奥运支线BT工程的合同结构

北京地铁奥运支线项目招标工作由国信招标有限责任公司承担，共有6家联合体企业参与投标，经评标委员会推荐，中国铁路工程总公司（现为中国中铁股份有限公司）、中铁电气化局集团有限公司、中铁三局集团有限公司组成的联合体中标，中标价格为10.95亿元，于2005年4月29日在北京饭店进行了签约仪式。

招标人（业主、BT项目发起人）：北京地铁十号线投资有限责任公司（简称"十号线公司"），该公司是由北京市基础设施投资有限公司（简称"京投公司"）控股的有限责任公司。中标人（BT项目主办人）：中国铁路工程总公司（现为中国中铁股份有限公司）、中铁电气化局集团有限公司、中铁三局集团有限公司联合体。建设单位：工程由联合体成立的北京中铁工投资管理有限公司（以下称"项目公司"）负责投融资、建设和移交工作。总承包单位：项目公司下设BT工程总承包部，与项目公司是两个牌子、一套人马。

监管单位：北京市轨道交通建设管理有限公司（简称"建管公司"），由招标人委托。设计单位：北京城建设计研究总院有限责任公司，由招标人招标确定，工程初步设计（含初步设计审批）的有关工作由招标人负责，初步设计以后的设计内容，招标人确定由 BT 项目公司代位管理。监理单位：北京地铁监理公司（土建及装修）、华铁工程咨询公司（供电）、北京中铁诚业监理公司（轨道）、北京高屋工程咨询监理有限公司（机电），由建管公司招标确定，BT 项目公司和建管公司共同管理。施工单位：车站及区间土建、核心机电系统由联合体中具备相应资质的工程施工总承包企业承担。

对联合体不具备相应资质的一般机电系统，由在 BT 工程投标时已经由联合体提出的拟选分包商承担，具体为：车站及区间土建由中铁三局集团有限公司及中铁电气化局集团有限公司的下属企业承担；核心机电系统由中铁电气化局集团有限公司下属企业承担；一般机电系统中，通风空调系统由中国建筑技术集团有限公司承担，自动扶梯及电梯系统（安装）由迅达（中国）电梯有限公司承担，防灾报警系统及给排水及气体灭火系统由北京市太通建设有限公司承担，环境与设备监控系统原拟由中国建筑技术集团有限公司或深圳赛为智能工程有限公司承担，但在工程实施中环境与设备监控系统作为变更并入综合监控系统，由中铁电气化局集团有限公司下属企业承担。围绕业主和项目公司开展工作的还有招标代理机构、项目可行性研究单位、社会咨询单位（造价控制、技术咨询及质量控制、BT 合同履约监督等）、拆迁代办单位、设计审查单位、概预算审查单位、材料设备供应商、专业分包单位、贷款银行、审计单位、政府质量监督部门，在这里不一一列举具体名称。

奥运支线 BT 工程合同结构具有如下特点：项目公司对设计单位代位管理，设计单位由业主招标确定，业主负责工程初步设计（含初步设计审批）的有关工作，初步设计以后的设计内容，由 BT 项目公司"代位管理"；项目公司和建管公司对监理单位共同管理，由于奥运支线作为十号线的支线与其同时建设，项目所有人同为十号线公司，故十号线公司在确定监理单位时将奥运支线 BT 工程也纳入了监理范围，但在监理工作实施中要求监理单位针对奥运支线单独设部，接受十号线公司和 BT 项目公司的共同管理；项目公司与施工总承包部同体，这是一个新颖的模式，项目公司作为联合体注资成立的法人单位，在取得 BT 项目的投资、建设任务后，反过来又把项目的建设任务总承包给联合体，而且项目公司与总承包部是"两块牌子、一班人马"。

2. 奥运支线 BT 工程合同管理机制体制

在任何一个工程项目中，合同管理都不是一个部门的事，尤其是 BT 类大型项目。合同涵盖了对项目投资、工期、质量、安全乃至项目班子廉洁、社会综合治理的所有目标，对承包商来讲，其追求的主要是经济利益，但经济利益的获得须以完成其他合同目标为基础，所以对这些目标都必须兼顾。项目管理机构的设置，当围绕项目合同目标进行工作分解，将之落实到项目管理机构的各职能部门的职责中去，形成各种工作职责和岗位责任制度，在职责明确、制度健全的基础上，各职能体各有重心、通力合作，项目目标才能最终得以实现。依据 BT 投资建设合同，中铁工联合体成立了"北京中铁工投资管

理有限公司"及 BT 项目公司，设"六部一组"进行项目管理，项目公司下设工程总承包部，总承包部与项目公司两位一体———一班队伍、两块牌子，项目公司与总承包部共同进行 BT 项目的投融资、建设、施工管理。

合同管理职能部门和职责。项目公司和总承包部设主管副总经理负责融资、成本及合同管理工作，计划合同部和融资财务部作为主要职能部门在其他部门的配合下负责项目融资、成本及合同管理的具体工作。对设计单位的代位管理由土建工程部和机电工程部负责，其相关职责如下。计划合同部职责：在公司总经理及主管副总经理的统一领导下，负责本 BT 工程建设中的合同管理、工程及物资设备招标、计划统计、工程的计量支付、投资控制等重要任务，对招标工作的组织、工程合同及签约、招标阶段的投资控制、项目公司投资指标考核负主要管理责任。融资财务部职责：负责 BT 项目的融资事宜，保证地铁奥运支线建设所需资金；编制年度资金使用计划、管理费使用计划；严格按照合同条款及批复的验工计价办理资金拨付手续；监督检查各承包商的资金使用情况，防止挪用建设资金，保障工程顺利进行；参与公司合同的各项招标工作；配合公司计划合同部做好合同会审及签订工作；对公司资金进行管理，对财务收支计划和融资计划的落实负有主要责任；对承包商资金监管负有主要管理责任。土建工程部职责：负责对项目总体设计、文明施工及土建、建筑装修工程建设进度、质量实施综合协调及监督管理；对项目总体计划的编制负主要管理责任；对工程变更审核负主要管理责任；对各项工作有贯彻、执行、监督和落实的责任。机电工程部职责：负责对项目范围内的机电系统设计、采购、施工、调试、试运行、移交、计量及变更的确认等工作；对工程合同及签约负主要管理责任；对招标阶段的投资控制负主要管理责任；对机电设备专业的投资控制负主要责任；对机电设备设计安装、监理、服务、物资合同履约的监督负主要管理责任；与合同部对机电设备专业的招投标工作共同负主要管理责任。

合同管理人员设置。计划合同部：设部长一名，土建专业工程师二名，机电专业工程师一名。融资财务部：设部长一名，会计一名，出纳一名。土建工程部：设部长一名，专业工程师两名。机电工程部：设部长一名，专业工程师一名。从以上人员设置可以看出，项目公司职能部门的人员配置极为精简，且以上人员都从联合体成员企业中抽调，他们都是各成员企业相关专业的佼佼者，具有丰富的专业知识和管理经验，在联合体成员企业作为工程主体承包商的情况下，他们对承包单位的工作程序、管理机制等都比较了解，这就减少了项目公司与承包单位之间的管理磨合，使项目公司的各项管理措施能够较好地得到贯彻。

合同管理规章制度。为明确参建各方职责、规范工作程序，项目公司（总承包部）编制、下发了多项规章制度，主要有：合同管理办法，对项目公司各职能部门在合同管理工作上的职责予以明确；计量支付管理办法和管理程序，对施工计量、变更、索赔和设备材料供货计量工作中各方的职责和办理程序予以明确；物资采购管理办法，对物资采购的模式、质量控制方法及各方职责予以明确；物资设备招标管理办法，对物资设备招标采购的工作原则和方法予以明确；工程计划管理办法，对工程计划工作中各方职责

及工作程序予以明确；周计划奖惩办法，为严格实施工程计划管理、达到工期、投资可控目的而制定；分包管理控制程序，对分包队伍的选择、分包管理工作要点、各方职责和相关工作程序予以明确。通过这些办法的制定和实施，项目公司基本达到了合同各目标的可控和最终实现。

3. 奥运支线 BT 工程各主要合同履行现状

BT 投资建设合同为北京地铁十号线投资公司与中铁工联合体签订，为总价合同，合同价格由融资费和建设费（含包干费）构成，合同内容包含奥运支线 BT 工程的融资、建设、移交所涉及的双方职责以及联合体的完工担保、十号线公司的回购承诺和京投公司的回购担保等内容。根据 BT 投资建设合同，中铁工联合体投资成立了 BT 项目公司（北京中铁工投资管理有限公司），由 BT 项目公司负责项目融资、建设、移交的工作，具体有：与银行签订贷款合同、成立总承包部负责工程的实施、进行项目分包（包括专业分包和设备材料供应商）招标、进行项目建设管理、负责项目移交（回购）工作。现奥运支线 BT 工程建设已基本完成，已于 2008 年 7 月 19 日对外开通试运营。

总承包合同由项目公司与中铁工联合体之间签订，明确奥运支线 BT 工程除融资之外的所有工程任务由总承包单位（联合体）承担。内容基本延续 BT 投资建设合同中对工程建设的有关要求，是对 BT 合同中工程建设部分的具体化。合同形式为总价合同。由于总承包部与项目公司两块牌子、一班人马，总承包合同实际成了一个内部合同，总承包合同与 BT 合同是一班人马、同时履行的。

分包合同由总承包单位与中铁工联合体下属企业和 BT 投标所带专业分包单位签订，用以明确各承包单位在工程建设中的权利和义务，合同内容基本延续 BT 投资建设合同和总承包合同中对工程建设的有关要求。合同分总价合同和单价合同两种形式。分包合同分为三种情况：一是总承包部与联合体下属企业签订的工程主体（土建和核心机电系统）的分包合同，这种合同严格来讲并不是分包合同，因为总承包部与项目公司两位一体，没有施工实体，而且承包商为联合体也即总承包方的下属企业，这些分包合同是总承包合同的具体体现，其合同内容延续 BT 合同和总承包合同，合同工程量项目与 BT 合同相同，价格由总承包合同价格经一定幅度的降价得出，合同形式为单价合同；二是总承包部与 BT 投标时所带的一般机电系统承包商签订的施工分包合同，合同根据最终的施工设计和实施时的市场价格确定，为固定总价合同；三是 BT 投标时未确定的专业，如装修分包和电扶梯供货，由项目公司通过招标确定承包商并与之签订合同，合同价格据最终施工设计和实施时的市场价格确定，合同形式为总价合同。这三种合同有两个共同点：一是合同范围内的大宗设备、材料都是甲供或甲控；二是合同价款的变更条件都延续了 BT 投资建设合同中的价款变更条件。通过这两点，实现了项目公司对投资的控制和对各承包商的风险转移。

贷款合同由项目公司与北京银行、中国建设银行之间签订，为项目建设期的资金来源提供保障。工程实施期间，通过股东单位的资金投入和银行贷款，项目资金基本满足使用，未出现因对各承包商工程款长期拖欠而影响工程进度的情况。设计合同由京投公

司与涉及单位之间签订，由项目公司代位管理。在工程实施中，对设计单位的管理效果不甚理想，存在出图进度滞后、设计不完善以及未能通过优化设计有效节约投资的问题。监理合同建管公司与监理单位之间签订合同，内容为施工监理，由项目公司与建管公司共同管理。工程实施中，监理单位基本能在工程质量、安全、投资、进度、施工第三方见证等方面起到积极作用。虽然工程初步设计与施工设计发生设备材料标准提高的变更，但由于没有设设备监理，项目公司也未设设备集成商，在相关索赔的工作中，缺乏较为有力的第三方见证支持。

二、奥运支线 BT 工程合同管理的研究分析

1. 合同管理工作存在的问题分析

合同是项目参与各方履行各自职责的依据，也是协调各方关系的准绳。为加强北京地铁奥运支线 BT 工程各类合同的管理，项目公司专门成立了合同管理小组，制定了奥运支线合同管理流程，明确了合同管理各环节的主责部门和相关依据，对合同管理工作加以规范，监督与确保各类合同的签订、履行，以求各合同的履行过程统一于项目公司的目标且可控。项目实施中，项目公司进行了大量的合同管理工作，在项目融资与工程进度的结合、项目风险分担和加强招投标管理等方面取得了一些成绩，但总的说来也还存在较多的不足。这主要表现在以下几个方面。

（1）BT 投资建设合同未对项目超额投资的融资保障责任进行约定

工程管理和技术处理以及市场环境、政府干预或不可抗力因素都可能会造成 BT 项目投资超过预定的投资总额。为了保证 BT 项目不因资金缺乏而半途而废，在 BT 项目招标和 BT 投资建设合同签订时需要预先对超额投资的资金做出妥善安排和保证。由于工程管理和技术处理及人力可以避免的因素造成的超额投资一般由 BT 项目主办人负责安排融资；由于市场环境、政府干预等人力不可以避免的因素造成的超额投资，应由 BT 项目发起人和主办人就此种原因造成超额投资的融资责任进行比例分解。奥运支线 BT 项目实施中，业主在原 BT 承包范围的基础上，增加了大屯路地铁公交换乘站的土建、机电的投资和建设任务，由 BT 项目公司承担，投资预算约 8000 万元。项目公司最初拟按 BT 投资建设合同的变更处理，但合同约定按此处理将得不到应有的融资费用和相关措施费用，故与业主交涉拟按增加投资处理，但合同中又未对类似情况进行约定，几经磋商后方达成按增加投资并包含融资费用和措施费用处理的意见。

（2）BT 投资建设合同价格调整条件及原则（变更条件）不理想

BT 投资建设合同谈判、签订后，确定的价格调整条件只有两条：重大工程变更和法律变更。调价原则是：不调整融资费用，不调整措施费用和工程建设其他费用，变更工程价格水平与原合同价格水平一致。结合工程实施过程，这个"不理想"表现在两个方面。一方面，合同价格调整的两个条件，"法律变更"很确切，但"重大工程变更"确不甚明了，BT 投资建设合同也没有对此进行说明，什么是重大工程变更？这是一把双刃剑，项目公司可以把任何的变更项目都认为是重大工程变更而向十号线公司提出索赔，而同样十号

线公司也可以认为什么都不是重大工程变更而不予受理，这给索赔工作带来很大的不确定性。另一方面，未能将市场因素纳入变更条件，致使工程建设物资价格上涨的风险全部由项目公司承担。奥运支线 BT 项目所遭遇的最大问题就是铜材涨价，2004 年年底至 2005 年年初，BT 项目投标时铜价不到 40 000 元 / 吨，但在项目机电系统实施的 2006 年至 2007 年，铜价最高达到 80 000 元 / 吨，涨幅达到 100%。据计算，项目公司因铜材上涨造成的损失近 3000 万元。试想，如果奥运支线不采用 BT 模式建设，那十号线公司在机电系统上就肯定得接受系统实施阶段的相关市场价格，这 3000 万元的亏损却不能通过合同约定解决，虽然如前文所述可以纳入变更范畴，但始终觉得理由不充足。

（3）工程主体的施工合同模式不理想

如前文所述，项目公司设总承包部，两级机构"两块牌子、一套人马"，总承包部不是施工实体，它将工程主体分包给联合体成员企业下属单位，这些分包合同是总承包合同的具体体现，其合同内容延续 BT 合同和总承包合同，合同工程量项目与 BT 合同相同，价格由总承包合同价格经一定幅度的降价得出，合同形式为单价合同。这种合同形式存在两个问题。一是合同价格的问题，尤其是工程后半程的机电系统。BT 合同价按初设图纸和 2004 年年底的市场情况确定，而机电系统实施于 BT 合同签订后两年，期间铜材、人工价格大幅上涨，而且因系统功能调整和完善，施工设计比初步设计有很大变化，但在实施中总承包部对各分包单位仍按 BT 合同项目及价格甚至降价结算，造成结算混乱不说，而且使施工单位挣不到施工利润，反而在人工、材料采购上形成亏损，较严重地影响了各施工单位的积极性，甚至酿就不良事件，在业主方和社会上造成不良影响。虽然从项目公司角度来说，它代表联合体各方的共同利益，项目公司获利也就是联合体各方获利，但由于承担施工任务的是联合体成员的下属企业，而且多是自负盈亏的独立法人，它们动用资源来完成施工任务的目的也是获利，这个"利"就是 BT 项目的施工利润，在 BT 项目承包人下属单位完成工程主体的 BT 模式下，这个"利"该怎么分，也就是说，主体工程分包合同价格该怎么定才能促进工程顺利进展？这个问题应该值得探讨。二是这种分包模式本身的问题。BT 项目是不是一定得由 BT 项目承包人来完成工程主体？在激烈的市场竞争下，可能有的企业虽然有资金有实力却不一定能承揽到足够多的项目，其施工资源有可能出现闲置，所以要采取这种方式来"养活"自己的施工力量，而且自己的"孩子"还听话，何乐而不为？但如果说企业本身项目充足，不一定非得靠 BT 项目的施工来养活自己的施工力量，那还一定得由自己去完成 BT 项目的施工任务吗？如果 BT 项目周期短、专业单一（纯土建或纯设备）、设计成熟，那为什么企业不只做投资和总承包管理，而采取招投标的方式重新选择施工单位呢？完全按合同办事，应该不只是理想。在本项目中，由 BT 项目承包人负责工程主体是业主方的招标要求，在这种要求下，也可以借鉴市场招投标方式对分包单位的选择和分包合同的确定加以约束和规范。

（4）设计合同管理效果不理想

在工程实施中，项目公司对设计单位的管理效果不甚理想，主要体现在以下三个方面。一是出图进度滞后，尤其是土建专业，常出现工程已完工施工图还是白图的情况。

二是设计不完善，在后期的机电系统如动力照明系统中，出现项目已竣工验收系统还在进行功能完善或更改的情况。三是未能通过优化设计有效地节约投资，奥运支线 BT 项目有相应例子：北京地铁的直流牵引系统从一号线至今一直采用双母线制式，但地铁的直流供电技术发展到现在，各种保护功能越来越强大，设备越来越可靠，直流双母线制式在国内外的大部分地铁供电系统中已经不被采用，而是采用单母线制式。奥运支线初步设计也沿用了北京的双母线制式，为节省投资（双母线制式比单母线制式投资要高15% ~ 20%），BT 项目公司综合国内其他地铁的直流供电方式，向设计单位提出希望将其改为单母线制式，设计单位也认可此方案，但该提议却被设计单位的甲方——BT 项目的业主拒绝，原因是要与以前各条线路保持一致，方便运营。虽然项目公司代位管理设计单位，但却没能通过推行新技术起到节省投资的目的。

（5）索赔工作力度不够

任何一个合同中，或任意一个关于合同管理的书本中，都强调了索赔的时效性。项目公司在这方面的工作也不能说不好，日常，通过对项目实施具体情况的了解和与合同条款的对比，一旦发现有符合合同变更条件的情况，相关部门（工程部和合同部）都能及时将变更情况上报十号线公司，基于十号线公司的批复确定变更与否和相关工作。但一来是文件往来、情况核实和领导批示需要时间，二来工程进度不等人，很多变更在没有得到十号线公司的批复的情况下也就实施了，也就计量支付了，未得到批复的也不追问了，整个 BT 项目的变更索赔工作等到工程竣工了才开始做，一边进行项目资产清理、移交，一边回想各种变更情况以应对变更审计，很多变更索赔项目因达不到合同的时效要求，项目收尾工作压力巨大。

（6）合同管理人员不足

合同管理人员不足主要表现在两方面：一是自己管自己，如前文所述，项目公司（总承包部）管理人员（包括合同管理人员）都是从联合体成员企业中选调的，合同管理基本形成了"对口"关系，即从承担土建的成员企业选调土建合同管理人员、从承担机电的成员企业选调机电合同管理人员，各职能部门也基本如此，人员素质不可谓不高，项目公司的规章制度也不可谓不健全，但是在成员企业下属单位承担工程主体施工任务的情况下，合同管理人员与施工单位成了"一家人"，合同管理成了自己人管自己人，在工程实施过程中的计量支付、合同变更、索赔等工作中，往往便掺杂了一些照顾思想和举动，一定程度上造成了项目公司利益的不当流失；二是人员不足，这个不足不是说在一定时间内人数太少、满足不了工作需要，而是合同管理人员在各项合同未履行完成的情况下已经各奔东西了，导致最后的合同结算、变更索赔、项目移交等合同重要工作人员极其紧张。例如：奥运支线 BT 工程项目公司各部门的人员从 2007 年 11 月开始精简，各职能部门基本只留一个人进行所谓的"最后工作"，而实际的情况是当时只有土建工作完成了竣工验收，机电各系统只是完成了安装，刚开始试运行，项目总体竣工验收、合同结算、变更索赔都还没有开始进行，项目移交也还只是计划，所以，最后的状况就是项目公司从各个施工单位紧急调人"助勤"，却终究是铁打营盘流水兵，工作效率、效果可想而知了。

2. 合同管理影响要素分析

合同主体、合同客体和合同内容是合同的三要素，合同管理则是合同主体根据合同内容约定和相关法律法规为实现合同客体而进行的一系列工作。一个合同中，不同的合同主体，由于在合同中所处的地位、享有的权利、承担的义务不同，其对合同进行的管理工作也不尽相同，因此对其合同管理工作产生影响的因素也就不同。对BT项目公司的合同管理进行研究，在此仅对影响BT项目公司合同管理的因素展开分析。如前文所述，BT项目公司的合同是一个体系：以BT投资建设合同为主，包括施工合同、供货合同、监理合同、设计合同、贷款合同、保险合同、咨询合同等，合同主体众多、合同形式多样，合同管理影响要素也较繁杂。但根据BT项目公司的组建和合同管理工作的开展情况，有以下一些要素值得重点关注。

（1）BT模式的法律环境

目前，我国有关建设工程合同管理的主要法律法规有《中华人民共和国民法通则》《中华人民共和国合同法》《中华人民共和国招标投标法》《中华人民共和国建筑法》，相关法律法规有《中华人民共和国担保法》《中华人民共和国保险法》《中华人民共和国劳动法》《中华人民共和国仲裁法》《中华人民共和国民事诉讼法》，可以说我国一般建设工程合同管理的法律已基本健全，但是BT模式作为一种较为新型的建设工程模式，其立法还比较匮乏。在我国，采用BT模式融资建设公共项目刚刚兴起，这种新兴起的融资、建设、移交模式还处于摸石头过河、总结经验、不断完善之中。作为一种新型的投融资建设方式，BT模式使基础设施和公用事业建设资金来源多元化的要求得到了进一步满足，对加快和改善公用和基础设施起到了重要的推进作用。由于BT模式的应用时间较短，BT模式项目往往法律关系复杂、涉及资金数额大、影响范围广、操作复杂、风险因素多、风险系数高，然而我国目前却没有专门的法律对BT模式的相关行为进行规范和调整，对其相关理论和应用研究也不充分。

BT模式运用目前还比较混乱，根本在于缺乏相应的法律进行规范，大家都说自己做的是BT模式，但是究竟哪种模式才是规范的BT模式，没有一个统一的标准，具体来说，比如BT投资模式下如何理顺和确定BT合同双方的法律关系？ BT投资模式中的项目法人应该是BT甲方还是BT乙方，其责任和风险如何划分？ BT合同价款如何确定？ BT投资模式中承担勘察、设计、监理工作的单位应当由BT甲方还是BT乙方聘请和管理？ BT乙方是否可以直接承担施工任务？ BT投资模式中的投资（造价）控制问题如何解决？ BT模式下政府承担何种责任？ 这些问题的处理都需要有相关的法律依据。

BT项目牵涉到的产权特许及交割问题，有关项目谈判、签约、履行及违约的仲裁与处理问题，外汇、利润、税收及其他条款、条件的执行手续、渠道与担保等问题，更强调专门的法律。这些问题既有导向、定位的问题，也有具体工作如何开展的问题，它们的存在，使得BT项目合同管理的一些具体工作无法可依。基础设施项目社会投资本身还是一种市场经济行为，只有明确的法律文本及相应的规定，才能公正、公平地表明经济活动（此处主要指投资活动）所能拥有的条件、必须承担的诸种风险，以及期望获得

的利润、利益并予以公开保证，从而也才能真正吸引投资者。所以，有关 BT 的立法势在必行，只有这样才能满足经济发展和基础设施建设的需要。奥运支线 BT 工程采用"直接施工型 BT 模式＋施工二次招标型 BT 模式"进行投融资、建设，对上述问题均有涉及，但在没有完善的法律法规环境的情况下，相关约定的达成以及具体职责的履行都是摸着石头过河，对许多问题的认识以及处理问题的经验，我们都要回过头去分析、去总结，才能提高。

（2）BT 项目下施工承包模式

BT 项目含项目的投资、建设及移交，与一般工程项目比较，BT 项目显著的特点就是将政府或政府授权单位的投资和建设管理职责通过 BT 投资建设合同转移到了 BT 项目主办人身上。为了完成项目建设，施工是 BT 项目公司与融资同等重要或更加重要的工作内容。但是，BT 项目下的施工应该采取何种模式呢？哪种模式能确保工程质量、进度、安全，哪种模式能确保项目公司的利益最大？在这里说 BT 项目下的施工承包模式有两层意思。一是在 BT 项目招投标时有没有必要确定施工任务的承担模式，毕竟政府采取 BT 模式进行项目建设的最根本目的是缓解政府资金压力；对项目的施工承发包自有响应的法律法规和政府的监管部门进行规范和管理，是不是可以让 BT 项目主办人根据市场和项目实施的实际情况以及企业在不同时期的运营情况进行施工承发包模式的选择。二是 BT 项目下的施工承包究竟采取哪一种模式比较好。对 BT 项目运作的四种模式，抛开垫资施工型不谈，施工二次招标型、直接施工型、施工同体型三种具体的运作模式各有其适用情况，具体为：施工二次招标型 BT 项目的主要施工承包商由 BT 项目公司另外通过公开的招投标程序确定，对 BT 项目主办人无特殊资质要求，只要具备相应的投融资能力即可，项目建设风险全部转由 BT 项目主办人承担，业主的建设风险较小，同时，投资人具有较大的自主权和利润空间。

BT 项目公司对施工承包商的管理与一般项目中政府业主对施工承包商的管理并无二致。在直接施工型 BT 项目的实际运作中，因 BT 模式项目主办人部分成员承担项目施工工作且兼具 BT 模式项目主办人和施工承包商的双重身份，其特殊的身份对工程质量的控制造成了一定的困难。为了防止 BT 模式项目主办人通过控制 BT 模式项目公司进而控制监理单位的方式在项目施工中获取不正当利益，此模式中的监理单位一般都由 BT 模式项目公司和 BT 模式项目发起人共同委托和管理，奥运支线 BT 模式的监理单位管理模式也是如此。施工同体型 BT 项目的运作方式也解决了 BT 项目主办人认为单纯的 BT 模式项目投资利润较低，要求直接承担施工任务以获取施工利润的问题，但为了防止 BT 模式项目主办人通过控制监理单位的方式在项目施工中获取不正当利益，此模式中的勘察、设计和监理单位一般都由 BT 模式项目发起人委托，BT 模式项目发起人与项目管理机构共同管理。

另外，由于在项目中存在建设相关单位同体的情形，与现行的相关建设法律法规不符，无法按照现有的建设规范划分各方在项目建设中的职责，管理关系十分复杂，面临的诸多问题无法解决。总的来说，不管采用哪种具体实施模式来建设 BT 项目，BT 项目

公司都将以一系列的合同来明确参与各方的责、权、利，并将各方的责、权、利统一到 BT 投资建设合同的目标上来，统一到 BT 项目主办人投资、建设 BT 项目的目的上来。如何统一呢？这就要求 BT 项目主办人从 BT 项目投标开始进行合同设计：设计 BT 投资建设合同，在合同谈判中争取更多的有利条件；设计施工承包合同，重点在合同形式、合同价款和变更索赔条件、风险分担与转移；设计勘察、设计合同，重点在设计方案的优化、设计进度与质量的保证以及投资控制；设计监理合同，重点在如何借力进行更完善的进度、质量、安全和投资控制。这些设计的重点内容，也就是项目实施中合同管理的重点目标。这里所说的设计合同并非是要完全按项目公司的想象去进行合同内容的全盘设计，这也不可能做到，而是尽量利用各种合同范本，结合项目实际情况，在上述各方面去争取达成最有利于 BT 项目公司的合同约定。

奥运支线 BT 项目是以直接施工型模式为主、施工二次招标型模式为辅具体运作的，鉴于 BT 项目公司性质的限制，且根据 BT 项目"由承包人中具备相应资质的企业承担工程的施工任务"的招标要求，项目公司与中铁工联合体之间签订了总承包合同，以项目公司原班人马设立总承包部，巧妙地将投资、建设与施工结合在一起，不管是 BT 投标所带的施工单位还是项目公司招标确定的施工单位，虽然合同主体不尽相同，但在项目公司、总承包部两位一体的情况下，对施工单位的管理也做到了两位一体。

（3）BT 项目下设计、监理单位的选择与合同管理

如上文所述，在现有的几种 BT 项目具体运作模式中，设计、监理单位的选择方式是不一样的。施工二次招标型 BT 模式中，勘察、设计单位可以由 BT 项目发起人选择确定，在项目实施中通过变更合同主体或代位管理的方式，由 BT 项目公司对设计合同进行管理，也可以由 BT 项目公司直接选择勘察、设计单位进行合同管理；直接施工型和施工同体型 BT 模式中，设计、监理单位一般都由 BT 项目发起人选择，项目实施中由 BT 项目公司对设计合同进行代位管理，由 BT 项目发起人和 BT 项目公司对监理合同进行共同管理。这存在一些问题需要注意：第一，设计、监理单位应由 BT 项目发起人选择，其原因是"防止 BT 项目主办人不当得利"，但是从根本上来讲，这并不是解决问题的根本办法，之所以可能会出现这种情况，其原因是法律法规不完善或监管力度不够，BT 项目公司作为 BT 项目建设直接管理单位，应该管理设计、监理单位，在满足项目进度、质量、安全要求和不触犯国家法律的情况下去实现利益、去追求利益最大化；第二，在法律法规不健全、市场不规范的情况下，这样做可以起到防止不当得利的作用，但也可能造成投资浪费，为此，对设计的代位管理也好、对监理的共同管理也好，BT 项目公司的职责、权力也该要有一个比较明确的限定，才能使项目公司在对相关单位的管理中有效地开展工作，否则就只是一句空话。

（4）BT 项目合同管理人员

合同管理作为建设工程项目管理的重要组成部分，已成为与进度管理、成本管理、信息管理并列的一大管理职能。要实现建设工程项目的目标，必须对整个项目、项目实施的全过程和各个环节、项目的所有工程活动实施有效的合同管理。BT 项目投资额大、

参与者众，合同形式和数量较多，合同管理工作任务繁重，为此，成立专门的合同管理部门和配备专职的合同管理人员是必需的。这里重点要说的是 BT 项目公司有关合同管理人员的问题。不管 BT 项目采用何种具体的运作模式和实施形式，合同管理工作都十分重要，BT 项目公司必然有专门的合同管理部门和专职的合同管理人员。

由于 BT 项目公司组建的特殊性，其合同管理人员一般是从 BT 项目主办人中抽选，在合同管理工作中往往表现出一些问题：一是人员素质不够，作为 BT 项目公司的合同管理人员，从往常的项目乙方变成项目甲方，工作与项目投融资结合得更加紧密，以往施工合同管理积累的经验便不够了，同时，由于可能与项目施工单位存在关联，在工作中存在照顾思想和一些徇私举动，造成项目公司利益流失；二是人员监管不够，项目公司由 BT 项目主办人组建，各级工作人员多是旧识，且工作任务繁重，对人员的监管可能会有所放松、流于形式；三是人员流失情况较为严重，人员流失的原因较多，比较显著的一条便是合同管理人员从原单位抽调，项目公司又是"临时性"的，于是，工作不顺心或有了更好去处的便中途走人了。以合同管理在项目管理中的地位，这些人员问题的出现，给 BT 项目的合同管理工作造成了很大影响。

（5）BT 项目的移交

在移交回购阶段，BT 项目面临的主要问题有：金额问题、工程质量问题、移交时间问题、相关责权利问题和税收问题。金额问题：BT 项目的回购金额双方在合同中是有约定的，但是在项目实施过程中由于设计变更、索赔以及一些意外因素使得实际的项目造价与合同约定出现差异。工程质量问题：BT 项目在建设过程中是有严格的质量检查程序的，只有合格的工程才能进入竣工及工程的移交阶段，但是经过严格质量检查的工程在移交后的适用阶段也可能会发生质量问题，所以移交后的工程质量的保障问题也是必须妥善解决的问题。移交的时间问题：交付时间及支付方式在双方签订的 BT 合同中都有明确的界定，但是由于 BT 模式最大的作用之一是缓解政府的建设资金压力，所以在移交阶段可能会出现预期资金没有准备充足或者是出现了资金准备的意外情况，业主可能要求延长支付时间等问题。相关责权利问题：在项目建设期间，投资方行使的是临时业主的职权，对项目有管理权，随着建设期的终结，投资方的建设管理权也要移交，权力移交的同时意味着义务和责任的移交。税收问题：根据有关精神，项目的工程营业税及附加税等税费全额纳入市级征收范围，并有业主代征，BT 项目乙方愿意全力配合和协助业主的代征税相关工作，但是若把工程的移交定义为回购，而回购又是一种商业行为，针对商业行为的回购需要征收营业税和附加税，由双方向市政府申请减免，若不能减免，则据实计入合同总价。以上问题中，除税收问题的其他问题都可以在 BT 投资建设合同中加以约定，而税收问题涉及立法和投资额度，需要谨慎处理。BT 投资建设合同将工程移交定义为回购，但是若将回购认定为商业行为就会增加税收，从而造成相应费用的增加，而这笔费用如何承担、在合同中如何体现应在合同中明确说明。若将移交定义为回购而增加税收时，双方首先应争取政策上的优惠。对于费用的承担，双方都有义务，应明确分担的比例，也可以将整个工程的建设理解为投资方的一种代建行为，将经营权、

管理权划转就不会产生税收的问题。在 BT 方式下，项目竣工验收后移交给业主实际上是一种资产转让行为，业主向建设方支付项目回购款时，按现行税法，项目建设方需要缴纳资产转让的营业税金，但由于在施工环节，建设方已经缴纳了营业税，如果再让缴纳转让资产的营业税金，等于是双重纳税，无疑将加大项目的运作成本。鉴于 BT 项目的特殊性，应由相关部门尽快明确 BT 方式下的税收征收体制，避免重复纳税。

三、基于奥运支线 BT 工程的合同管理体系设计

1. 合同管理体系设计基础及目标

（1）BT 工程项目合同管理体系设计基础

BT 模式是一种创新的投融资模式，近年来在基础设施和公用事业项目建设中得到了广泛的应用。规范的 BT 模式能有效地缓解政府对基础设施和公用事业项目投资的财政压力，对作为发展中国家的我国加快和改善公用和基础设施项目建设起到了重要的推进作用，国务院 2004 年发布的《国务院关于投资体制改革的决定》更是传达了"以多元化投资结构为特点的 BT 模式与代建制模式的结合将成为政府基建项目投融资的主要方式"的信息。随着有关立法的进一步完善和建筑市场的进一步规范，BT 模式必将得到更为广泛的应用。BT 模式项目一般具有资金数额大、影响范围广、操作复杂、风险因素多、风险系数高的特点。BT 项目的内容是一个项目某一阶段或几个阶段所有内容的综合，项目实施中，BT 项目投资人要面对诸多的参与单位，要管理不同类型的诸多合同。合同是约束参建各方行为、分配各方职责的法律文件，离开合同，就没有工程质量，也就没有对进度与费用的管理，更谈不上采购、人力资源、沟通、范围、风险及综合管理，合同管理已成为项目管理的基础和核心。

因此，针对不同的 BT 项目实际运作模式和相关情况，注重对合同体系的研究，建立起符合实际的、行之有效的合同管理体系是十分必要的。奥运支线 BT 工程是 BT 模式在城市轨道交通领域的实际应用，采用"直接施工型 BT 模式＋施工二次招标型 BT 模式"进行投融资、建设。BT 项目公司的合同体系包括 BT 投资建设合同、投资合同、贷款合同、施工总承包合同、施工分包合同、招标代理服务合同、采购合同、咨询服务合同、设计合同（代管）、监理合同（共管）。项目公司与总承包部两位一体，作为项目的投资、建设单位，是所有合同的主体或管理者。与一般的工程项目比较，奥运支线 BT 工程内容与设计、采购、施工项目的内容类似，不同的是奥运支线 BT 工程多了投融资的任务，而且对设计单位是代位管理。因此，对奥运支线 BT 工程合同管理体系的设计，是以平衡的 BT 项目合同结构体系和设计、采购、施工（EPC）工程合同管理理论为基础的。

BT 项目一般都具有周期长、投资额大、涉及专业和领域较为广泛的特点，在 BT 项目实施的各个阶段中，参与 BT 项目的单位繁多，它们始终围绕业主和项目公司两个核心单位开展工作，形成了从投资咨询、项目策划、资金运作、项目建设、材料采购乃至财务审计等各方面的合同网络。施工工程合同管理的具体工作繁多，国际咨询工程师联合会于 1999 年出版了《设计采购施工（EPC）/交钥匙工程合同条件》，国内也有诸多论

著对施工工程的合同管理工作进行了论述，在此不再赘述。

（2）BT工程项目合同管理体系设计目标

BT工程项目合同管理体系设计的目标是BT项目主办人利益最大化。为什么要以BT项目主办人的利益最大化为目标呢？这是因为BT项目主办人是BT项目的投资人，BT项目主办人投资进行BT项目建设，其目的是在满足业主对项目的要求和不违反法律法规的情况下获利最大化。BT项目的收益分为融资利润和施工利润，融资利润包含优惠贷款利息差收入和资本金存贷款利息差收入，由BT项目公司在项目投资过程中控制和实现，施工利润则是BT项目下施工承包价与BT项目投标报价之间的差额，其间涉及项目公司施工利润的分配问题。总的说来，以BT投资建设合同为载体和准则，BT项目公司通过对BT投资建设合同工作内容和目标的分解，建立起一个统一于BT投资建设合同目标的合同体系，在这个体系里，融资利润的追求与施工任务的实施挂钩，以用定贷，由BT项目公司一手掌控；而施工任务的分配以最低施工成本为目标，不管BT项目以何种具体模式实施，施工承包合同价格及相关调整约定都将服从于BT投资建设合同的对应内容。

因此，BT项目主办人的利益最大化应该而且只能是BT项目合同管理的目标。另外，这里可能涉及施工价差影响工程质量的问题，但通过正常的、合法的程序确定的施工承包合同，并在施工监理、政府与业主监管的情况下实施，无论其合同价格如何，工程质量问题都不应该只归因于合同价格，这是整个建筑市场的问题。以奥运支线BT工程为例，项目采用直接施工型和施工二次招标型模式，其中工程主体以直接施工型模式实施，由BT项目主办人下属企业承担施工任务，合同价格由BT合同价降价而得，在施工利润上，项目公司通过降价手段予以保留，而且施工单位与BT项目主办人本是一家，无论何方得利都是BT项目主办人的利益；部分机电系统由BT项目投标所带单位承担，合同价格由BT合同对应报价实行总价控制，且变更条件服从于BT合同，也实现了施工利润的控制；BT招标时待定系统采取招标方式确定施工承包商，BT项目业主认可相关合同价格。这些合同措施的采取，其目标都是为了实现BT项目主办人的利益最大化。

2. "利益最大化"目标合同管理体系的建立

"利益最大化"目标合同管理体系的建立，并不要求在BT合同任务分解、合同任务承担等工作上创新，就奥运支线BT工程来说，为了适应项目的实施环境，其合同结构并不能说有不合理的地方，我们要追求"利益最大化"，关键在于对整个BT工程的策划，在于对影响获利的各合同环节的分析和应对，在于在现行有关法律体系下各种管理办法、措施的制定及落实，在于对具体的项目实施合同的控制。

（1）BT模式下合同主体的选择

不管采用何种具体模式实施BT项目，BT投资建设合同签订后，都要对合同任务进行分解，并选择合适的合同主体加以实施。这些合同主体的选择，可能在项目投标时已经有计划而且得到了业主的认可，也可能只是有意向，需要在BT项目正式实施时根据实际情况重新计划并实施。这里所说的BT模式下的合同主体是指BT项目主办人中标后

通过各种方式确定的实施不同合同任务的单位，在典型的BT项目中，这些合同主体有BT项目公司、施工单位、供货单位、设计单位、监理单位、银行、咨询单位、审计单位、招标代理机构等。这些合同主体中，BT项目公司是首要的、最先成立的，它将负责履行BT投资建设合同，其他的合同主体都由项目公司进行选择和合同管理，而在涉及项目公司利益实现时，施工单位、供货单位、设计单位则是整个合同体系中的重点。奥运支线BT工程中，各合同主体及其选择过程在前文已有介绍，这里只就几个重点合同主体的选择对象和合同授予及管理谈一些看法。

首先是施工单位的选择。应BT项目招标要求，工程主体的施工任务应由BT项目主办人承担，项目总承包部仍由BT乙方的中铁工联合体组成，与项目公司二位一体，无施工实体，实则只起施工管理协调和实现施工利润的作用。总包合同包括BT合同除融资外的所有任务，合同价为BT合同中的建设费用价格。总承包部下设土建和供电分项目部负责主体工程的具体实施，实施单位是联合体成员的下属企业，与总承包部签订施工分包合同，分包合同价由总包合同价降价而得。该种模式下，工程的实施出现了一些问题，笔者认为，对于奥运支线BT工程这种包含土建、机电且时间跨度比较大的项目，其施工单位的选择应采取以下模式。选择对象方面。应扩大选择对象，引入竞争。中铁三局作为综合局，其也具有机电施工资质；中铁电化局虽是专业局，其下也辖有具有土建施工资质的单位；作为工程主体的土建和供电，总承包部可以通过原合同价降价或实测预算给出一个"标底"，从联合体内部具备相应资质的单位中通过内部竞标的方式来确定施工单位，这样做既可以进一步降低施工成本，也可以减少流标或施工成本失控。合同授予方面。一是合同形式的选择。BT投资建设合同没有官方范本或类似于FIDIC合同条件的范本，而且不同的BT项目其内容也不尽相同。在BT投资建设合同的约定中，对施工建设的要求只是其中的一部分，且比较简略，故在BT项目下施工合同授予上应尽量选用范本合同，在重要条款如合同价格调整等方面服从BT合同的基础上尽可能完善有关施工的约定，避免合同内容不完善引起的纠纷。二是合同价款的确定。分包合同价款受总包合同价控制，这个控制不是细目的控制，而应该是总价的控制。奥运支线BT项目投标报价是根据工程初步设计进行的，而工程的具体实施则依据施工设计进行，前后在工程量项目上肯定有所不同，所以，在施工分包合同价款确定上，应由竞标单位依据最终的施工设计图纸来进行竞价，并采取总价合同模式，总承包部依据总包合同中相应的总价和标底进行控制，施工合同中的工程量项目清单应与施工设计吻合，这样可以避免合同与实际不符影响计量支付的问题。三是控制采购权，可将各系统中的主材、设备收由项目公司（总承包部）统一采购，要求各施工单位统计主材、设备数量，由项目公司核实后统一采购。这样做一来可以在采购数量上加以控制而降低成本，二来可以加强对资金使用的掌握以控制投资。由于主材和设备价占施工合同的比重较大，这样做也有利于项目公司（总承包部）及早发现投资超额的问题并及时采取有关行动。

其次是供货单位的选择。项目所需的各种设备、材料都要从市场采购，而工程项目中的设备、材料费则占了整个工程费用的60%以上，因此，对设备、材料采购费用的控

制便成了工程成本控制的重点。如何采购到质优价廉的设备材料，供货商的选择是关键。选择对象方面。城市轨道交通工程建设是一个大市场，吸引着无数供货商的目光；占有市场并营利是商家亘古不变的目标。为了控制采购成本，供货商的选择应该有两个准则：一是具备相应资质，确实能提供质量过硬的产品；二是能接受低价，这个低价是低于市场一般水平的价格，是低于其竞争对手的价格，也是采购方能接受的价格。什么样的供货商能具备这样的条件或可能接受这样的条件呢？有两种：一是为了长期占领市场，看好采购方发展前景，认为有长期合作必要的；二是看中项目效应，为了进入市场，为了打响品牌的。因此，在供货商选择上，不管是招标还是议标，都要在采购活动开始前做好前期调查、游说工作，要尽量让抱有这两种想法的单位入围。合同授予方面。一是合同形式的选择，仍然是尽量采用范本合同，完善约定，避免纠纷。二是合同价款的确定，要基于以上两种供货商的心理进行价格谈判工作，力争质量基础上的"最低价"中标，并采用固定单价方式，将市场风险转由供货商承担。当然，对材料、设备的原材市场价格变化较大、价值较高的，为了避免原材价格变化过大而影响供货商履约，可以在采用固定单价的基础上，约定原材价格波动范围，在波动范围内的原材价格变化风险由供货商承担，超出波动范围的原材价格变化风险由双方共同承担。三是加强履约管理，采取不定期考察、监造、多环节质量检验（原材、过程、出厂、现场）等措施对各供货商的生产过程予以监督和控制，确保产品质量。

最后是设计单位的管理。奥运支线 BT 工程的设计单位已经由京投公司委托建管公司选定，BT 投资建设合同约定："设计服务合同中包括由项目公司代位履行工程初步设计后的合同管理职责的内容，此后的设计合同费仍由甲方承担，但必须经项目公司签证认可后方能支付。"BT 项目实施期间，项目公司行使代位管理职责，如前所述，却未能在保证进度、节省投资等方面实现良好的效果，其原因就是项目公司不是设计合同主体，挂代管之名，无管理之实。由于在 BT 项目招标前需明确项目规模、技术方案和指标、总投资概算等，而此时 BT 项目公司尚未成立，故只能由 BT 项目发起人与勘察设计单位签订勘察设计合同，但在 BT 项目实施期间，勘察设计单位的服务对象却又从 BT 项目发起人变成了 BT 项目公司。因此，为了明确管理职责，应该将合同主体由 BT 项目发起人变更为 BT 项目公司，据合同法第七十七至九十条有关规定，这种合同主体变更的方式应该不存在法律问题。这里提出这样两种变更方式，第一种是一种签订 BT 投资建设合同的操作方式：在进行 BT 项目招标前，BT 项目发起人先设立一个 BT 项目公司，并在 BT 招标中明确 BT 项目公司的股权将转让给中标的 BT 项目主办人；在确定中标的 BT 项目主办人后，BT 项目发起人将 BT 项目公司的股权转让给 BT 项目主办人，并由 BT 项目主办人与 BT 项目公司直接签订 BT 投资建设合同。这种方式可以解决 BT 项目中勘察、设计合同主体或类似的其他合同的主体变更问题，具有节约项目运作时间、降低管理难度等好处。第二种是将工程设计分阶段，方案设计、初步设计由 BT 项目发起人负责，施工设计纳入 BT 招标范围，由 BT 项目主办人全权负责。在明确了 BT 项目公司在勘察、设计合同中的主体地位后，对设计合同的管理，重点应落在设计质量、设计进度、投资

控制等方面。BT 项目实施期，一切的施工都按施工设计进行，设计质量是工程质量的根本，设计进度是工程实施进度的保障，投资控制则是项目营利的手段。设计合同应严格按设计合同示范文本签订，BT 项目公司可根据工程质量、进度计划对设计单位提出相关要求并落实到设计合同中，实施中严格按合同进行管理，并加强对设计单位的审计。

（2）合同管理模式及内容的设计

要实现 BT 项目主办人的利益最大化，BT 项目合同管理模式和合同管理的内容十分重要。模式决定方法，内容决定效果，在合同管理目标明确的前提下，采取适合项目实际情况的合同管理模式和内容，将对合同管理目标的实现产生极大的助力。

合同管理模式的建立。BT 投资建设合同是 BT 项目实施的核心法律文件，其详细约定了 BT 项目发承包双方及相关单位就完成 BT 项目各自应有的权利、义务和项目目标。它是 BT 项目公司成立并开展项目融资、建设和移交的最根本依据，所以，BT 项目实施期间的合同管理工作都应该以实现 BT 投资建设合同目标为中心展开。施工合同是 BT 项目实施中分配施工任务、约束施工单位建设行为的直接法律文件，它为 BT 项目的建设工作开展提供了保证。BT 项目的合同体系中，各种合同如贷款合同、设计合同、监理合同、施工合同、供货合同、招标代理合同、咨询服务合同等，有的是对 BT 项目合同目标工作的分解，是主要的，有的则是为实现项目合同目标而必备的支持性行动，是辅助性的，但总的来说，BT 项目不是书面文件，最终要移交给 BT 项目发起人的是实实在在的工程实体，施工是为了实现项目的"从无到有"。所以，施工合同是整个合同体系的主线，各种合同的建立和执行都应满足施工合同实施的需要，即资金、图纸、设备材料、检验等，这样才能得到符合 BT 投资建设合同质量、进度、投资额要求的工程实体。这里讲的全程合同管理，是根据 BT 项目公司因合同而存在、随合同履行完成而消亡的特点来讲的。项目公司的工作，围绕各种合同的实施而开展，体现为实现合同各个阶段的目标，具有很强的时限性和独特性，这就决定了 BT 项目公司必须是全程的，不实现合同目标不能结束。而且在这个过程中，必须注重对合同另一方的信用评价和风险的合理分担，以将所有的合同归结为一个目标，将所有的合同单位统率到实现一个合同目标——BT 承包合同的目标下来。

合同管理内容。BT 项目内容范围广，合同体系复杂，合同类型和涉及单位多，因此，合同管理的工作内容繁多，如前文所述，本合同管理体系以施工工程合同管理的方法和内容为基础，在此笔者仅将其与 BT 项目的投融资活动相结合，在投融资与工程建设的结合和投资控制方面谈一些建议。

一是 BT 投资建设合同分析与交底。这里的 BT 投资建设合同分析分两个阶段。第一阶段是 BT 投标时对 BT 项目招标文件中的合同文本内容进行分析，主要分析合同内容是否有失公允，并结合以往工程实施经验和项目实施环境，预想项目实施过程，对合同中一些要求过高或不正确的内容提出应对；或者结合投标人对 BT 项目的一些构想，看看可以在合同的哪些内容上争取加以体现，为中标后的合同谈判做好准备。第二阶段是 BT 投资建设合同签订后，由负责实施合同的 BT 项目公司进行合同分析和交底。BT 投资建

设合同是整个 BT 项目实施的基础文件，其内容涵盖方方面面，但具体的规定又比较简略。这个阶段合同分析和交底的主要工作是逐条分析合同内容，去整理、策划出 BT 投资建设合同对投资、施工、设计、监理、供货、接受政府监督以及双方日常工作等各方面的具体要求，并以此作为项目实施中签订相关合同和开展工作的准则。合同交底的另一个重点工作是项目营利点分析，由于项目投标、合同签订和项目实施往往不是同一批人，项目投标报价时对合同价格的一些考虑必须要对项目实施人交代清楚，以便项目实施中制定相应的措施，确保营利的实现。

二是项目成本 PDCA（Plan – Do – Check – Action，计划—执行—检查—调整）预测。这里借用 QC 活动常用的"戴明环"来将 BT 项目的成本进行预测。成本预测是项目资金使用和控制的基础，整个项目的成本预测可以作为整个 BT 项目的融资目标，各专业、系统的成本预测可以作为各施工合同、采购合同的标底，奥运支线 BT 项目含部分前期工作、土建、装修、机电各系统，专业较多，工期较长，尤其是 BT 投标报价以初步设计为准，与项目实施期的施工设计存在差别，因此，在项目实施之初和期间的成本预测工作十分重要。项目成本的 P：项目成本计划，根据项目实施期间的具体情况制定，尤其是市场价格情况，通过制定项目成本计划，可以选择适当的施工、采购定价时期。项目成本的 D：项目成本计划执行，将制定的项目成本计划通过各种合同形式予以落实。项目成本的 C：项目成本计划的对比检查，将项目成本计划的目标与具体合同执行情况进行对比，发现计划与实际之间的差别并分析差别原因。项目成本的 A：项目成本计划的调整，根据项目成本计划与差别产生原因，调整原成本计划，或根据合同及时开展相关索赔工作。项目成本的 PDCA 分为两个阶段、三个层次。两个阶段是指土建工程实施阶段和机电工程实施阶段，项目成本预测的最好依据是施工设计，但在土建工程实施阶段往往没有具体的机电工程施工设计，所以项目成本预测的相关工作应分两阶段进行。三个层次是指分包层、总包层和项目公司层：分包层是指工程实施的具体工作层面，包含施工分包、设备材料供货等的成本；总包层是针对总承包合同而言的，在分包层成本的基础上，还包括工程协调、验收等总包管理费用和咨询服务费用；项目公司层则针对BT 投资建设合同而言，在总承包成本的基础上，还包括融资、设计、监理、审计、招标代理、工程验收及交接等相关费用，是整个 BT 项目成本的汇总。项目成本的 PDCA 应以分包层为基础，层层往上，计划要精细、全面、具可实施性。

三是项目投资控制。项目投资控制的目的就是少花钱。BT 项目中，少花钱体现在两个方面：一是各建设合同价款的控制；二是融资费用的节省。在合同价款控制上，可以通过成本预测和合同谈判得到双方都同意的额度，它受社会实际生产水平和市场价格水平限制，不同时间有一个不同的但切合实际的数目，成本预测值和合同值应该不会有太大的差异，这里应该注意的是尽量将各分包合同的价格调整条件统一到 BT 投资建设合同的相应条款上。融资费用的节省，体现在贷款和合同支付的时间、额度两方面。BT 项目公司有 BT 项目合同额 35% 的注册资本金，其他建设资金主要通过贷款方式获得。项目公司可要求各用款单位和部门根据工程进展定期（不能大于一月）上报投资计划，并

以成本计划为目标，对投资计划进行审核和控制，根据审核结果确定不同时期的贷款数额，这就是前文所说的"以用定贷"，这样可以最大限度地减少项目公司负债额和利息。在合同支付时间和额度方面：一是要控制合同预付款额，比如在项目公司统一采购主要设备材料的情况下，施工合同预付款额就可以不再是一般情况的30%，而是可以通过对施工单位进场工作的情况予以预测来确定合适的预付款额；二是合同款支付时间应尽量延后，虽然不能要求施工、供货单位完全垫资以完成相关合同任务，但也可以在取得分包单位同意的情况下通过延长计量支付周期等方式来减少贷款利息。合理引入审计、引入支付审计是保证合同管理，尤其是合同资金支付、管理规范化的一种手段。由于BT项目公司的合同管理人员来源于联合体成员，项目主体又采取直接施工的方式进行施工任务的分配，正如前文所述，在合同支付、变更管理等方面可能存在"人治"的情况，为了保证项目交接时资产、债务清理和最终审计工作的顺利进行，有必要引入支付审计，即对项目公司（总承包部）每个支付周期的支付情况请由专业的审计公司进行审计，重点审计分包单位（含供货单位）的计量支付中有无虚验、超验现象，有无故意夸大变更情况等，以保证项目公司（总承包部）最小额度的据实支付，减轻贷款和利息压力，杜绝利益流失。在市场竞争激烈、中标价格低的情况下，合同索赔已成为项目营利或是保持收支平衡的重要手段，但由于索赔工作多集中在项目收尾阶段或收尾后开展，得不到重视，效果往往也不理想。加强索赔工作关键点有三：深刻进行合同分析，尤其是合同范围一定要严格区分，对不应由自己承担责任的情况造成的损失要及时索赔；注重证据收集，索赔工作应合法、合理、合情，要多用客观事实说话；要加强策划，尤其在索赔立项方面，要正确、合理利用合同有关索赔的条款，尽可能多地立项。

（3）合同管理体系的组织保障

奥运支线BT项目规模较大，涉及方面广、所含专业多、项目管理工作较为繁杂，项目公司的管理采用传统的职能型组织结构，但由于项目公司与总承包部两位一体，总承包部的相应管理也纳入了项目公司的管理中来，总承包部是项目公司各职能部门管理的直接对象，同时各职能部门也是总承包部下属职能部门，机构和人员的重叠，给项目管理带来了一定的困难。作为项目管理基础、重点的合同管理工作，也因此存在一些问题，例如，部门和人员工作职责不明确，管理人员角色摇摆导致定位不明确，工作流程混乱。为此，给出以下几点建议。

合同管理机构方面。这里是要树立这样一个观点：合同管理，指的是对建设工程项目采用工程建设合同进行管理，合同是项目的基础，离开合同，就没有工程质量，也就没有对进度与费用的管理，更谈不上采购、人力资源、沟通、范围、风险及综合管理。合同是对项目的全面要求，质量、进度、安全、投资都是合同管理的工作内容，可以说，整个项目管理机构就是一个合同管理机构，不同的职能部门、不同的管理人员承担着不同的合同管理任务，人人都为合同而工作，所谓主管合同的领导、专职的"计划合同部""计价工程师"等，他们不是合同管理的唯一机构和人员，只是与合同最终目的——利益关系更紧密而已。在BT项目这种大型项目中，BT项目公司因BT投资建设合同而生，其

展开的一切工作都是为了实现 BT 投资建设合同的目标，因此，整个 BT 项目公司就是一个合同管理机构，不管是采用职能组织结构、线性组织结构还是矩阵组织结构，只要能高效率地履行合同并取得良好的利益效果，就是好的合同管理机构。

工作任务的分配方面。在工作任务的分配上应注意两点：一是全面性，对合同实施各阶段的投资和成本控制、进度控制、质量控制、信息管理和组织协调等管理任务进行详细分解，在此基础上确定各职能部门和主管人员的工作任务，尽量不要有遗漏，并在项目实施过程中根据实际情况做出调整；二是合作，合同管理的工作事关项目的方方面面，需要各职能部门通力合作才能完成，因此在工作任务分配时，应明确部门之间的工作接口，避免扯皮。

工作流程设计方面。工作流程是根据合同管理工作任务确定的，它反映了合同管理各项工作下具体工作之间的逻辑关系，更是进行各项工作的具体指南。主要的合同管理工作都应有明确的工作流程，如招投标管理工作流程、分包商选择工作流程、计量支付工作流程、变更索赔工作流程、成本控制工作流程、投资控制工作流程等，这些流程的设计，应以高效率为基础，同时要根据工程项目的特殊环境（如接受政府和第三方监管等），充分体现项目业主、监理、监管各方的管理职能。BT 项目合同管理工作在包括施工总承包项目中有关合同管理工作的基础上，还包括 BT 项目公司与 BT 项目业主之间的合同管理工作，如 BT 项目公司对 BT 项目业主的变更、索赔、移交、支付等工作，在 BT 模式立法不完善、相关管理制度不健全的市场环境下，这些合同管理工作流程的设计，更应全面考虑，综合业主和政府监管部门的意见，确保工作的合理、有效。

管理规章制度方面。"制度"是要求大家共同遵守的办事规程或行动准则。一个组织机构制定制度的目的是顺利实现该组织的目标。所以，在管理规章制度的制定上有以下几点需要注意：制定制度时应考虑该制度须具备促使本组织工作目标如期实现的功能，在满足此条件的前提下，制度定得越简单易行越好；由于制度执行对象是人，为提高制度执行的有效性，在制定制度时必须考虑人性的特点，人性的特点是客观规律，只宜尊重，不宜违背。一个好的制度是以上两点要求的和谐统一，即既具有促使本组织工作目标如期实现的功能，又极具人性化。（这绝非是要求高，而是这两条本应不相抵触）随着项目的进展，情况在不断变化，所以好的制度也应根据具体情况不断修正完善，以确保它的有用性。

人员配置及管理方面。BT 项目内容范围广、金额大、涉及方面多、合同体系复杂，这对合同管理人员提出了很高的要求。奥运支线 BT 项目公司的合同管理人员来自联合体成员，且根据主体工程施工任务分配情况实行对应管理。由于联合体成员之间还存在利益分配的问题，虽然有联合体协议约定项目完成后进行利益分配，但在项目实施中，通过施工合同的履行先行获取尽量多的利益当是每个联合体成员都有的想法。在这种"自己管自己"的模式下，对合同管理人员的配置和管理尤其重要。为此，笔者有几点想法：一是交叉管理，鉴于来自联合体成员单位的项目公司管理人员确实有其管理上的优势，但为了克服合同管理的"人治"，可以实行交叉管理，即项目公司合同管理的具体人员不

应来自实施其管理范围施工任务的联合体成员；二是项目公司合同管理人员社会化，除项目公司管理层如经理、三总师等由联合体成员选调外，合同管理所有人员全部采用社会招聘方式确定，让岗位去选择人才，适者上岗，但这对项目公司的人力资源管理水平和投入提出了较高的要求，为了防止职能层在领导层和施工层之间受夹板气，这种模式应该更适合于施工二次招标型的 BT 项目；三是加强人员监管，在制定严格、合理的规章制度的基础上，引入支付审计等监管手段以规范工作行为，还可以利用联合体内部的行政关系，对存在合同管理工作问题的人员，在其原工作单位同时予以相应惩戒。

（4）管理信息系统支持环境设计

项目的信息管理是对各个系统、各项工作和各种数据的管理，使项目的信息能方便和有效地获取、存储、存档、处理和交流。项目的信息管理的目的是通过有效的项目信息传输为项目建设服务。我国引进发达国家项目管理的概念、理论、组织、方法和手段，历时 20 年左右，取得了不少成绩。但是，我们应清楚地认识到，在项目管理中最薄弱的环节还是信息管理，作为项目信息管理的一部分，合同信息管理也是如此。作为一种新兴的项目建设模式，BT 项目涉及范围广、合同体系复杂，其信息量比一般的施工项目或总承包项目的信息量更大，信息管理工作也更加重要。信息管理工作应该怎样进行呢？或者说，应该建立一个怎样的信息管理系统呢？

全面信息管理。项目信息管理的基本原则是通过对项目建设过程中所产生的所有信息的合理分类、编码，促进各部门、各参建单位迅速准确地传递信息，全面有效地管理信息，并且客观地记录和反映项目建设的整个过程。项目管理组织机构中应有专门的信息管理部门。项目信息管理的范围除包括各类文件、来往函件、会议纪要等文字资料外，还包括图纸、照片和音像资料等。信息分类及编码是信息管理最基本和最重要的手段。从项目管理的角度，可将项目信息按项目管理工作的对象，即项目的分解结构、项目实施的工作过程、项目管理工作的任务、信息的内容属性等几方面进行分类。在 BT 类大型项目中，往往需对信息进行综合分类，即多维分类：第一维，按项目的分解结构，如土建、装修、机电等；第二维，按项目实施的工作过程，如设计、招投标、施工等；第三维，按项目管理工作的任务，如投资控制、进度控制、质量控制等。不管怎么分类，为了信息交流的方便和实现部分信息共享，应由项目公司做出统一分类的规定。信息编码则是为了有组织地存储信息，方便信息的检索和信息的加工整理，信息编码包括项目的结构编码（对项目结构的每一层的每一个组成部分进行编码）、项目管理组织结构编码（对每一个工作部门进行编码）、项目的政府主管部门和各参与单位编码（包括项目所涉及的所有单位）、项目实施的工作项编码（覆盖项目实施的工作任务目录的全部内容）、项目的投资项编码 / 成本项编码（投资项编码并不是概预算定额确定的分部分项工程的编码，它应综合考虑概算、预算、标底、合同价和工程款支付等因素，建立统一的编码，以服务于项目投资目标的动态控制；项目成本项编码并不是预算定额确定的分部分项工程的编码，它应综合考虑预算、投标价估算、合同价、施工成本分析和工程款的支付等因素，建立统一的编码，以服务于项目成本目标的动态控制）、项目的进度项编码（应综

合考虑不同层次、不同深度和不同用途的进度计划工作的需要）、项目进展报告和各类报表编码（包括项目管理中形成的各种补充，并检查和督促其执行；负责协调和组织各个职能部门的信息处理工作；负责信息处理工作平台的监理和运行维护；与其他职能部门协同组织收集信息、处理信息和形成各种反映项目进展和项目目标控制的报表和报告；负责工程档案的管理、移交）。

信息管理手册由信息管理专职部门组织编制，是开展信息管理工作的指导性文件，其主要内容应包括：信息管理的任务；信息管理的任务分工表和管理职能分配表；信息的分类；信息的编码体系和编码；信息的输入输出模型；各项信息管理工作的工作流程图；信息流程图；信息处理的工作平台及其使用规定；各种报表和报告的格式以及报告周期；项目进展的月度报告、季度报告、年度报告和工程总报告的内容及其编制；工程档案管理制度；信息管理的保密制度等。报告和报表的编码、合同编码，参考项目的合同结构和合同的分类，反映合同的类型、相应的项目结构和合同签订的时间等特征；函件编码，反映发函者、收函者、函件内容所涉及的分类和时间等；工程档案编码，根据有关工程档案的规定（北京市建设工程资料管理规程等）、项目的特点和项目实施单位的需求（北京市档案馆与地铁建管和运营公司的不同要求）而建立。

这是一个充分利用网络资源的时代，信息处理在电子化和数字化的路上已经有了长足的发展，但建设工程领域的信息化明显落后于其他行业，其信息处理的方式还基本沿用传统的方法和模式。采取措施使信息处理由传统的方式向基于网络的信息处理平台方向发展、以充分发挥信息资源的价值以及信息对项目目标控制的作用是十分必要的。在BT项目公司内部，可应用办公自动化（OA）系统软件作为信息交流、管理的平台，推行无纸化办公。办公自动化系统软件功能强大，与较为流行的"即时通"系列软件比较，办公自动化软件除了信息传递的功能外，还具有文件管理、流程管理、远程管理、人力资源管理、数据备份及行政管理功能，值得推广。BT项目公司对外，包括业主、政府、设计、监理、施工、供货、银行、咨询单位等的信息交流，因参与各方往往分散在不同地点，其信息处理应充分利用远程数据通信的方式，例如：通过电子邮件收集信息和发布信息；通过基于互联网的项目专用网站实现各方之间的信息交流、协同工作和文档管理；通过基于互联网的项目信息门户的公用信息平台实现各方的信息交流、协同工作和文档管理；召开网络会议；基于互联网的远程教育与培训等。

信息管理工作任务项目公司应成立专职的信息管理部门，其工作任务是：负责编制信息管理手册，在项目实施过程中进行信息管理手册的必要修改和补充，并检查和督促其执行；负责协调和组织各个职能部门的信息处理工作；负责信息处理工作平台的监理和运行维护；与其他职能部门协同组织收集信息、处理信息和形成各种反映项目进展和项目目标控制的报表和报告；负责工程档案的管理、移交。

参考文献

[1] 尹贻林，闫孝砚．政府类投资项目管理模式研究 [M]．天津：南开大学出版社，2002．

[2] 唐建伟．深圳市非经营性政府投资项目集中管理模式研究 [J]．特区实践与理论，2013（6）．

[3] 陈立图．简析国内外政府投资工程项目管理模式 [J]．山西建筑，2014（19）．

[4] 王晓鸣．建设工程勘察设计合同的订立与管理 [J]．城市勘测，1995（2）．

[5] 王腾．建筑工程总承包项目合同管理常见问题分析与对策 [J]．城市建设理论研究（电子版），2017（33）．

[6] 杨华．浅析建设监理合同管理 [J]．现代商业，2013（23）．

[7] 黄霆，申立银，赵振宇，等．我国政府投资项目管理的现状分析 [J]．建筑经济，2005（1）．

[8] 肖辉鹏．政府投资项目建设管理中存在问题与应对措施 [J]．江西建材，2015（8）．

[9] 覃荣正．政府投资项目建设管理中存在的问题及建议 [J]．大科技，2014（15）．

[10] 魏震．政府投资项目建设管理新模式下的主要实施措施研究 [J]．科技视界，2014（6）．

[11] 夏立明，郑君君．项目融资租赁与政府投资项目业主虚位研究 [J]．商业研究，2014（1）．

[12] 王凯．工程项目管理指标评价理论文献述评 [J]．管理现代化，2011（2）．

[13] 张玉清，刘继承，刘恺．建筑工程管理的主要影响因素与解决对策探讨 [J]．经营管理者，2015（34）．

[14] 王光业．建筑施工管理存在的问题及对策研究 [J]．现代物业（上旬刊），2011（6）．

[15] 史振龙．建筑工程合同管理特点的阐述 [J]．建材与装饰，2017（8）．

[16] 罗标．解析建设工程合同管理及其索赔 [J]．低碳世界，2016（20）．

[17] 潘军锋．建设工程施工合同案件审判疑难问题研究 [J]．法律适用，2014（7）．